ACTOR Y TECNICA DE REPRESENTACION DEL TEATRO CLASICO ESPAÑOL

ACTOR Y TECNICA
DE REPRESENTACION DEL
TEATRO CLASICO ESPAÑOL

(Madrid, 17-19 de mayo de 1988)

Editado por
José María Díez Borque

TAMESIS BOOKS LIMITED
LONDON

Colección Támesis

SERIE A: MONOGRAFIAS, CXXXIX

© Copyright. All rights reserved
London, 1989
ISBN 0 7293 0307 1

El Congreso de Madrid fue patrocinado por el Ministerio de Cultura, la Fundación Banco Exterior y la Comunidad de Madrid

DISTRIBUTORS:

Spain:
  Editorial Castalia
  Zurbano, 39
  28010 Madrid

United States and Canada:
  Boydell and Brewer Inc.
  P.O. Box 41026
  Rochester,
  N. Y. 14604
  EE.UU.

Great Britain and rest of the world:
  Grant and Cutler Ltd.
  55-57 Great Marlborough Street
  London W1V 2AY

ISBN: 84-599-2767-9
Depósito legal: M. 29.390-1989
Printed in Spain by LAVEL
Polígono Los Llanos, nave 6. Humanes (Madrid)
for
TAMESIS BOOKS LIMITED
LONDON

ÍNDICE

PRELIMINAR. Por José María Díez Borque 9

PRIMERA SESIÓN: EL ACTOR EN EL SIGLO XVII, OFICIO Y TÉCNICAS DE ACTUACIÓN
— El actor en el Siglo de Oro: Imagen de la profesión y reputación social. *Por Josef Oehrlein* 17
— Registros y modos de representación en el actor barroco: datos para una teoría fragmentaria. *Por Evangelina Rodríguez* 35
— Manuel Vallejo. Un actor se prepara: un comediante del Siglo de Oro ante un texto *(El castigo sin venganza). Por Victor Dixon* 55

SEGUNDA SESIÓN: EL ACTOR DEL SIGLO XVII Y LOS MEDIOS ESCÉNICOS
— Actores, decorados y accesorios escénicos en los teatros comerciales del Siglo de Oro. *Por José María Ruano* 77
— El actor y la elocuencia de lo espectacular. *Por Agustín de la Granja* 99
— El circuito de apariencias y afectos en el actor barroco. *Por Antonio Tordera* 121

TERCERA SESIÓN: ACTORES Y TÉCNICAS DE REPRESENTACIÓN DEL TEATRO CLÁSICO HOY
— Sobre la construcción del personaje teatral clásico: del texto a la escena. *Por Francisco Ruiz Ramón* 143
— Del personaje al actor, del actor al personaje. *Por Luciano García Lorenzo* 155

MESA REDONDA: REPRESENTACIÓN DEL TEATRO CLÁSICO HOY
— El teatro clásico, hoy. *Por Ricardo Domenech* 163
— Teatro clásico hoy: la experiencia de un director. *Por Adolfo Marsillach* 167
— Teatro clásico hoy: la experiencia de un actor. *Por José Luis Pellicena* 171

APÉNDICE
— El actor calderoniano en el escenario palaciego. *Por Rafael Maestre* 177

PRELIMINAR

Durante los días 17, 18 y 19 de mayo de 1988 se celebró en Madrid el seminario Actor y técnica de representación del teatro clásico español (Del Siglo de Oro a hoy), *bajo mi dirección, auspiciado por la* Fundación del Banco Exterior de España, *el* Instituto Nacional de las Artes Escénicas y de la Música *y la* Comunidad de Madrid, *a los que agradecemos su patrocinio.*

A juzgar por el numeroso público que asistió y por la animación de los debates cabe pensar que atendió a unas expectativas y cumplió algún papel en ese complejo cruce de investigación universitaria y práctica teatral. Para todos cuantos estamos convencidos de que hay que dejar que el ruido de los corrales de comedias llegue hasta los reductos silenciosos de los investigadores y de que la labor de éstos ha de alcanzar también a los patios de comedias, donde vive el teatro, pudo constituir este seminario un benéfico y plural lugar de encuentro para el intercambio de ideas y experiencias, a pesar de un claro predominio, en esta ocasión, de los planteamientos históricos sobre los de práctica escénica actual. Pero esto si por una parte se debe, como explicaré después, a la escasez del desarrollo de la investigación en esta parcela, por otra, no he de ocultar las dificultades que encontré en varios hombres de teatro, a los que convoqué para que expusieran públicamente sus experiencias teatrales. No obstante, en algunos investigadores (Dixon, Tordera) confluye la práctica habitual de la investigación y docencia universitarias con la de directores, y aun de actores, teatrales.

Vamos avanzando en el conocimiento de la «vida» teatral del XVII hispano en la pluralidad de aspectos que la integran, pero hay parcelas —como, por ejemplo, las del público o las técnicas del actor— sobre las que falta mucho por investigar y, consecuentemente, por saber. De ahí que la intención básica haya sido reunir a especialistas en el tema para que expusieran sus ideas e investigaciones sobre el actor, en el itinerario que va desde la estructura y características profesionales, técnicas de actuar —del cuerpo al espacio escénico— en el siglo XVII, a la representación hoy del teatro clásico, pero con mayor detención, como dije, en los planteamientos históricos, precisamente por el estado precario de su estudio. El propósito era hacer avanzar en el conocimiento del actor del XVII y de su mundo de profesión y técnica, ahondando en la investigación para acercarla, progresivamente, al estado en que se encuentra la de otras parcelas del hecho teatral. Pero, aunque esto sea así, se ha procurado no olvidar que a los escenarios van subiendo —con mayor o menor regularidad y fortuna— los textos dramáticos del siglo XVII, encarnados en unos actores, que se plantean su tarea desde muy distintas capacidades y opciones teóricas, pero en las que late el problema de cómo hacer *a nuestros clásicos, habida cuenta de que la «arqueología» —arma arrojadiza para algunos— no es sino una ilusión, pues habría que reconstruir todo, desde la mente a los más mecánicos y contingentes aspectos de la vida diaria del XVII. No obstante, como queda dicho, no fue la intención central y más destacada el plantear el siempre vivo problema de cómo representar hoy a los clásicos.*

No es infrecuente que para las preguntas más sugestivas e incitantes las respuestas resulten más limitadas. Quiero decir que parece más viable reconstruir los entramados económicos y sociales de la profesión de actor, o los componentes materiales de la escenografía, que la forma en que decía el verso, movía la mano, cambiaba la faz, «aparentaba» miedo, alegría, ansiedad... el actor del siglo XVII. La historia siempre tiene mejor iluminadas documentalmente unas zonas que otras, y suele ocurrir que las más ensombrecidas sean las que más atraen. Viene a cuento esto aquí para decir que las cosas son así porque así tienen que ser, pues sólo unos eficaces medios de fijar la acción en el tiempo podrían acercarnos —con cierta objetividad— a la técnica del actor barroco. Lo demás es acudir a datos indirectos, testimonios laterales, teoría escrita, literatura..., pero ésta es la calidad de las fuentes disponibles. No obstante, en esa miseria está también la grandeza de aunar materiales diversos, dispersos, y aun divergentes, para acceder al mundo incitante del modo de representar del actor del Siglo de Oro.

El lector va a encontrar en las páginas que siguen importantes aportaciones sobre el trabajo cotidiano de los actores, los ensayos, la «ritualización» de su labor, la forma «ideal» de situarse ante un texto para diseñar la actuación... y todo esto, claro, entra en el terreno más resbaladizo de la técnica actoral del XVII. Junto a ello hay unos intentos de reconstruir el espacio escénico en el que ese actor se mueve y de los medios con que cuenta, tanto los habituales y cotidianos como los extraordinarios y de mayor espectacularidad, para darles un sentido global en cuanto a la ocupación del espacio en el marco de la historia del arte y como forma de comunicación en un «circuito de afectos». Este planteamiento histórico desemboca en unas consideraciones sobre técnica del actor de hoy y modos de representación del teatro clásico, incorporando la experiencia de los hombres que hacen realidad el teatro sobre un escenario. En definitiva, quede claro que fue el actor *el elemento de unificación del plural y divergente diseño del seminario, sin que me quepa aquí resumir el sentido y alcance de las aportaciones, pues ahí está el libro.*

Como es normal y hábito en cualquier investigación y reunión científica hay divergencias y discrepancias en alguna ocasión entre la postura de los investigadores, e incluso diré que quien esto firma no tiene por qué compartir todas y cada una de las afirmaciones de los investigadores convocados. Pero así debe ser en toda convocatoria científica que se quiera abierta y plural. Es lástima, en este sentido, que por razones técnicas no pueda publicarse el debate entre los ponentes y el coloquio. Sí ha sido posible, en cambio, incorporar el trabajo de Rafael Maestre, aunque no participó en el seminario, pues está realizando una investigación sobre estos temas.

Comprenderá el lector que lo que ahora se le ofrece no es un libro unitario planteado y diseñado como tal, sino el resultado de agavillar las ponencias de un seminario. Habrá por ello alguna repetición, encabalgamiento, disparidad, coincidencia bibliográfica, rasgos de la forma oral de comunicación primera, etc., pero me he limitado, naturalmente, a la unificación gráfica, como era mi obligación, habida cuenta del carácter de este volumen colectivo, aunque respeto las grafías en las citas y peculiaridades del «sangrado», según el criterio de cada uno de los autores. Queden estas páginas abiertas a un diálogo que complemente y enriquezca, pues abundantes son los aspectos que las obvias limitaciones de espacio y tiempo no han permitido incorporar.

José María Díez Borque

Universidad Complutense. Madrid.

PRIMERA SESIÓN

EL ACTOR EN EL SIGLO XVII. OFICIO Y TÉCNICAS DE ACTUACIÓN

EL ACTOR EN EL SIGLO DE ORO:
IMAGEN DE LA PROFESIÓN Y REPUTACIÓN SOCIAL

Joseph OEHRLEIN

¿Quién era el actor en el teatro del Siglo de Oro? Tenemos una imagen bastante difusa de los cómicos de aquellos tiempos. Solemos mirarlos con un cierto menosprecio, y rápidamente nos vienen a la memoria palabras como pícaro, aventurero, vagabundo, bohemio para describir a aquella gente. La profesión del actor ha sido (y es) una profesión muy singular, que generalmente no encaja con las normas de una sociedad. Pero, ¿significa esto, obligatoriamente, que los actores del Siglo de Oro fueran personas de carácter inferior en comparación con otros grupos sociales? Entrando en el mundo teatral de la época, se ve rápidamente que un sector de la vida pública tan importante y complejo como éste no pudo recurrir a vagabundos y aventureros, personas poco profesionales y de malas costumbres. No cabe suponer tampoco que los actores hubieran podido ejercer su profesión sin el consentimiento o incluso el apoyo por parte de las autoridades.

El teatro del Siglo de Oro creó y desarrolló singulares fenómenos, formas y estructuras:

— Comprendía tres tipos principales de representaciones diferentes y relacionados entre sí: el teatro popular en los corrales, el teatro cortesano en los palacios reales y el teatro religioso en el Día del Corpus, con la interpretación de los *autos sacramentales.*

— Las representaciones tenían un carácter eminentemente *ritual*, es decir, no se limitaban a la interpretación de una pieza, como suele ocurrir hoy día, sino que comprendían una serie de elementos adicionales, las llamadas *piezas menores* como entremeses, bailes, mascaradas, etc., y podían estar integradas en ceremonias no propiamente teatrales como las fiestas cortesanas o religiosas.

— Desde los inicios, el teatro organizado estaba vinculado a tareas sociales; una buena parte de los ingresos se reservaba para la subvención de los hospitales.

— En una fase muy temprana, en comparación con otros países, se les permitía a las mujeres actuar en la escena con los mismos derechos que sus compañeros masculinos.

Para poder valorar la contribución del actor del Siglo de Oro al teatro de la época, hay que reconocer que cada uno de los tres tipos —teatro de Corral, Corte y Corpus— tenía, más o menos, la misma importancia para el trabajo de los representantes. Se puede, incluso, conceder al teatro de Corpus, a pesar de su corta duración en el curso del año teatral, una función extraordinaria, ya que la participación de los actores en la celebración de la fiesta del Corpus tuvo repercusiones directas en el reconocimiento oficial de la profesión e incluso en la calidad artística de las compañías teatrales.

Antes de describir, detalladamente, el trabajo del actor en los tres géneros, quisiera exponer el funcionamiento y la estructura de las compañías teatrales, que, por su parte, tenían una influencia considerable en el resultado de todo trabajo teatral: la representación escénica.

Siempre que se habla de las compañías teatrales del Siglo de Oro, no falta la cita de la clasificación que hace Agustín de Rojas en su famoso *El viaje entretenido*, donde describe ocho tipos diferentes, con nombres «extraños»: *bululú, ñaque, gangarrilla, cambaleo, garnacha, bojiganga, farándula, compañía*. En este texto, Rojas explica, por la boca del actor Solano, que *bululú* era un sólo actor, *ñaque* comprendía dos actores, la *gangarrilla* tres o cuatro, hasta llegar a la *farándula*, la que caracteriza como «víspera de la compañía». La *compañía*, por su parte, la describe de la manera siguiente:

> En las compañías hay todo género de gusarapas y baratijas; entrevan cualquier costura, saben de mucha cortesía; hay gente muy discreta, hombres muy estimados, personas bien nacidas y aun mujeres honradas (...), traen cincuenta comedias, trescientas arrobas de hato, diez y seis personas que representan, treinta que comen, uno que cobra y Dios sabe el que hurta. Unos piden mulas, otros coches, otros literas, otros palafrenes, y ningunos hay que se contenten con carros, porque dicen que tienen malos estómagos. Sobre esto suele haber muchos disgustos. Son sus trabajos excesivos, por ser los estudios tantos, los ensayos tan continuos y los gustos tan diversos (...)[1].

En su texto, Rojas describe la separación de las compañías teatrales en dos categorías: por una parte los pequeños grupos, denominados generalmente *compañías de la legua*; por otra, las compañías oficiales o *compañías de título*, las cuales constituyen toda una especie propia. La línea de separación entre las unas y las otras está marcada, claramente, por la caracterización de la *farándula* como «víspera de la compañía». Así hay que considerar todos aquellos grupos, de *bululú* hasta la *farándula*, como pertenecientes a las *compañías de la legua*. En comparación con éstas, la *compañía* misma, o la

---

[1] Agustín de Rojas Villandrando, *El viaje entretenido*, ed. Jean Pierre Ressot, Madrid, Castalia, 1972, p. 162.

compañía de título, constituye algo superior. Los actores que trabajan en éllas, son, según Rojas, más estimados, delicados, estudiosos, en una palabra: más profesionales que los de la *legua*.

Las *compañías de título*, de las cuales me he ocupado en mis investigaciones, exclusivamente, ya que son éllas las que han apoyado y garantizado el funcionamiento del teatro en los tres géneros, estuvieron organizadas de una manera muy rigurosa y bastante compleja. Los jefes de las compañías, los *autores de comedias*, tenían que pedir una licencia, y a estos autores, oficialmente reconocidos, se les concedieron títulos como «nombrado por Su Magestad» o «autor del número». De hecho, en un principio, se había querido limitar el número de *autores* licenciados: a cuatro en el año 1600, por ejemplo; a ocho en 1603; a doce en 1615 y 1641, respectivamente. Pero estas normas, probablemente, nunca fueron cumplidas con rigor.

Las compañías se formaban durante las semanas de cuaresma, en las cuales no había teatro ni en los corrales ni en la Corte. Entre otras cosas, los contratos hechos por los *autores* con los actores suelen mencionar la cantidad del sueldo, que varía según la función e importancia de cada actor en la compañía. Así, ya el sueldo da indicios muy concretos sobre un orden jerárquico dentro de las compañías. En efecto, la compañía teatral del Siglo de Oro representó un grupo de personas estructurado, rígidamente, según un esquema válido casi durante toda la época.

Desde los años treinta, y sobre todo a partir de los años cincuenta del siglo XVII, casi siempre se nombran en los contratos las funciones precisas de los actores. Así, el personal de una compañía completa comprendía los siguientes puestos:

Autor de comedias; primera, segunda, tercera, cuarta y, en algunos casos, *quinta dama* (que también puede ser *música*); *primer, segundo, tercer galán; primer, segundo gracioso; primer, segundo barba; vejete* (algunas veces); *primer, segundo músico; arpista; apuntador, guardarropa, cobrador*. A esta estructura ideal, que reúne unas veinte personas (sin contar los *mozos*), corresponde, por ejemplo, la compañía del *autor* Antonio de Escamilla para el año 1671 (con la salvedad de que no cuenta con un *vejete* y tiene tanto una *quinta dama* como una *música*)[2].

De todas las listas de actores y contratos que he manejado, se desprende que cada actor quedó identificado, durante su vida profesional, con su tipo de papel; generalmente, no había cambios de un tipo a otro, con dos excepciones: el cambio de *galán* a *barba* y el ascenso o descenso en la jerarquía de las *damas*, casos que se debían, habitualmente, a la edad progresiva de los

---

[2] Cristóbal Pérez Pastor, *Documentos para la biografía de D. Pedro Calderón de la Barca*, Madrid, Fortanet, 1905, p. 323.

actores. En contra, casi nunca había el cambio de *galán* a *gracioso* o viceversa.

La estructura jerárquica de la compañía facilitó el reparto de los papeles, sobre todo entre los actores principales. En principio, no debía de haber discusiones a la hora de repartir los papeles de una nueva pieza. El actor que había sido contratado como *primer galán* tenía que hacer nada más que papeles de este tipo; de la misma manera se reguló el reparto de los papeles de *primera dama, gracioso* y de los otros tipos. Este esquema encajó perfectamente con el conjunto de caracteres de las piezas escritas por los poetas, hasta tal punto que muchas obras de la época mencionan, junto con los nombres de los personajes teatrales, el tipo de papel correspondiente. En cuanto a los intérpretes de pequeños papeles, muchas veces se encuentran en los contratos notas como «lo que se repartiere» o «lo que se ordenare», lo que significa que el *autor* de la compañía tenía que decidir en estos casos.

A pesar de que el *autor* era el jefe absoluto de la compañía, la relación entre él y los miembros de su compañía no tenían necesariamente un carácter autoritario o despótico. Por una parte, el éxito de una compañía dependía de la fama de su *autor* o de su talento para hacerse un nombre en la vida teatral. Sin él, la compañía no era nada; fue él quién les compró las piezas a los poetas, organizó las giras y dirigió ensayos y representaciones, uniendo así habilidades artísticas y económicas. Por otra parte, él no podía hacer nada sin su compañía. Por lo tanto, sería oportuno describir la relación entre *autor* y compañía con el término *simbiosis*. Hay muchos indicios de que el *autor* se aseguró, en decisiones importantes, del consentimiento de sus actores: «A gusto de la compañía» es una fórmula usada frecuentemente en los contratos.

Al *autor* le interesaba mantener buenas relaciones sobre todo con los intérpretes de primeros papeles en su compañía, ya que la estabilidad —y por tanto la calidad artística— de las compañías se debía, en gran parte, a la colaboración de actores de primera categoría. Examinando las listas de los *autores* Antonio de Escamilla y Manuel Vallejo (*el Mozo*), he descubierto que, de hecho, la estabilidad del personal de las compañías fue garantizada por la colaboración a largo plazo de los primeros actores: en la compañía de Escamilla, por ejemplo, actuaron la *primera dama* María de Quiñones durante ocho años, el *primer galán* Alonso de Olmedo once y el *barba* Mateo de Godoy durante siete años consecutivos, mientras que la fluctuación en los papeles inferiores fue mucho más grande.

Esta continuidad sorprende porque el cambio de un actor de una compañía a otra no era cosa muy difícil, y sin grandes problemas un actor que había abandonado una compañía podía regresar a ésta, después de haber prestado servicios durante algún tiempo en otras compañías. El régimen interior bastante rígido facilitó estos cambios ya que una *primera dama* o un *gracioso* encontraron en cada compañía sus tareas claramente definidas.

Aunque había sido posible que la composición personal de una compañía pudiera ser alterada por intervención desde fuera (sobre todo por la comisión que organizó la fiesta del Corpus y los responsables para el teatro en la Corte), la compañía teatral del Siglo de Oro constituyó una unidad muy estable y difícil de desintegrar. Ni siquiera los tiempos de prohibición del teatro, en los años cuarenta y sesenta del siglo XVII, pudieron romper la estructura de las compañías. La compañía era, verdaderamente, la columna vertebral del teatro de la época, y ésto se debía a los siguientes factores:

— el reconocimiento y control de las *compañías de título* por las autoridades estatales;
— la composición personal por orden jerárquico, con un número más o menos fijo de personas y un espectro estandarizado de papeles;
— la relación simbiótica entre *autor* y actores, con una delimitación clara de competencias;
— el reclutamiento de nuevas generaciones de comediantes casi exclusivamente de familias de actores establecidas, siendo cada vez más difícil el acceso para personas ajenas a la profesión;
— continuidad no sólo por el *autor* que le da el nombre a la compañía, sino también por los actores que representan los papeles principales.

La compañía resistió, con su estructura sólida, eficaz y probada, muchas contrariedades e influencias desfavorables, pero se convirtió, al mismo tiempo, en un aparato cada vez menos móvil y hostil a innovaciones. A los poetas no les quedó nada más que escribir piezas siempre para las mismas constelaciones personales. Así, la compañía contribuyó no poco al esquematismo y fosilización del teatro en las últimas décadas de la época, de 1650 hasta 1680, aproximadamente. Pero gracias al genio de un Calderón de la Barca, quien escribió, durante esta fase, casi en exclusiva los *autos* de Madrid y la mayoria de las piezas para las *fiestas* cortesanas, el teatro mantuvo un alto nivel artístico. Después de la muerte del gran poeta, en el año 1681, la cultura teatral decayó con una rapidez imparable.

El trabajo diario de los actores en la época lo describe Agustín de Rojas en su *Viaje entretenido*, con la simpática compasión que siente por sus compañeros: «¿Cómo estos farsantes pueden,/ haciendo tanto como hacen,/ tener la fama que tienen?/ Porque no hay negro en España,/ ni esclavo en Argel se vende,/ que no tenga mejor vida/ que un farsante (...)». Y siguiendo, Rojas cuenta cómo los actores pasan su día laboral:

> Pero estos representantes,
> antes que Dios amanece,
> escribiendo y estudiando
> desde las cinco a las nueve,
> y de las nueve a las doce
> se están ensayando siempre;
> comen, vanse a la comedia
> y salen de allí a las siete.

> Y cuando han de descansar,
> los llaman el presidente,
> los oidores, los alcaldes,
> los fiscales, los regentes,
> y a todos van a servir,
> a cualquier hora que quieren[3].

Dejando aparte la exageración irónica, este pasaje famoso de la obra de Rojas pinta, con mucha precisión, una jornada rigurosamente ordenada: sacar y estudiar los papeles desde la madrugada hasta las nueve de la mañana; ensayos de las nueve hasta el mediodía (el comienzo de los ensayos a las nueve de la mañana está documentado, además, en muchos contratos); después de la hora de la comida, representar en los corrales, ya que las funciones siempre tenían lugar por la tarde y debían estar terminadas antes del anochecer. Por la noche, las compañías muchas veces fueron contratadas para representaciones particulares en casas de gente distinguida. A lo largo de la época, y sobre todo a partir de los años cincuenta del siglo XVII, la Corte trastornó este orden riguroso, llamando a los actores a cualquier hora que le conviniera, incluso se tuvieron que cancelar representaciones en los corrales.

Los ensayos diarios constituyeron una parte muy importante de la vida profesional de los actores, ya que el repertorio de piezas tuvo que ser puesto al día continuamente. Es bastante difícil reconstruir el modo en que las compañías hicieron sus ensayos diarios. Tenemos, por ejemplo, un testimonio ilustrativo que describe el ambiente de los ensayos, pero hay que tratarlo, como veremos, con mucha precaución:

> Estos (los representantes) se reducen a tomar de memoria por la mayor parte versos amatorios, ocupando con estas especies los entendimientos. A las mujeres muchas veces se los leen los hombres, unas por no saber leer, otras por abreviar en este ejercicio con lo que han de tomar de memoria. Ensayan luego todos juntos, siéntanse promíscuamente, míranse y háblanse cara a cara sin reparo, ni nota, ni miedo. A estos ensayos, como son de cada día, es preciso estar las mujeres como de casa y medio desnudas. Concurren de todas edades, mozos, galanes y desahogados, y ellas muchas veces hermosas, agraciadas y no menos libres. Vense cada día ejercitar sus habilidades, no con descuido ni con medianía, sino con todo estudio y muchos primores, representar, cantar, bailar, tocar. En los bailes y sainetes, para dar más gusto al pueblo, fuera de lo que suele llevar de suyo el verso de alusiones torpes, etc., añaden ellos la mímica, estudiando acciones y ademanes livianos con que acompañar lo representado y lo cantado, inventado allí, y puliendo cada uno conforme a su gusto[4].

---

[3] Rojas, *El viaje*, pp. 289-290.
[4] Emilio Cotarelo y Mori, *Bibliografía de las controversias sobre la licitud del teatro en España*, Madrid, Tipografía de la R. de Archivos, Bibliotecas y Museos, 1904, p. 267.

Ya se ve que la persona que escribió estas líneas no era amigo ni del teatro ni de los actores. Fue el padre Fomperosa y Quintana, que sólo quería atacar el teatro describiendo el trato libertino de los actores entre sí durante los ensayos. De la relación del padre se pueden desprender, sin embargo, algunos elementos importantes del trabajo de ensayar. Para aprender más rápidamente de memoria, los actores leían el texto uno al otro en voz alta (es un detalle curioso que esto fuera imprescindible para aquellos actores, sobre todo femeninos, que no sabían leer). Después de esta primera fase, se ensayó la realización escénica, en traje de calle, añadiendo a la recitación del texto la *mímica* adecuada, fijando además, seguramente, salidas y mutis. No se puede saber con precisión hasta qué punto las instrucciones del *autor* tenían que ser cumplidas por los actores. La advertencia «cada uno conforme a su gusto» del Padre Fomperosa hace pensar que había un cierto margen de iniciativa individual para cada actor.

La duración de los ensayos para cada nueva pieza fue de unas dos semanas, más o menos: «¡Cuerpo de mi! ¿En veynte días / no se pudiera auer puesto esta comedia? ¿Que es esto?», dice el *Autor* en la pieza *Pedro de Urdemalas* de Cervantes[5], lo que significa que el tiempo de ensayo tenía que ser más corto que veinte días. Los ensayos para las representaciones en los corrales seguramente no fueron tan minuciosos como para el teatro del Corpus y de la Corte, ya que el teatro de corral fue más bien rutina diaria, con un reducido aparato técnico y una puesta en escena más o menos estandarizada.

Los *autos sacramentales*, por su parte, tuvieron que ser ensayados más extensamente hasta el día de la *muestra*, es decir el ensayo general. Los actores tuvieron que familiarizarse con los nuevos *carros* y *apariencias*. Además se necesitaba algún tiempo para poder enmendar la puesta en escena si la comisión del Corpus formulaba objeciones.

Todavía más complejos fueron los ensayos en el teatro cortesano, hasta tal punto que pudo ocurrir que una compañía contratada tuviera que reconocer, poco antes del estreno, que no estaba «axustada ni ensayada ni bien sabida la dicha fiesta»[6]. En este caso, había que hacer ensayos adicionales. En general, los ensayos para las *fiestas* teatrales en la Corte duraron más tiempo que para los otros «géneros»; en un caso documentado (*Fingir y amar*, de Moreto, en febrero de 1661), dos compañías, la de Juana Cisneros y la de Diego Osorio, ensayaron durante veintitrés días en total, trece de éllos juntos, es decir, dieciocho días cada compañía. Hay que tomar en considera-

---

[5] Miguel de Cervantes, *Comedias y entremeses*, ed. R. Schevill y A. Bonilla, Madrid, I. de B. Rodriguez. 1918, III, p. 218.

[6] Testimonio del *gracioso* Simón Aguado, de la compañía de S. de Prado durante los ensayos para *Síquis y Cúpido* en 1662. Pérez Pastor, *Documentos*, p. 290.

ción, además, que eran días enteros y no solo tres o cuatro horas diarias como en los ensayos regulares[7].

Pasando del ensayo a la representación, se nota, rápidamente, que no era suficiente para las compañías poner en escena alguna *comedia* nueva, aprender de memoria el texto de la misma y estudiar la mímica, sino que tuvieron que encajar la pieza, en los tres géneros, en el marco de una serie de elementos adicionales, las *piezas menores*.

Como modelo para cualquier representación de la época puede servirnos la función habitual en los corrales. El comienzo lo marcaban unos «golpes como martillazos»[8], seguidos, inmediatamente, de una pequeña pieza musical (instrumental o cantada). Así se quería dirigir la atención del público hacia la escena, donde empezaba, con la recitación de la *loa*, es decir el prólogo, la representación misma. Entre la *jornada* primera y segunda de la *comedia* se ponía como intermedio el *entremés;* entre la *jornada* segunda y tercera se intercalaba un baile, y después de la tercera, una *jácara;* canciones, bailes, un *sainete* o una *mojiganga* concluían el espectáculo.

La forma especial del *auto sacramental*, de un sólo acto, requirió un procedimiento modificado, pero también el *auto* quedó integrado en una serie de *piezas menores* como *loa*, *entremés* y *danzas*. La *fiesta* cortesana, por su parte, siguió el mismo esquema que la representación en los corrales.

Auto sacramental y *fiesta* en la Corte, además de estar encajados en la serie de *piezas menores*, estuvieron integrados en ceremonias extrateatrales: la celebración del Día del Corpus y el protocolo cortesano, respectivamente. La representación teatral en el Siglo de Oro fue, de este modo, una parte imprescindible de aquellas ceremonias, convirtiéndose ella misma, finalmente, en algo que se podría denominar con el término *rito*, término clave para comprender todo el teatro de la época.

Para el teatro del Siglo de Oro no es válida la tesis de Turner y otros[9], según la cual el teatro se emancipa del *rito* a medida que se pone de manifiesto una separación entre público y actores. El teatro español de la época muestra, al contrario, una fuerte unidad entre actores y espectadores, sobre todo en el teatro de la Corte y del Corpus, y se caracteriza, además, por un influjo mutuo de formas teatrales y formas ceremoniales no propiamente teatrales, como ha comprobado, por ejemplo, José María Díez Borque para el teatro del Corpus[10].

El paralelismo entre el teatro del Corpus y de la Corte, bajo este aspecto, es obvio: De la misma manera que el *auto* sirve para la glorificación de la

---

[7] J. E. Varey y N. D. Shergold, *Fuentes para la historia del teatro en España, IV, Teatros y comedias en Madrid: 1651-1665,* Londres, Tamesis, 1973, pp. 234 y ss.

[8] José Deleito y Piñuela, *También se divierte el pueblo*, Madrid, Espasa Calpe, 1944, p. 198.

[9] Victor Turner, *From Ritual to Theatre*, Nueva York, Performing Arts Journal, 1982. R. Schechner, *Ritual, Play and Performance*. Nueva York, The Seabury Press, 1977.

[10] José María Díez Borque, *Calderón de la Barca. Una fiesta sacramental barroca.* (ed.) Madrid, Taurus, 1983.

eucaristía y del reino de Dios, las *fiestas* cortesanas, sobre todo aquellas con una temática mitológica, enaltecen a los reyes y se convierten en la autorrepresentación de la monarquía, llegando a ser el rey y su comitiva co-actores en este espectáculo. Tanto en el teatro del Corpus como en el de la Corte se transmiten misterios y bienes espirituales, de semejante manera que en un culto religioso.

Aunque el carácter *ritual* de la representación se ponga menos de manifiesto en los corrales, también este tipo de teatro, aparte de su «forma de celebración» siempre según las mismas reglas, sirve para exponer «bienes espirituales». Esto se puede demostrar, por ejemplo, en la temática del honor. Hay muchos indicios de que la defensa de este bien practicada en las piezas teatrales de la época no se realizaba con el mismo rigor en la vida cotidiana. Como los misterios religiosos en los *autos* y los temas mitológicos en las fiestas cortesanas, el tratamiento del honor en los corrales se hizo en un nivel más bien abstracto.

Hay que concederle al actor, en este contexto, una función extraordinaria: la de guía de un mundo al otro, o de un perito en el *rito* de la representación. El conoce todas las reglas y las aplica soberanamente, siendo él la persona que concibe y organiza el espectáculo, que lo celebra, que sabe todos los elementos y trucos para garantizar la realización adecuada del *rito* teatral.

Entre las piezas teatrales de la época tenemos un ejemplo singular que no sólo da una imagen clara de la idea que el siglo tuvo del teatro, sino que refleja las características mencionadas de la función del actor: *El gran teatro del mundo*, de Calderón. No quiero profundizar aquí en el problema de la apariencia y de la realidad en el teatro barroco, pero es muy revelador ver con qué sutileza están manejadas, en este *auto sacramental*, los distintos niveles de realidad. «Al teatro pasad de las verdades / que éste es el teatro de las ficciones»[11] dice *El Mundo* en aquella fase de la acción en la cual las figuras pasan, muriendo, al más allá. Así, la realidad se convierte en ficción, mientras lo imaginado —o podemos decir también: un misterio, una idea— llega a ser la realidad verdadera.

Vemos, además, al final de la pieza, al *Autor*, sentado a una mesa con cáliz y hostia, celebrando el misterio eucarístico con aquellos miembros de su «compañía» que han alcanzado la salvación eterna. Esto es una alusión bastante clara al carácter ritual del teatro de la época —la representación comparada con una misa—, teniendo en élla el actor, más o menos, la misma función que el sacerdote que celebra el misterio eucarístico en la misa. Aunque esta observación parezca algo atrevida, se puede confirmar al mirar más detalladamente el trabajo práctico del actor.

La parte esencial de cada representación la constituyó la pieza escrita por un poeta, es decir la *comedia*, el *auto sacramental* o la *fiesta* cortesana. Es de

---

[11] Pedro Calderón, *El gran teatro del mundo*, ed. Eugenio Frutos, Madrid, Cátedra, 1980, página 84.

destacar que el teatro del Siglo de Oro les dio mucha más importancia a los textos escritos y dejó un margen muy pequeño a la improvisación, todo lo contrario que la *commedia dell'arte* italiana.

Fueron los poetas quienes escribieron exclusivamente las piezas, y los *autores*, es decir los jefes de compañía, se limitaron, a pesar de su nombre, a adaptar los textos a las necesidades de su compañía. Es difícil conocer hasta qué punto los textos de los poetas fueron alterados a la hora de prepararlos para la representación, ni sabemos en qué medida los actores podían hablar de *improviso* en la escena. Pero cabe suponer que las alteraciones no fueran demasiado graves, ya que los actores no podían apartarse de la versión de un texto para la cual la censura había dado su permiso.

Como los poetas solían observar, en sus obras, una duración del espectáculo normalizada, seguramente no había tampoco cortes para abreviar la representación. Los únicos casos graves de intervención en el texto los constituyeron, tal vez, los cambios en el reparto de las piezas, cuando una compañía no disponía del personal requerido por los poetas y le faltaba, por ejemplo, un segundo *gracioso*. También fue posible que los propios poetas modificaran sus textos para diferentes situaciones de representación, como ha demostrado Arnold Rothe para *El mágico prodigioso* de Calderón[12].

Pues, ¿cómo los actores convirtieron los textos en teatro? Tenemos un «catálogo» de todas las habilidades de las que un actor de la época debía de disponer. En *Pedro de Urdemalas*, de Cervantes, Pedro dice en el tercer acto:

> De gran memoria, primero;
> segundo de suelta lengua;
> y que no padezca mengua
> de galas es lo tercero.
>   Buen talle no le perdono,
> si es que ha de hazer los galanes;
> no afectado en ademanes,
> ni ha de recitar con tono,
>   con descuydo cuydadoso,
> graue anciano, jouen presto,
> enamorado compuesto,
> con rabia si està zeloso.
>   Ha de rezitar de modo,
> con tanta industria y cordura,
> que se buelua en la figura
> que haze de todo en todo.
>   A los versos ha de dar
> valor con su lengua experta,
> y a la fabula que es muerta
> ha de hazer resucitar.

---

[12] A. Rothe, «Calderón, 'Der wundertätige Zauberer' und das Publikum» en D. Grimm (ed.), *Prismata* (Dank and Bernhard Hanssler), Pullach, Verlag Dokumentation, 1974, pp. 205-229.

> Ha de sacar con espanto
> las lagrimas de la risa,
> y hazer que bueluan con (p)risa
> otra vez al triste llanto,
>   Ha de hazer que aquel semblante
> que él mostrare, todo oyente
> le muestre, y ser excelente
> si haze aquesto el recitante[13].

Este pasaje contiene toda una serie de reglas tanto para la declamación del texto como para la mímica. En cuanto a la recitación, se requiere que el actor maneje con inteligencia los versos, que sepa apreciar el valor de éllos, sin que el público se dé cuenta de los esfuerzos del estudiar y aprender de memoria los versos. El actor debía de actuar, además, según la edad, el temperamento, el estado social de la figura que representa. Todo esto es, por consiguiente, una negativa a un teatro de pura declamación, en el cual los versos se recitan perfectamente, pero sin corresponder al sentido, a la situación y al carácter de las figuras teatrales.

El fin de todo trabajo interpretativo es, según este testimonio de Cervantes, no sólo darle vida al texto «muerto», sino alcanzar un juego libre de afectos y emociones, que le permite al actor penetrar en el mundo de los sentimientos de las figuras y experimentar él mismo los afectos y emociones para poder transmitirlos al público.

Las mismas reglas para la declamación y la mímica se pueden encontrar en un tratado teórico de la época. Lope de Vega, en su *Arte nuevo de hacer comedias*, pide, de la misma manera que Cervantes, un tono de recitación oportuno para cada personaje representado: «Si hablare el Rey, imite cuanto pueda / la grauedad real; si el viejo hablare / procure vna modestia sentenciosa; / descriua los amantes con afectos / que mueuan con estremo a quien escucha.»[14] Cuando Lope advierte «Guárdese de impossibles, porque es máxima / que sólo ha de imitar lo verosímil», ésto corresponde a la exigencia de Cervantes de actuar «con descuydo cuydadoso». Lope, finalmente, exige el mismo juego de afectos entre actor y espectador: «Que se transforme todo el recitante, / con mudarse a sí mude al oyente.»

En Lope, como en Cervantes, se muestra el mismo proceso de la realización escénica de una pieza teatral: los impulsos que salen del texto están cargados de emociones, por medio de la declamación y de la mímica, de tal manera que el actor no sólo esboza los afectos, sino que los vive. El público, por su parte, recoge estas señales, primeramente, para reconocer situaciones y caracteres, y luego para ser llevado al mundo imaginado de la acción teatral. En el caso ideal, los actores y el público forman así durante la

---

[13] *Ed. cit.* en n. 5, pp. 218-219.
[14] Lope de Vega, *Arte Nuevo*, ed. Juana de José Prades, Madrid, CSIC, 1971, p. 296. Todas las demás citas: *ibíd*.

representación un conjunto que quisiera denominar con el término *comunidad emocional*.

Se puede demostrar todo esto muy bien en un ejemplo del propio Lope. En su pieza con el título programático de *Lo fingido verdadero*, San Ginés, patrón de los actores, dice, explicando a *Diocleciano* el arte de representar: «El imitar es ser representante; / (...) / así el representante, si no siente / las pasiones de amor, es imposible / que pueda, gran señor, representarlas; / una ausencia, unos celos, un agravio, / (...) / mas no los sabrá hacer si no las siente.»[15]

Ginés pierde el control de sí mismo *imitando* al cristiano y penetrando tan profundamente en su mundo de sentimientos que se convierte en auténtico cristiano. El *Soldado* se da cuenta de que Ginés sale del papel («Hace de improviso / cosas de que no da aviso»[16]) y ruega al *apuntador* ayudarle: «¡Apunten!», pero Ginés contesta: «Pues no ves / que el cielo me apunta ya.»

Tenemos otra vez este juego con los niveles de realidad, como en el *Gran teatro del mundo* de Calderón: Ginés, antes de morir como mártir, no deja duda alguna sobre el hecho de que la situación *imitada* es, en efecto, la propia realidad: «(...) pero en tanta propiedad / no me parece razón / que llamen imitación / lo que es la misma verdad.»[17] Ahora bien, el actor, entregándose totalmente a los sentimientos de la figura teatral que interpreta, llega a este mundo imaginado, que es, según el entendimiento de la época, la realidad, llevando consigo al espectador.

Este juego de afectos no quedó sin finalidad en sí, como ha demostrado Hans-Jörg Neuschäfer en otra comedia de Lope, en *Fuenteovejuna*[18]: El público está puesto sistemáticamente bajo una tensión psíquica. Los sentimientos de indignación y de cólera se descargan, en la tercera *jornada*, tanto en las figuras de la pieza como en el público. Más allá de los sentimientos, los espectadores pueden admirar el valor de la gente de Fuenteovejuna y reflexionar sobre las causas de la constancia de aquel pueblo.

No sólo por todo este complejo juego emocional se confirma la posición extraordinaria del actor en el rito de la representación. Podía encarnar en la escena a personajes de todas las capas sociales, del criado hasta el rey, situándose así en el teatro fuera de las normas de una sociedad con un régimen muy rígido en cuanto a las relaciones entre los distintos niveles sociales.

Pero, ¿cómo el actor podía tener una función tan importante, si había, al

---

[15] *Obras de Lope de Vega, IX*, Ed. Marcelino Menéndez Pelayo, Madrid, Atlas, 1964, p. 78, BAE, 177.

[16] Estas y las demás citas: *ibíd.*, pp. 100 y ss.

[17] *Ibíd.*, p. 78.

[18] H. J. Neuschäfer, «Lope und der Vulgo», H. Baader y E. Loos (eds.), *Spanische Literatur im Goldenen Zeitalter. Fritz Schalk zum 70. Geburtstag*, Frankfurt am Main, Klastermann, 1973, pp. 338-56.

mismo tiempo, tantas objeciones contra él y su actividad laboral? Ya hemos visto con qué repugnancia el padre Fomperosa y Quintana describió el trabajo de los actores. Otro moralista lo dijo en palabras todavía más claras:

> (...) pues es cierto que abiertamente o de callada, casi en todas las representaciones, (los actores) proponen a los oyentes, torpeza y deshonestidades, engaños de rufianes, amores de rameras, fuerzas de doncellas, y otras cosas que no hay por qué referirlas, por su deshonestidad; y por tanto, como afeados con muchas torpezas, juzgo que deben ser echados de la iglesia y apartados de la sanctidad de los sacramentos[19].

Fue el aun más famoso Padre Mariana quién, en su libro *De spectaculis*, del año 1609, dio rienda suelta a sus aversiones contra el teatro y los actores, especialmente. Y hay un tercer adversario del teatro, que trató el tema de manera no menos polémica, pero algo más matizado: Fray José de Jesús María, que intentó, sin embargo, más consecuentemente que otros, echarles la culpa de la supuesta corrupción del teatro a los actores.

Un punto de partida para la crítica de fray José es el modo de vestirse los representantes. Les reprocha a ellos contravenir no sólo las normas civiles, sino incluso el orden natural establecido por Dios, atacando, especialmente, el uso de los vestidos masculinos por mujeres y viceversa. Citando el *Deuteronomio*, el fraile escribe: «No se vista la mujer vestido de hombre, ni el hombre vestidura de mujer, porque lo uno y lo otro es abominable cerca de Dios»[20].

La *mujer vestida de hombre*, o *la mujer varonil*, de hecho constituyó una parte muy importante y atractiva del teatro de la época y estuvo, además, siempre en el centro de las polémicas contra el teatro. Fray José acentúa sus reproches, caracterizando, finalmente, a los actores —y sobre todo a las actrices— como impuros, en el sentido bíblico, negándoles el derecho de tomar parte en la celebración de la fiesta del Corpus: «¿Cómo (a Dios) le será agradable que en la fiesta mayor de los sacrificios que contiene, no carne y sangre de animales, sino la purísima carne y sangre del mismo Dios, concurran a celebrarla personas tan impuras y manchadas como son de ordinario los comediantes?»[21] No puede ser, por consiguiente, resume fray José, que una mujer represente un día «las torpezas de Venus» y el otro la «pureza de la soberana Virgen», y descubre una contradicción entre la «pureza moral» de algunas figuras destacadas del teatro, como la Virgen María, y el modo de vivir de los comediantes.

No quiero pintar una imagen de color de rosa de la vida de los actores, ya que ellos, seguramente, no se comportaron como unos santos en la vida cotidiana. Vivirían de la misma manera que tantas personas de otros sectores

---

[19] E. Cotarelo y Mori, *Bibliografía* p. 433.
[20] *Ibíd*, p. 381.
[21] *Ibíd.*, p. 377.

de la sociedad: según las reglas de una *doble moral*, que garantizó un cierto orden exterior, pero que dejó un margen para salirse de las normas. En verdad, todo quedó ordenado: a las mujeres se les permitió salir a la escena desde la mitad de los años noventa del siglo XVI, después de haberles logrado este derecho una compañía italiana de la *commedia dell'arte*[22], pero las actrices que tenían más de doce años debían de estar casadas[23]. Sin embargo, muchos de estos matrimonios no se hicieron por amor, sino por necesidad profesional, y no fueron tampoco ejemplares. No obstante aun cuando un actor confesara que había cometido un adulterio, no tardó en añadir que todo tiene su orden: así, el actor Antonio López Sustaete dice en su testamento que su hijo Luis Antonio, «que le hubo fuera de matrimonio con muxer soltera, limpia y honrada doncella»[24], había sido bautizado en la iglesia de San Sebastián de Madrid. De todos modos, había un efecto recíproco entre la vida cotidiana de los actores, ordenada o no, y las figuras representadas en la escena.

Es de suponer que al público, que se encontraba en aquella comunidad emocional con los actores, le fue casi imposible ver en los actores personas privadas, ni cuando fueron llamados con su nombre civil, como ocurrió, sobre todo, en los *entremeses* y *loas* de la época. Lo que sí era posible en mayor grado fue la proyección de los papeles en la vida cotidiana, en sentido bueno y malo, como observa Lope en su *Arte nuevo*: «Pues que vemos, si acaso vn recitante / haze vn traydor, es tan odioso a todos / que lo que va a comprar no se los venden, / y huye el vulgo dél quando le encuentra, / y si es leal le prestan y combidan / y hasta los principales le honran y aman, / le buscan, le regalan y le aclaman.»

Los adversarios del teatro, por su parte, insistieron en que los papeles y situaciones poco ejemplares, según su opinión, que se presentan en las piezas («cosas lascivas», «amores deshonestos») ejercen una influencia negativa sobre la vida de los actores. Pero hay que tomar en consideración que éllos constituyeron un grupo muy reducido; fueron exclusivamente miembros de órdenes religiosas, que además admitieron no haber ido nunca al teatro. Sus afirmaciones, al ser meramente teóricas, pierden mucha de su importancia. Así, los adversarios cayeron en un círculo vicioso de argumentos: el interpretar papeles de inferior valor moral y el actuar en situaciones «deshonestas» corrompen el carácter personal del actor, y teniendo un carácter corrompido, el actor no puede interpretar en la escena a personajes ejemplares como la Santa Virgen.

Las autoridades y las comisiones oficiales que organizaron y reglamentaron

---

[22] Cristóbal Pérez Pastor, *Nuevos datos acerca del histrionismo español en los siglos XVI y XVII*. Primera serie, Madrid, Imp. de la Revista *Epañola*, 1901, p. 20.

[23] J. E. Varey y N. D. Shergold, *Fuentes para la historia del teatro en España, III. Teatros y comedias en Madrid: 1600-1650*, Londres, Tamesis, 1971, p. 58.

[24] Cristóbal Pérez Pastor, *Nuevos datos acerca del histrionismo español en los siglos XVI y XVII*. Segunda serie, Burdeos, Feret, 1914, p. 182.

la vida teatral, finalmente, se mostraron mucho más abiertos y pragmáticos en su actitud ante el teatro, y tenemos en el comportamiento de ellos la clave para el sorprendente aprecio de la profesión del actor en la sociedad. Los responsables del Estado, de la Villa de Madrid e incluso de la Iglesia (salvo los miembros de ciertas órdenes, desde luego) reconocieron así un punto central del teatro, tan cargado de emociones: el efecto catártico no sólo se alcanzaba por el procedimiento de demostrar una conducta ejemplar en las figuras teatrales (como exigieron los adversarios), sino también por la descarga de sentimientos negativos, realizada por los actores en comunidad con los espectadores.

Por otro lado, los defensores del teatro descubrieron en la representación de figuras ejemplares un medio para convertir a los actores a una vida religiosa. La conversión de la actriz Francisca Baltasara, que experimentó un extraño martirio, fue tan espectacular que Antonio Coello, Vélez de Guevara y Rojas Zorrilla escribieron juntos una pieza sobre este acontecimiento, y la pieza (*La Baltasara*) seguramente no quedó sin efecto en los actores. De todos modos, ejemplos como éste muestran que la actuación de la mujer en la escena no fue perjudicial para la moral.

Las razones para la actitud favorable de las instituciones oficiales ante la profesión de actores son fáciles de comprender: una vez admitido el espectáculo como parte obligatoria de la fiesta del Corpus y de las ceremonias cortesanas, los responsables de la organización del teatro de Corpus y Corte tuvieron que estar interesados en tener actores verdaderamente profesionales, que garantizaran tanto una celebración digna y perfecta de los misterios religiosos como una autorrepresentación impresionante de la monarquía.

Incluso en el teatro de los corrales, la administración pública debía de esforzarse por mantener un teatro altamente profesional y atractivo, ya que del éxito económico de los espectáculos dependían, en buena parte, los ingresos para los hospitales. Esta conexión entre la caridad y el espectáculo, tan típica del teatro español, que fue además la fuerza motriz más importante para el desarrollo en sus comienzos, les sirvió a los actores como un fuerte broquel: prohibiendo la actuación de los representantes, se hubiera eliminado una corriente de dinero, grande y regular, destinada a tareas sociales de la comunidad. Los actores, por su parte, siempre podían apelar al carácter benéfico de las representaciones para no ser atacados.

El teatro del Corpus era todavía de mayor trascendencia para el reconocimiento de la profesión en la sociedad. La participación de los actores en una fiesta tan espléndida e importante para la tarea de la contrarreforma, contribuyó, por una parte, a una mejor calidad artística de las representaciones, ya que para la celebración del Día del Corpus en Madrid siempre fueron contratadas las dos compañías que la comisión consideró como las mejores en todo el país. Y entre éstas se hizo, además, un concurso, concediendo un premio, la *joya*, a la mejor de las dos. Por otra parte, los actores quedaron integrados directamente en la vida religosa del país, por lo que era imposible negarles una protección oficial, incluso por parte de la Iglesia.

Así no sorprende que hubiera una organización propia que constituyó el vínculo entre la profesión de actores y la Iglesia, y que fue, en cierto modo, un instrumento de control: la *Cofradía de Nuestra Señora de la Novena*. Aunque esta organización, la única que los actores llegaron a fundar y que sigue existiendo hoy día, merezca más atención, puedo resumir aquí tan sólo algunos resultados de mis investigaciones.

La *Cofradía de la Novena* fue, en primer lugar, una hermandad con fines religiosos. Aunque sí ejerció algunas funciones de un *gremio*, no me parece oportuno aplicarle este término. La Cofradía fue gobernada por una junta directiva, estructurada según criterios de jerarquía bastante rígidos, con una sorprendente posición privilegiada del cura de la parroquia de San Sebastián, que fue sede de la Cofradía.

En un principio, todos los miembros de las compañías teatrales con sus familias tuvieron que entrar, obligatoriamente, en la Cofradía. Pero ni los *mozos* ni los *guardarropas* tenían derecho de voto, y tampoco las mujeres pudieron desempeñar un cargo. Aunque se mencionen en las *Constituciones*[25] de la Cofradía también a los actores de la *legua*, ésto se refiere solamente a aquellos representantes que trabajaron temporalmente como *sobresalientes* en una compañía licenciada. Al entrar una compañía en la hermandad, el *autor* debía de presentar al *secretario* el «Título de su Majestad», es decir, la Cofradía aceptó tan sólo a *compañías de título*.

Una buena parte de las actividades de la Cofradía consiste en la celebración de actos y fiestas religiosos y, sobre todo, en el culto de la santa Virgen. En las *Constituciones*, que van introducidas por los artículos de fe, la Cofradía se compromete con la siguiente fórmula: «(...) cree y confiessa todo lo que cree y tiene la santa madre Iglesia de Roma. Y protesta de viuir y morir en su santa Fee Catholica y enseñar a sus hijos y subditos la Doctrina Christiana (...)». Como si esto no fuera suficiente, se añade una alusión al carácter caritativo del trabajo de los actores: «(...) con lo que les dan a ganar los Teatros de la Representacion se sustentan la mayor parte de los Hospitales, naciendo tan vtil efecto de charidad; de tan licito entretenimiento (...) se promete duracion y se assegura calidad.» Con todo esto no queda duda de que la Cofradía quería consagrarse, sin reserva, a los fines de la Iglesia.

La Cofradía tenía, desde luego, también una función social, ayudando a los cofrades que habían caído en la miseria. Pero creo que siempre se ha exagerado este aspecto. Los libros de cuentas sí documentan el pago de cantidades modestas a dichos cofrades, pero cuando un actor cayó enfermo fuera de Madrid, en una gira, la ayuda financiera fue reglamentada de un modo bastante burocrático. Salvo con el consentimiento de *diputado, cobrador y enfermero* —funciones que desempeñaron en nombre de la Cofradía siem-

---

[25] Todos los documentos citados se encuentran en el archivo de la *Cofradía*, en la parroquia de San Sebastián, en Madrid. Las citas de las *Constituciones* proceden del ejemplar caligráfico que tiene el mayor carácter oficial.

pre algunos actores en cada compañía—, el autor podía sacar dinero para este fin del *arca* donde la compañía guardó documentos y dinero de la Cofradía. Pero, y este es un detalle muy importante, la ayuda se la dio solamente como préstamo; el dinero tuvo que ser devuelto al estar sano el enfermo.

La hermandad se limitaba, de este modo, más o menos a organizar la ayuda social, pero dejó, en gran parte, el socorro a cargo de las compañías. Es sorprendente que la Cofradía no pudiera cumplir con sus tareas sociales ni siquiera cuando la ayuda material para sus cofrades era de mayor importancia: cuando cesó la actividad laboral, sobre todo durante las fases de la prohibición del teatro. Como puede desprenderse de una carta del *tesorero* Gerónimo de Peñarroja, la Cofradía tuvo que vender incluso alhajas donadas a la *Virgen de la Novena* para poder cubrir los gastos más importantes, ya que en estas situaciones no entraron las cuotas regulares, y las reservas de dinero parecen haber sido demasiado pequeñas.

Había, sobre todo, un fin para el cual la Cofradía siempre disponía de dinero: para organizar las *honras fúnebres* a la muerte de cada miembro. En las *Constituciones*, el entierro y las formas de conmemoración del difunto están reglamentadas de una manera tan minuciosa que se puede creer que éste haya sido el fin principal de la hermandad. En uno de los párrafos correspondientes, se subraya la importancia de esta actividad de la Cofradía: «(...) ninguno por pobre ni por rico pierda este sufragio que se le deue por Cofrade.»

Si no se toma el término «ayuda social» en sentido demasiado estricto, la garantía de unas *honras fúnebres*, con todo el apoyo de la Iglesia, fue el servicio de mayor envergadura que prestó la Cofradía a sus miembros, tomando en consideración que en Francia casi se le hubiera negado a un Molière el entierro cristiano, únicamente por haber sido actor. No sólo por este detalle se ve que la Cofradía desempeñó el papel importante de un «fiador» que garantizó el reconocimiento del actor como miembro de pleno derecho de la comunidad de la Iglesia y, por consiguiente, de toda la sociedad.

Los actores, por su parte, no se pusieron, con su trabajo, en oposición a la sociedad, las autoridades estatales o la Iglesia y no fueron de ninguna manera un tropel de comediantes desmoralizados, sino que florecieron bajo la vigilancia e incluso con el apoyo de las instituciones respectivas y constituyeron un particular grupo social de alta profesionalidad, excelentemente organizado y respetado por amplios círculos de la sociedad.

Demostrando desde varios puntos de vista la posición especial e incluso privilegiada de los actores en el Siglo de Oro, espero haber contribuido a concebir una nueva imagen más matizada de aquel grupo de gentes, que tenían una función decisiva en el desarrollo de la vida teatral de aquella época que sigue siendo la más importante en la historia del arte escénico español[26].

---

[26] La conferencia se basa en mi libro *Der Schauspieler im spanischen Theater des Siglo de Oro. Berufsbild und Rolle in der Gesellschaft*, Frankfurt am Main, K. D. Vervuert, 1986.

REGISTROS Y MODOS DE REPRESENTACION EN EL ACTOR BARROCO: DATOS PARA UNA TEORIA FRAGMENTARIA

Evangelina Rodríguez Cuadros
(Universidad de Valencia)

*Para Vicenta Catalá y Mario Pereiró,
junto al tablado de la amistad.*

Dijo Stanislavski que es fácil crear o soñar teorías en el arte, pero que es mucho más difícil ponerlas en práctica. Para el caso de la técnica del actor en el siglo XVII, cabría partir del razonamiento inverso: resulta poco menos que imposible elaborar una teoría cuando sólo accedemos a los planteamientos prácticos, bien desde una recepción sesgada del espectador (puesto que dicha recepción se testimonia desde el costumbrista o el moralista), bien desde una preceptiva empeñada en constituirse *conativamente* en la exigencia del neutro naturalismo del decoro. En lo que respecta a mi experiencia, añadiré que si es difícil constatar empíricamente las teorías, lo es mucho más escribir sobre ellas; o, lo que es lo mismo, convencernos y convencer de en qué mar navegan conceptos o islotes como decir *verdad, verosimilitud, realismo, estilo, técnica, imitación* o *desgarro*. Y es que cuando se habla desde el hecho vertiginoso y dinámico de la historia no está mal adoptar precauciones. Estudiar la técnica del actor barroco desde la documentación del devenir histórico no es negar la necesidad de que en un instante de ese proceso o al final de éste (si es que logramos situarnos en esa utópica ucronía) intervenga el mecanismo sincrónico (aunque siempre dialéctico) de la semiótica. El teatro es puro signo porque quizá más que ninguna otra práctica artística pretende suplantar, construir o deformar una determinada realidad. Pero si también es posible —como creo— observar el teatro como una producción significativa en su hecho textual (la forma menos efímera de permanencia del hecho dramático), y en su reflejo en un tiempo concreto, pienso que habría que advertir de la conveniencia (ya que no de la necesidad) de suministrar una base de plasma histórico, de historiar datos positivos, concluyéndose de todo ello que la historia es una teoría *in fieri*. Hace tiempo intento, de este modo, allegar datos para escribir un libro sobre el comediante en el siglo XVII, instalado en la conformación histórica de sus técnicas de actuación; un estudio diferenciado, pero no segmentado, por tanto, de su lógico final: ofrecer sus conclusiones a los teóricos puros del signo (Bettetini, Franco Ruffini, Barthes, Hélbo, Etienne Souriau, Umberto Eco o De Marinis, por citar sólo unos cuantos). Pero tampoco segmentado de su principio: a saber, la realidad social del comediante.

Porque hay un aspecto de la sociología que cabría situar en la base de la gestión histórica de su técnica: el reconocimiento de un estatuto profesional o, para hablar con mayor propiedad cronológica, estatuto de oficio. En este sentido poco cambia, en términos ideológicos, la valoración estamental de las profesiones entre la Edad Media y el Barroco (anclado en España, pese a los inequívocos signos de modernidad, en brotes neogoticistas). El oficio de *comediante* o *estrion*, desestimado en su esencia moral por no contribuir al equilibrio dogmático de la salvación espiritual que es donde se asentaba el esquema social tripartito de la alta Edad Media (*oratores, bellatores, laboratores*), no se beneficia de la ampliación positiva que la Iglesia establece en esas funciones a partir del siglo XIII, debido, sobre todo, a la presión de medios profesionales, diríamos, protoburgueses. La Iglesia (elaboradora y gestora, en gran parte, de la ideología social) organiza entonces la sociedad en una suerte de mecánica de *estados* definidos por una organización jerárquica no vertical, sino horizontal (en orden a su estricta utilidad para el cuerpo social). Surge así la ignominia de determinados oficios, ideologizada no sólo con la base moral, sino con la base pragmática de su nula aportación a la defensa y economía social. Y el oficio del actor se prepara para un largo viaje estigmatizado por la historia[1]. Una de sus jornadas más apasionante será, sin duda, la del Barroco. En una etapa de crisis, en la que se ha podido demostrar que la «expresión del ocio condenable y la reducción de la laboriosidad paradigmática no dependían de una inclinación, de unos hábitos, etc., sino de motivaciones económicas»[2], los cómicos se sitúan, sin embargo, en la dudosa frontera de los marginados, pervirtiendo la herencia que de estatuto profesional conlleva su actividad desde la Edad Media. Por ello, el aspecto *hereditario, gremial* o *genealógico* pasa a ser, no un elemento de encarte social (como los oficios medievales), sino de defensa y *guetto* (cofradía, endogamia). El moralista del siglo XVII, con cruel lucidez, sabe que el objetivo último de sus ataques al teatro es desintegrar el concepto de profesión de actor, reduciéndolo a una actividad pseudo-artesanal. Así el Padre Pedro de Guzmán en *Bienes del honesto trabajo, y daños de la ociosidad, en ocho discursos* (Madrid, 1613), recomienda «que el representante

---

[1] *Cfr.* el interesante trabajo de Josep Hernando, «Los moralistas frente a los espectáculos de la Edad Media», *El teatre durant l'Etat Mitjana i el Renaiximent*, ed. Ricard Salvat, Barcelona, Publicacions i edicions de la Universitat, 1986, pp. 21-37. Estudia la figura del *estrion* a partir del *Libro de las Confesiones* (ca. 1316) de Martín Pérez, en donde se dice de ellos que «transforman en otras semejanzas de diablos et de bestias et desmayan sus cuerpos et entiznanse et fazen en sus cuerpos saltos et torpes gestos et muy torpes et muy suzias juglerias et mudan las fablas (...) Et ellos fazen estas cosas por plazentear a los omnes et algunos por ganar algo (...) Et non es ofiçio porque puedan salvar, ca non a en él por et a en él danno de sí et de todos sus christianos» (*loc. cit.*, p. 34).

[2] *Cfr.* José A. Maravall, *Estado moderno y mentalidad social*, Madrid, Alianza, 1986, t. II, página 393.

atienda a algún otro oficio entre semana, como al principio lo hacían los primeros maestros desta arte»[3]. Es más, se trata de pretender una verdadera escisión del cuerpo social, porque, como advierte Fray José de Jesús María:

> Concedamos que los representantes sean miembros de este cuerpo de la república, como los demás estados della, que es lo que ellos pretenden dar a entender aquí: conforme a lo qual conviene que se advierta, que quando algún miembro está ya podrido, se corta y entierra, porque no corrompa e inficione todo el cuerpo, y lo mismo es necesario que se haga en éste[4].

Esta metáfora del cuerpo, tan apasionada y siniestra, tan reivindicativa y tan rígida, es tal vez la clave. Puede pensarse en la diferente suerte que corrieron en el Barroco otras profesiones primariamente vituperadas como la pintura. La reivindicación de esta profesión con rango de nobleza y liberalidad halla, por ejemplo, en una metáfora, la del *Deus pictor*, Dios pintor de la realidad y del universo, una decisiva coartada. A partir de ahí el desarrollo de teorías y tratados sobre el arte pictórico es tan amplio como conocido[5]. Pero el actor, escindido del cuerpo social, trabaja también desde un cuerpo desplazado de metáforas místicas o estamentales. Trabaja desde su propio cuerpo, usurpando el papel de un Dios creador de lo corporal, a cuya imagen y semejanza fue instalado en la realidad. Ya lo dijo, en efecto, el confesor Martín Pérez: «los estriones tienen ofiçio dannoso et primero de los que transforman sus cuerpos en otras muy viles semejanças»[6]. El actor se ofrece a que su cuerpo sea soporte de conductas significativas, inserta su carne en el conjunto de los significados admitidos para el siglo XVII. Proscrito pero estimado por el poder constituido, precisamente porque ayuda a dar sentido a la gran construcción metafórica del cuerpo estamental, porque sirve de instrumento a una conciencia común; pone en escena los modelos de sentimientos y de pasiones *representables*, los cuales, al menos momentáneamente y mientras dura la representación, parecen «abolir las fronteras entre agrupaciones de la sociedad total». Y este hecho, que lleva a los sociólogos a preguntarse «si los comediantes no han desempeñado el papel de intermediarios entre las clases, si no han ejercido una función de integración de las mentalidades y de los valores»[7], tiene, paradójicamente, el soporte de un cuerpo que elabora mitos, símbolos, conductas sociológicamente significativas. La sociedad, textualizada aparentemente en la ideología de los moralistas,

---

[3] En Emilio Cotarelo y Mori, *Bibliografía de las controversias sobre la licitud del teatro en España*, Madrid, Tipografía de la Revista de Archivos, Bibliotecas y Museos, 1904, p. 350ᵇ.

[4] Fray José de Jesús María, *Primera parte de las excelencias de la virtud de la castidad*, Alcalá, 1601, en Cotarelo, *Bibliografía*, p. 372a.

[5] *Cfr.* Francisco Calvo Serraller, *Teoría de la pintura en el Siglo de Oro*, Madrid, Cátedra, 1981.

[6] *Cfr.* Josep Hernando, Los moralistas, pp. 32 y 34.

[7] *Cfr.* el trabajo de Jean Duvignaud, *El actor. Bosquejo de una sociología del comediante*, Madrid, Taurus, 1966, pp. 54 y ss.

negó la profesión, coaccionando el desarrollo teórico, académico, de una técnica que empíricamente sí existió.

Buena parte de ella no hay duda que habrá que atribuirla a la improvisación, constituida ya de alguna forma en una tradición más, codificada, de interpretación. Sobre ella y sus relaciones con la influencia de la *commedia dell'arte* me he extendido en otro lugar[8], calificando testimonios de actores como en el que da Casiano Pellicer:

> La Niña, con un garlo no aprendido,
> sino el que allí le ministró el contento
> esto alargó ni necio ni fingido.

Y explicando que se defendiera el uso reglamentado del verso en la comedia como baluarte para evitar los excesos de celo del actor en su interpretación, «pues el estilo que hay en estos versos muy guardado es que la comedia sea en verso, y como por este camino se le quita al representante el albedrío de decir lo que quiere, y sólo ha de decir lo que compuso el poeta»[9].

Pero otra parte proviene de una conciencia de *tejné*, de oficio, planteada desde la propia preceptiva artística de la época que exige un seguimiento de la naturaleza a partir de la observación y del ejercicio del estilo. Esta preceptiva, aunque reconoce que «esta ciencia de representar es tan fácil a algunos naturales que tienen brío en el hablar y buen oído, fácil pronunciación, que en los tales casi es natural el representar»[10], admite que es el comediante el que da acción y voz a lo que representa «diciéndolo como si lo sintiera y sintiéndolo como si de verdad padeciera y obrara (...), porque finge el método que le dió el arte y hace lo que le toca por su oficio»[11]. El propio Pinciano aconseja a los autores entregar el poema activo a los actores «para que hagan su oficio»[12]. Exigencia de técnica, por cierto, que concurre asimismo en la recepción del espectador, pues como testimonia Jerónimo Alcalá Yáñez en *El Donado hablador* (1624), «cual decía mal de la música,

---

[8] Véase mi ponencia en las *Jornadas de Estudio de Teatro Clásico de Almagro* de 1987, «Gesto, movimiento, palabra: el actor en el entremés del Siglo de Oro» (en prensa). Ver, concretamente, M.ª Luz Uribe, «Las influencias de la Comedia del Arte en España», *El teatre durant l'Etat Mitjana...*, cit, pp. 13-20, y Manuel Sito Alba, «L'influenza italiana nella formazzione del modo spagnolo di rappresentare», *Il suono del Teatro, Atti (...)*, ed. R. Tomasino, Palermo, Acquario, 1982, pp. 121-32.

[9] *Memorial impreso dirigido al rey don Felipe II, para que levante la suspensión en las representaciones de comedias* (1598), en Cotarelo, *Bibliografía*, p. 424a.

[10] En el anónimo *Diálogo de la comedia* (Ms. ca. 1620), en Cotarelo, *Bibliografía*, p. 222a.

[11] D. Melchor de Cabrera y Guzmán, *Defensa para el uso de las comedias* (1646), en Cotarelo, *Bibliografía*, p. 96b.

[12] Alonso López Pinciano, *Philosophia Antigua Poetica* (1596), ed. de A. Carballo Picazo, Madrid, CSIC, 1973, t. III, p. 276. Empero, la necesidad de *reglamentar* académicamente la técnica del actor es mucho más tardía. Hasta 1790 no encontramos en las *Controversias* la manifiesta voluntad de un crítico, Julián de Antón y Espeja, para escribir un *Arte del teatro* para la instrucción de los actores (*Discurso apologético que por los teatros de España en una junta de literatos de esta corte pensó...* Madrid, MDCCXC), en Cotarelo, *Bibliografía*, p. 60a.

cual del verso y mala traza de la comedia, de la pobreza del concepto, del estilo y modo de decir tan llano y ordinario; si las mujeres eran ya de días, poco airosas; los representantes mal aderezados, de poco cuerpo, arrogantes, de malas acciones; cual recitaba llorando, cual se turbaba por no acordarse del pie que le daban (...)»[13]. Pero que, sobre todo, se ve calificada por los numerosos testimonios de la carrera del actor que comienza por el bajo menester del *metesillas* o *sacamuertos* y aprende en una suerte de riguroso *meritoriaje*, como resulta de la memoria del pícaro Alonso en la novela citada:

> A todo me hube de poner: unas veces servía de dragón en algunas comedias de santos, otras veces de muerto si había representación de alguna tragedia, tal vez de bailarín cuando el baile era de seis, que, metido entre otros razonablemente, podía pasar con mis malas piernas. En los entremeses hacía también mi figura (...) Ya me iba adelantando a salir del tablado, y hacía algún papel de embajador, paje o guarda; otras veces en acompañamiento tocaba el tambor si había guerra, y tal vez hubo que dije una columna entera, sin errar, y de ver ensayar las comedias cada día, casi las sabía de memoria[14].

Este tejimiento progresivo de la técnica, enfocado desde tres puntos de vista (la teoría, la recepción estética y la práctica escénica) me parece esencial. Primero porque reivindica (pero trasciende) el paradigma de la corporalidad como elemento creador y no meramente ilustrador en el teatro barroco. Y segundo porque es la mediatización de ese oficio, de ese ejercicio, lo que separa, en el sentir de la preceptiva más lúcida del Siglo de Oro, al simple histrión y al verdadero actor. De seis modos diferentes he observado que se denomina a la profesión en esta época: *representante*, *representador* (variante recogida en el *Tesoro* de Covarrubias), *farsante*, *comediante*, *histrión* y, naturalmente, *actor*. Pero quiero llamar la atención sobre el escaso uso de este último término que califica específicamente, según el *Diccionario de Autoridades*, al que representa con primor o, como diría Zabaleta, a los que «refinan el acto que hacen». Por ello el Pinciano sustenta la separación neta entre el rudo histrión (en el sentido de falta de juicio, de técnica, de conocimiento) de «movimientos torpes y deshonestos», y el actor que asume facultades espirituales, y cuya obra es «de suyo más útil y más honesta» que la de los volantineros[15].

La técnica se ha formulado en términos de *registro visual*, de tan alarmante parcialidad, que, si se me permite la liberalidad del juicio, dudo que haya mayores testimonios de obscenidad que las oblicuas descripciones de los virtuosos escribientes de los textos de las *Controversias*, donde un

---

[13] Cotarelo, *Bibliografía*, p. 51.
[14] *Ibíd*, pp. 51a y 53b.
[15] *Op. y loc. cit.*, pp. 270-72.

hipócrita deseo de ocultamiento evidencia con fuerza el paradigma de la más neta corporalidad. Dígalo, si no, el Padre Pedro Calatayud para quien:

> No podeis negar que el cuerpo rollizo y bien vestido de una mujer, por sus ojos especialmente como por troneras brota fuego y vibra rayos de concupiscencia y despide su cuerpo como un efluvio de cualidades atractivas que despierta, encienden y tiran el apetito del hombre[16].

La mirada obscena, empero, ha dejado un apretado mosaico de términos operativos y pertinentes para calificar, describir, catalogar el trabajo del actor. Estoy en la tarea de estudiar e inventariar un *vocabulario técnico* del actor barroco; en un trabajo anterior desgrané una propuesta de términos que habrían de ampliarse a conceptos, modismos y construcciones como: *donosamente vestido, garbo y galantería, afectando gracias, destreza en el baile, energía en el decir, farsantas acicaladas y prendidas, afectando el melindre, afectando el donaire, desahogo en el decir, viveza de la representación, primor de los artificios, afeitadas y compuestas con supersticioso aliño, desenvoltura, muchas veras, primor, aliños, inmodesto desgarro, bizarría, expresión artificiosa de vivísimos afectos, palabras dulces y tiernas, travesura de ojos, mil variedades de estudiados artificios, razón bien dicha, palabra blanda, suspiro mentiroso, farsanta afeitada por el pensamiento, el cuello a compás anivelado, aire, voz tierna y quebrada*, etc.

Para el caso del actor del Siglo de Oro el estudio de estas palabras se hace imprescindible ya que, como diría J. Le Goff, cada una de ellas lleva consigo el universo en que resuenan[17]. Y es, en definitiva, un universo de coacción moral, donde la sutileza de equivalencias descalificadoras es toda una obra de codificación del gesto desde la orilla del dogma. El Padre Ignacio Camargo en su *Discurso theologico sobre los teatros y comedias de este siglo* (Salamanca, 1689) denosta a las actrices en quienes es «gala la disolución, desgracia la modestia, cuidado el garbo y el donaire, primor la desenvoltura, estudio el artificio, oficio el dejarse ver y profesión el agradar a los hombres»[18]. Esta renuncia (o imposibilidad) de discriminación entre la observación moral y la técnica me parece sustancial e invita a plantear una hipótesis. Los dos registros léxicos que en la semántica del seiscientos sería posible *vaciar* para la elaboración de dicho *vocabulario* serían el *Tesoro de la Lengua Castellana* de Covarrubias de 1611 y el *Diccionario de Autoridades* (impreso entre 1726-1739). Si, por otra parte, atendemos a los documentos inventariados por Cotarelo en su *Bibliografía sobre las Controversias*, antes de 1611 sólo aparecen registrados 38 (el más antiguo de 1468,

---

[16] P. Pedro Calatayud, *Doctrinas prácticas que suele explicar en sus missiones el P. Pedro...* (Valencia, MDCCXXXVII), en Cotarelo, *Bibliografía*, p. 117b.

[17] Jacques Le Goff, «*Métier et profession d'après les manuals de confesseurs du Moyen Age*», en *Beitrage zum Berufsbewsstsein des Mitelalterfichen Menschen*, Berlin, 1964, p. 45.

[18] En Cotarelo, *Bibliografía*, p. 123a.

el *Speculum vitae humanae* de Rodrigo de Zamora y el más próximo, en el mismo 1611, *El Gobernador Cristiano* de Fr. Juan Márquez). Desde 1611 hasta 1726, en cambio, Cotarelo recoge 105 documentos (el más temprano de 1612, *Plaza universal* y *El Pasajero* de Suárez de Figueroa y, el más contiguo temporalmente *Los estragos de la luxuria* de Fr. Antonio de Arbiol en 1726). No es sólo la cantidad. Hallamos, además, una mayor eficacia y precisión dramática y gestual en las definiciones, siempre mucho más analíticas e ilustradas del *Diccionario de Autoridades* y, desde luego, un esquinamiento moral nada disimulado. Aparece la diferencia en la propia palabra *gesto*. Ambos coinciden en la definición básica de una metáfora metonímica por *semblante* y la semiológica del «demostrar el efecto que está en el ánima de alegría y tristeza». Pero el *Diccionario de Autoridades* introduce una apreciación disciplinar claramente escénica, de técnica mimética del actor: «semejanza, apariencia y parecer a la vista», y las derivaciones de sentido peyorativo, burlesco e histriónico de *gesticulación*, *gesticular* y *hacer gestos*. La palabra *mover* no aparece en Covarrubias con ninguna connotación dramática o emocional, mientras que en el *Diccionario* abre un abanico de precisiones sígnicas, la inducción, la causa, la inspiración y la excitación física o moral. La palabra *remedar*, que Covarrubias liga a traslaciones metafóricas como el *eco* o el *espejo*, el *Diccionario* la asume en su denotación plenamente teatral: «Hacer las mismas acciones visajes y ademanes que otro haze. Tiénese por especie de burla». La palabra *alma*, que Covarrubias define con precisión quintaesenciada como «darle espíritu, garbo, viveza y gracia a lo que se dice», se derrama en el *Diccionario* en una distribución forense de atributos a profesiones como el orador, el músico y sobre todo el «cómico que representa con afecto y gallardía, y acompaña con acciones propias lo que dize, y así de otros que animan con la expressión de lo accionado lo que la voz pronuncia». Si para *brío* Covarrubias nos da «esfuerço, ánimo, valor», el *Diccionario* precisa kinésicamente que se trata de «desembarazo, garbo, despejo y donaire en las personas y en su modo de obrar». Covarrubias ni siquiera define la palabra *desgarro*, mientras que el *Diccionario* establece una serie de valoraciones gestuales (arrojo, además de braveza o movimiento airoso de los ojos de la dama) connotados peyorativamente ya que *desgarrarse* es entregarse a la vida licenciosa. Y en el caso de *meneo* en donde la primera acepción es radicalmente neutra («el movimiento del cuerpo o de alguna parte de él»), un segundo sentido explica que sea el gesto o acción más vituperado por los moralistas en los actores, pero sobre todo en las farsantas: «Significaba en lo antiguo, trato y comercio».

No caben excesivas dudas: los documentos, de la controversia son, quizá, el elemento más dinamizador de la teoría actoral del siglo XVII y provocan ese trenzamiento entre lo técnico y lo moral que ocasiona la descripción de los actores con un afortunado acuñamiento: «mozos libres y mugeres mozas con galas y sin decoro, *por el oficio y por si*»[19]. Escasos son los esfuerzos por disociar precisamente un estatuto moral de una técnica artística: acaso el único testimonio hábil y preciso para concretar el desdoblamiento actor/personaje sea el que da Andrés Rey de Artieda en sus *Discursos, epístolas y epigramas de Artemidoro* (Zaragoza, 1605)[20]:

> Y cuando bien se apure y adelgace,
> el comediante cuando representa,
> ¿es Pablos cuando a Pablos contrahace?
> ¿Si, cuando rey, como señor asienta;
> si cobra, cuando Cid, tantos aceros
> que al parecer emprenderá a cincuenta,
> es a dicha Morales o Cisneros?
> ¿O es la triste Belerma Mariflores
> cuando a llanto y pasión puede moveros?
> Claro es que no son ellos. Pues, señores,
> ¿qué importa a la comedia que sean malos,
> si para recitar son los mejores?

Frente a ello, son abrumadores los ejemplos de la confusión entre la actividad profesional y el ámbito privado:

> ¿Qué importa que nos finja aquel tablado
> un santuario y que el lenguaje sea
> casto, modesto, puro y concertado,
> y que en la historia que recitan vea
> el que allí asiste un luchador constante,
> si el mismo que la explica la malea?
> A mí, cuando contemplo un recitante
> que se viste de un santo anacorea,
> el yermo me da en rostro al mismo instante,
> porque no pudo tanto allí el poeta
> darle de bueno cuanto de profano
> él mismo de sí mismo se interpreta[21].

Pero en este dificultoso trenzamiento existe, como ya se ha dicho en otra ocasión, la posibilidad o pacto con teorías para-actorales, adyacentes, que nos revelan por pertinente recurrencia la técnica del oficio del comediante, esos probables referentes para separar al actor del simple y gesticulante histrión. Pospongo, por razones de espacio, el entrar en el fascinante mundo

---

[19] *Consulta del Consejo (de Castilla) del 6 de Diciembre de 1666*, en Cotarelo, *Bibliografía*, p. 178b.

[20] En Federico Sánchez Escribano y Alberto Porqueras Mayo, *Preceptiva dramática española del Renacimiento y del Barroco*, Madrid, Gredos, 1972, pp. 138-39.

[21] *Sátiras contra las comedias, los representantes y los actores* (1646/1649), en Cotarelo, *Bibliografía*, p. 551b.

de la *oratoria forense o sagrada,* que Cicerón basó en el gesto («sunt in ore omnia», *De oratore,* Lib. III, 221) y la voz («est enim actio quasi corporis quaedam eloquentia cum constet ex voce atque motu») y que nos conduciría al mundo de la oralidad parateatral (academias, por ejemplo[22]) y al diseño, incluso, de posibles estilos o escuelas de declamación en el teatro del Siglo de Oro[23]. Por decirlo con palabras de Baule Kelsey: «Speech is a gesture because it is a form of expression»[24]. Me centraré aquí en la ciencia de la *fisiognómica* y sus relaciones con la pintura a través del estudio del valiosísimo (para nuestro cometido) tratado de Vicente Carducho, *Diálogos de la Pintura.* Nuestro autor, que afirma que «en la Fisonomía inquirió lo lícito y no escusado», se inspira cercanamente en las obras de Giovanni Battista Della Porta (*De humana physiognomica libri IV,* 1586) y, sobre todo, en la de Giovanni Paolo Galluci Solodiano (*Della Simmetria de i corpori humani libri Quattro,* Venecia, 1591)[25], para consignar que:

> se alteran las formas en mayor, o menor, y más o menos dilatadas; porque la admiración, espanto y afirmación, dilatan y abren, según la acelerada acción de aquel que la haze. Y el llanto, aflicción y temor, las regoce, retira y disminuye. Y los músculos, nervios, y arterias, se fortalecen y atenazan, según la acción y edad. Y los ojos, boca, narizes, manos, ombros, y otras partes del cuerpo hazen lo mismo, conforme a la correspondencia que tuvieron a las causas que las mueven: y todas estas alteraciones son de los propios interiores y exteriores, como está advertido[26].

No se trata sólo de un tipo de acotación que se articula bajo la fórmula *como las pintan* o *como lo pintan* (por ejemplo, en *La fiera, el rayo y la piedra* de Calderón: «Abrese la gruta, y vese en lo más lejos de ella a las tres

---

[22] *Cfr.* Aurora Egido, «Literatura efímera: oralidad y escritura en los Certámenes y Academias de los Siglos de Oro», *Edad de Oro,* VII (1988), pp. 69-87. Véase en dicho volumen la interesante reseña (crítica, lo que es extraño en nuestros usos académicos), de Dolores Noguera, «La oralidad en el teatro: ensayo de bibliografía actual», *ibíd.,* pp. 209-21. Para evitar ser prolija, no doy una bibliografía más amplia que, para este aspecto, no es escasa.

[23] Recuérdese lo dicho acerca del estilo declamatorio valenciano (en razón de las enormes tiradas de versos de los trágicos como Virués) por Enrique Funes y reseñado por mí en el trabajo citado.

[24] R. Baule Kelsey, «The Actors Representation: Gesture, Play and Language», *Philosophy and Literature,* 8 (1984), pp. 67-74.

[25] A él añadió un quinto libro: «E acresciuti del quinto libro, nel quale si tratta con quai modipossando i Pittori, e scoltori mostrave la diversitá della natura de gli huomini e donne, e con quali passioni, che sentono per li diversi accidenti, che li occorrono».

[26] *Cfr.* Vicente Carducho, *Diálogos de la Pintura. Su defensa, origen, esencia, definición, modos y diferencias,* ed., prólogo y notas de Francisco Calvo Serraller, Madrid, Turner, 1979, p. 160. Desde luego no todo el mundo comparte igual fe en tal ciencia. El mismo Quevedo la pone en solfa en su agresivo *Libro de todas las cosas:* «Todo hombre de frente chica y arrugada parecerá mono y será ridículo para los que le vieren» (...) «El que tuviere frente ancha, tendrá los ojos debajo de la frente, y vivirá todos los días de su vida (...) Quien tuviere nariz muy larga tendrá más que sonar y buen apodadero». *Cfr. Obras Festivas,* ed. de Pablo Jauralde, Madrid, Castalia, 1981, p. 116.

parcas, como las pintan...»), sino la directa relación de esta teoría con los mecanismos de maquillaje de los actores, puesto que, al decir de Francisco Pacheco «los colores demuestran las pasiones y afectos del ánimo con mayor viveza»[27]. El mismo Carducho, siguiendo al tratadista italiano G. P. Lomazzo, ratifica que «los accidentes mudan y alteran aquel mismo color, según la pasión, y moción interior o movimiento exterior, encendiéndose, o perdiendo el color, ya blanquecino, y ya verdinegro, según la calidad de la causa, y del humor, inquietado por ella; cólera, flema, sangre o melancolía»[28].

Pero quisiera destacar sobremanera el amplísimo diseño que el pintor realiza de los caracteres, del personaje o personajes como construidos técnicos a partir de una ciencia de la observación y, desde luego, con la base hipocrática de la teoría humoral. Me caben pocas dudas, dada la difusión cultural de estos conocimientos en la época, de que los actores no advirtieran la utilidad de seguir las pautas que indica una teoría de la representación aneja como es la pintura para modelar tipos (en maquillaje, gesto y atavío) como los siguientes (y cito textualmente): el justo, el prudente, el piadoso, el lujurioso, el desvergonzado y mentiroso, la avaricia, la crueldad, el temor, el llanto o el melancólico (personaje tan atrabiliario y presente en la tragedia calderoniana, por ejemplo). Esta crecida galería ofrece recodos que para mí han sido todo un descubrimiento: cuando se cita la tipología de la locura (pág. 408), la gestualidad es la correspondiente a la insana exacerbación del entremés; la fortaleza (pág. 404) diseña al galán, como la majestad (pág. 405) los movimientos graves y pausados que, por ejemplo, también reclamará el Pinciano[29] para los personajes trágicos:

> El semblante magnífico, las manos siempre ocupadas en cosas graves, altas y generosas: la planta firme y grave, y todo el cuerpo algo derecho, y no descompuesto, los ojos tardos, graves, y despiertos.

Concluiré este viaje fisiognómico con un ejemplo que ha llamado poderosamente mi atención. Cuando Carducho bosqueja la figura del *insensato y rudo* (pág. 399), he creído apreciar un calco reveladoramente aproximado del célebre retrato del actor Juan Rana, conservado en la Real Academia Española:

> Al insensato le conviene, y ponemos, grande vaso cerca del cuello, y toda aquella parte carnosa junto a los hombros, el celebro cabo, y la frente redonda, grande y carnosa, los ojos pálidos, y caido el lagrimal, y que se muevan tardamente, el rostro carnoso, la cabeza grande y carnosa, las orejas mui

---

[27] Francisco Pacheco *A los Profesores del Arte de la Pintura* (Sevilla, 1622), en F. Calvo *Teoría de la Pintura*, p. 188.
[28] Carducho, *Diálogos*, p. 160.
[29] «Las personas graues y trágicas se mueuen muy lentamente; las comunes y cómicas, con más ligereza», Pinciano, *Philosophia*, t. III, p. 286).

redondas, y mal esculpidas, los cabellos blanquecinos, la nariz ruda, los labios gruesos, el de arriba preeminente, las piernas (...) gordas, y redondas azia el tovillo, los demas miembros breves, y las asentaderas gordas, la garganta de la pierna y toda ella gorda, carnosa y redonda, breve cuello, grueso, duro y firme, el movimiento y la figura estúpida, el color del cuerpo ó mui blanco, ó mui negro, el vientre levantado.

Pero no es necesario ceñirnos a una teoría plástica. En el mismo campo cabe estudiar el fundamental *Tratado de las pasiones* de René Descartes que, en pleno Barroco (1649), acota las seis pasiones primarias (admiración, amor, odio, deseo, alegría y tristeza), articulándolas en los signos externos de lo físico (como dice en el artículo 112, «los gestos de los ojos y la cara, los cambios de color, los temblores, la languidez, el desmayo, la risa, las lágrimas, los gemidos y los suspiros»), y abarcando desde la admirable descripción de la signicidad corporal de la *admiración* y el *asombro* (art. 73) (y recordemos de paso que la acotación *con admiración*, o *dice con admiración* o *con asombro* es casi emblemática del drama barroco) a los *cambios de color* (art. 114) o a *cómo se llora de tristeza* (art. 131). Es, creo, en esta línea donde debe buscarse la catalogación de *gestos* que luego se estructuran en la recomendación académica del decoro que, por ejemplo, hará el Pinciano en su célebre Epístola XIII (*De los actores y representantes*), producto final de una semiótica del gesto cuyo testimonio máximo —es importante recordarlo— se encuentra en los mismos textos. Este fragmento de la Jornada III de *La Fiera, el rayo y la piedra* de Calderón es suficientemente revelador:

> IFIS. ¿Que calle un dolor no basta,
> sin que en lo que calla calle?
> ANAJ. No, que mudez que se explica,
> no deja de ser lenguaje.
> IFIS. Si deja porque no es voz
> la seña que aun no es del aire.
> ANAJ. Dictamen que habla por señas
> es muy bachiller dictamen.
> IFIS. Eso es quererle quitar
> sus idiomas al semblante.
> ANAJ. Claro está, que los colores
> ya son retóricas frases.
> IFIS. ¿Quién le negó a un accidente
> que pálido se declare?

Si he desgranado morosamente toda suerte de testimonios ha sido para incidir en la mediatización técnica (por tanto artificial, construida) que se intercala entre la naturaleza y la mimesis del actor. No deja de ser interesante que sean frecuentes en los tratados de pintura recomendaciones, por ejemplo, de pintar una figura «como rey de comedia». El intercambio de referentes o modelos no es inocente. La teoría artística de la época, de hecho, atiende más al parecer que al ser, a la representación que a la realidad. En las ficticias disputas —frecuentes en la época— entre las escultura y la pintura, esta última tomará, indefectiblemente, la delantera, pues es consciente de «que una y otra imitación / no atienden a lo que son / sino a lo que representan (...). El esculpir o pintar / ficción ha de ser forzosa (...) el arte esencial / es fingir lo natural»[30]. No se tratará, pues, de copiar literalmente del natural. Todo ese «traducir lo invisible a visible» (por decirlo con palabras del propio Carducho) es imposible sin la ciencia. Y el mismo autor recurre al ejemplo del comediante, que no debe ser un simple «copiador de los natural», pues:

> los versos que recita, que aunque diga maravillas, no se podrán preciar de que son proprios, que no haze más de boluer lo que le dieron (...) Tal vez sucede, que el representante decora un discurso Teológico, o Filosófico en Lengua Latina, o en alguna otra estrangera, que por no entenderla, ni la materia de que trata, le echa a perder con el desaire de la pronunciación, y con las acciones hechas sin tiempo ni propósito (...) Esto viene a ser el simple imitador, sugeto a estos errores por no entender la ciencia y el lenguaje[31].

Quiere esto decir que hay que acometer el estudio de unos probables sistemas de composición del personaje que trasladen esta teoría de una imitación selectiva, creadora (no simplemente *icástica* o realista) y que, tal como se desprende de la técnica de la pintura, adoptaría las vías de la semejanza o identidad, de la semejanza proporcional o de la mutación metafórica; unos procedimientos que, para el caso de la caracterización de apostura y de vestuario (sobre todo en loas, mojigangas o autos sacramentales, muy mediatizados por la iconicidad o la emblemática), han sido ya, en parte, delineados. Se trataría, en definitiva, de descubrir por qué procedimientos al actor barroco trasmuta progresivamente el concepto de *verdadero* o de *natural* a un modo de representar pasiones o sentimientos *accesibles* al espectador, *reconocibles, asumibles,* que fueran verdaderos en cuanto crearan un universo social momentáneo, dominado por una estilística corporal y por una comprensión colectiva. El procedimiento del *decoro* puede asumirse así como un artilugio científico y técnico que llevará, como expresión máxima de literalidad, primero, a la denuncia de impropiedades:

> Yo he visto a hombres y mugeres mui ordinarios, y de oficios mecánicos (...) con la grauedad de trage y postura que se debe a los Reyes y grandes Señores

---

[30] Cfr. Juan de Jáuregui, *Diálogo entre la Naturaleza y las dos artes, Pintura y Escultura, de cuya preeminencia se disputa y juzga. Dedicado a los prácticos y teóricos de estas artes. Rimas (XXXI),* Sevilla, 1618, en F. Calvo, *Teoría de la Pintura del Siglo de Oro...,* pp. 152-53.

[31] *Ed. cit.,* pp. 193-94.

(...) otros armados y con bastón (...) que podrá ser no se aya jamás puesto tales insignias, si no es en comedia o zuiza[32].

Y, en segundo lugar, a la identificación del decoro del personaje con el propio actor que lo representa, lo cual explica las constantes denuncias de los moralistas[33], fundamentadas, empero, en la autoridad horaciana, que ya recomendaba la semejanza entre el actor y la persona que representaba: «Sea Medea feroz; llorosa, Ino; pérfido Ixión y Orestes, triste». Pero junto a este registro de una imitación natural (que, si era mediatizada por el decoro no estaba, por tanto, tan exenta de técnica y artificiosidad), la intervención en la verosimilitud, en el propio cuerpo, como un trabajo a desarrollar, es fundamental. Un contertulio de la *Academia de los Nocturnos* de Valencia constataba que el hombre «con ademanes confiados, que son torcer los labios, enarcar las sejas y arrugar la frente, descomponen muchas veçes con acidentes lo que naturaleza tan bien ha formado». El Pinciano, maestro de la interpretación naturalista, se rinde finalmente a «que el actor haga su officio con mucho primor y muy de veras; que, pues nos lleuan nuestros dineros de veras y nos hazen esperar aquí dos horas, razón es que hagan sus acciones con muchas veras»[34]. De ahí la insistencia en el registro sobreactuado que, con cierta gracia, llama José Alcázar en su *Ortografía castellana* (ca. 1690), *motorio* (frente al *estatorio*) y recuerda el caso del actor que entró «una vez en el teatro leyendo para sí una carta y tuvo largo tiempo suspensos a los oyentes. A cada renglón se espantaba. Ultimamente, arrebatado en furia, hizo pedazos el papel y comenzó a exclamar vehementísimos versos. Y aunque fue alabado por todos, consiguió mayor admiración aquel día haciendo que hablando»[35]. Y, en el ápice de la no distanciación entre actor y personaje, explica el anónimo autor del *Arbitraje político-militar* (Salamanca, 1683) que como «no es posible representar bien sin que se exciten las especies y se enciendan los espíritus que suelen servir de semejantes afectos, y tiene este contacto tanta fuerza que en Salamanca, representando un farsante muy célebre a uno que agonizaba, lo hizo con tal propiedad, que repentinamente cayó muerto en el tablado»[36]. Todo lo cual no impedía que el actor tuviera a gala el *cambio de registros significativos* para desempeñar diferentes papeles. María Lanavart Quirante, según refiere Pellicer, «sobresalía

---

[32] Carducho, *Diálogos*, pp. 336-37.
[33] Los ejemplos se acercan al regociajente chascarrillo. El Padre Camargo (y no es el único) recuerda la indigna fealdad de ver en el papel de «la Virgen Purísima y Reina Soberana de los ángeles (de quién no podemos sufrir el ver una pintura indecente y fea) á una vil mugercilla, conocida por todo el auditorio por liviana y escandalosa, recibir la embajada del ángel y decir las palabras divinas del Evangelio: '¿cómo puede ser esto que no conozco varón?'» (*Op. Cit.*, en Cotarelo, *Bibliografía*, p. 127b).
[34] Pinciano, *Philosophia*, t. III, p. 284.
[35] *Cit.* por Sánchez Escribano y Porqueras Mayo, *Preceptiva*, p. 336.
[36] Cotarelo, *Bibliografía*, p. 63b.

con general aplauso en lo serio, en lo jocoso, en lo blando, en lo amoroso, en lo compasivo, en lo airado y en lo modesto, porque era igualmente insigne en lo trágico, en lo cómico y en el saynetear».

La ecuación registro actoral/género es, pues, otro reto a asumir en la configuración hipotética de la técnica del actor barroco. Cuando estudié dicho mapa gestual y declamatorio para el entremés, me atuve a un primer material que luego se reveló con una eficacia diferenciadora, diríamos cuantitativamente diferenciadora, respecto a los otros géneros: la acotación escénica de movimiento, gesto y vestuario y su implicación, ocasional, en la palabra. El estudio de esta partitura escrita diseñaba un modelo deformador, grotesco y expresionista del actor de la obra corta. No es mi intención desarrollar aquí el resto de los registros. Y no sólo por razones de espacio. Pienso que habría quizá que modificar las pautas metodológicas. La riqueza de información de las acotaciones del entremés se reduce considerablemente en autos, comedias o tragedias. Pero, aún así, me atrevo a sugerir una diferencia de tonalidad de registro o de los mecanismos *yusivos* por los que la acotación configura textualmente la acción del comediante. Me detendré, por razones de exclusiva preferencia personal, en la tragedia, un género ceñido desde el prestigio aristotélico, a una consecución de catarsis de la que no está ajena ni la fábula, ni como dice Iusepe Gonzalez de Salas[37] «la violencia de las Machinas i la espantosa compostura de los representantes». Partiendo de la transmisión mimética de los sentimientos del actor al espectador («porque el que está congojado, congoja a quien le mira»), la preceptiva recomienda estilo *jocundo y alto* y, fundiendo claramente las figuras del actor y del autor, cuenta con que «se diga en voz miserable la miseria vehementemente; y añádala con las presentes fatigas, y esto no sólo con palabras, sino con las obras; y aprovéchese de algunas señales del autor de su daño; y diga algunas palabras, si ha de morir hablando con señales mismas, como lo hizo Dido a la espada de Eneas; y use de otras assi semejantes, las quales tiene la eficacia de sacar lágrimas»[38]. El problema, sin duda, reviste tradición, y el propio Bances Candamo, recuerda la impronta de *sobreactuación* que se exigía en la tragedia clásica:

---

[37] Añade este autor: «Ha de procurar el Poeta, con quanta diligencia le fuere possible, vestirse de aquella appariencia i affectos naturales, que quisiere exprimir, i imitar en su composición, porque naturalmente son mui poderosas a mover en las otras personas sus passiones aquellos que assi las padecen; i por esso el que está congojado congoja a quien le mira». Según comenta este pasaje, Alfredo Hermenegildo (*La tragedia en el Renacimiento español*, Barcelona, Planeta, 1972, p. 64) parece que Salas se inclina por atribuir estas cualidades al autor y no al actor, añadiendo: «El actor o representante no hace más que usurpar en escena la figura del autor, figura que se hallaba revestida con las pasiones de los personajes. El representante viene a ser también, por otra parte, una figura intermedia a quien el poeta comunica sus afectos para que él, a su vez, los retransmita al público espectador. De esta manera, se causa en el ánimo del oyente la misma impresión que actuó en el espíritu del poeta en el momento de componer su tragedia».

[38] Pinciano, *Philosophia*, t. II, p. 341.

> En las tragedias, en tanto que no se introdugeron mugeres en ellas, eran hombres los que hacían este papel, (...), porque para las Hécubas, Andrómachas, Medeas y otras semejantes figuras, siendo la gala de la tragedia el dar voces y hurtando mucho aliento la mascarilla, ni bastauan los muchachos ni las Mugeres, y así hacían hombres estas Damas[39].

Lo que no impide que una actriz como María de Córdoba (la célebre Amarilis o «La Gran Sultana») se distinguiera en la tragedia, pues, «le ayudaban su natural magestad y su entonación elevada». Y que, pese a que hasta ahora habíamos mantenido que la única máscara creada en el teatro español de la época, en el sentido de identificación total de un actor con su personaje, era la gestada en la marginalidad cómica de Cosme Pérez/Juan Rana, Pellicer refiere el caso de una tal Angela Dido que «era tan diestra y entendida Comedianta, que supo desempeñar con tal perfección el papel de la Reyna Viuda de Cartago Doña Dido, muger interina del troyano Eneas, en la Tragedia que de estos dos amantes compuso el célebre capitán D. Guillem de Castro, que de ahí le quedó el sobrenombre de *Dido*».

En la lectura de las acotaciones de la tragedia[40] advertimos, primero, una confirmación de una expectativa y una decepción progresivamente rectificada. Como era de prever, en efecto, el sistema más abundante de kinésica es el referente a una *gestualidad patética*: «Cae a los pies del Duque»; «Arrójale a los pies y pónele el pie encima»; «Va Libio a darle con la daga y aterrorízase y detiene el brazo y Aureliano se estremece como dormido» (*La gran Cenobia*); «Quédase muerto»; «Se pone muy airado»; «Saca la espada y acuchilla al viento» (*El Purgatorio de San Patricio*), «Haciendo fuerza por no decirlo» (*El mágico prodigioso*), «Temblando»; «Con rabia», etc. Pero, por otra parte, las acotaciones icónicas, emblemáticas, verdaderas acuñaciones del tipo «Sale Enrique, de camino», «Don Mendo, hidalgo de figura», «Clarín y Moscón, de gorrones»[41] son muy superiores en número a las esperables en textos dilemáticos como la tragedia, es decir, aquellas acotaciones *interiorizantes* o que hacen aflorar emociones. Desde luego no están ausentes: se repite considerablemente la acotación *turbado*, o *alborotado* o «Sale Tiresias (...) y representa como admirado» (*La hija del aire*). Pero uno esperaría acotaciones del tipo que ofrece en una ocasión *De un castigo tres venganzas*: «Lee para sí, admirándose y dice *aparte*». Y es que, naturalmente, la clave está en que la técnica del actor trágico se encuentra mucho más interiorizada en el texto y su tratamiento: un

---

[39] Francisco A. de Bances Candamo, *Theatro de los theatros...*, ed. de Duncan W. Moir, Londres, Tamesis, 1970, p. 13.

[40] Advertiré que he acotado para este trabajo, por razones puramente de comodidad ilustrativa, el corpus calderoniano.

[41] Añadamos a este elenco la acotación *vestido/a de pieles* que puede caracterizar a personajes de acusado perfil trágico como Segismundo, Semíramis o Irífile.

desdoblamiento y escisión del personaje que el actor o actriz reproducirá en una gramática corporal de la que el autor apenas deja el vestigio gráfico del paréntesis. Este mecanismo puede producir una realidad gestual y motora, el *aparte*, o una inflexión irónica que, en todo caso, enfatizaría (estilísticamente) la doblez constitutiva, dramatúrgica (y no psicológica) del personaje[42]. Señalo que no interesan tanto aquí las razones de índole mental o problemática en torno a tópicos como el honor; interesa la superficie de sugerencias gestuales; procedimientos, por supuesto, no exclusivos de la tragedia, pero en cuyo campo alcanza máxima eficacia de semántica escénica. Por eso, junto al bellísimo fragmento del soliloquio de Isabel en *El Alcalde de Zalamea*:

> Pues (calle aquí la voz mía)
> soberbio (enmudezca el llanto),
> atrevido (el pecho gima),
> descortés (lloren los ojos),
> fiero (ensordezca la envidia),
> tirano (falte el aliento)
> osado (luto me vista)...
> y si lo que la voz yerra
> tal vez con la acción se explica,
> de vergüenza cubro el rostro,
> de empacho lloro ofendida,
> de rabia tuerzo las manos,
> el pecho rompo de ira.
> Entiende tú las acciones,
> pues no hay voces que lo digan.

O el entrecortado discurso de Flor en *De un castigo tres venganzas:*

> Señor, estando (¡estoy muerta!)
> hablando (¡soy desgraciada!)
> con mis damas (¡oh, infelice!)
> me quedé (¡desdicha extraña!)
> durmiendo sobre esta silla,
> cuando, de aquesta ventana
> (¡qué asombro!) me despertó
> el ruido, y ví (¡qué desgracia!)
> entrar un hombre por ella...

Habría que considerar el magistral diálogo construido como dos discursos

---

[42] *Cfr.* André Labertit, «El enredo engañoso en *El retablo de las maravillas*: apuntes estilísticos», *Teoría y realidad del teatro español del siglo XVII. La influencia italiana*, ed. Francisco Ramos, Roma, Instituto Español de Cultura, 1981, p. 60. El carácter reveladoramente trágico del soliloquio y del aparte ya fue analizado con su maestría habitual por Emilio Orozco Díaz, *Teatro y teatralidad del Barroco*, Barcelona, Planeta, 1969, pp. 57 y 62.

bloqueados en una mismidad obsesiva de Don Alvaro y Serafina en la Jornada I de *El pintor de su deshonra* y el monólogo fragmentado por el ayer y el hoy, el fui y el soy, escindidos, de Doña Mencía en *El médico*. Hay un aspecto hipotético, de la tragedia, que no me sustraigo a conjeturar: el del énfasis (irónico o cruel, según se mire) en la disposición tonal del discurso. En un viejo manual de elocuencia sagrada de finales del siglo pasado, el Padre Miguel Yus exponía los diferentes significados que podrían tener, desde la boca de un predicador, las palabras de Cristo:

> Judas, ¿vendes tú al Hijo del hombre con un ósculo? Apoyando la voz sobre la palabra *tú*, se manifiesta la ingratitud del discípulo hacia su divino Maestro; cargándola sobre el *vendes*, resalta la enormidad de la traición; acentuando las palabras *con un ósculo* se hace sentir más la indignidad del medio empleado, convirtiendo en una ofensa una señal de paz y de amistad; y, por último, se realza la gravedad del ultraje por la dignidad de la persona ultrajada, si recae el énfasis sobre las palabras al *Hijo del hombre*[43].

Me parece evidente, así, que ese énfasis, modulado por el hacer técnico del actor, puede extraer de la literalidad de la dicción significados que incidirían en la ambigüedad trágica del género. En el mencionado monólogo de Mencía, qué notable diferencia en enfatizar el *Aquí fue amor* al *Yo soy quien soy*, el enfatizar el *sentir* o el *callar*, el bascular el tono hacia el *deseo* en lugar de hacia la *virtud*. Y, en fin, qué ruptura de la literalidad en *El castigo sin venganza* al enfatizar, de manera significativamente discriminatoria, las irónicas palabras de Casandra, cuando anuncia al Duque que, en su ausencia, Federico «un retrato vuestro ha sido», a lo cual responde el de Ferrara:

> Ya sé que me he retratado
> tan igual en todo estado,
> que por mí le habéis tenido;
> de que os prometo, señora,
> debida satisfacción.

Conjetura y todo, me permito proponer este camino para todos los géneros dramáticos. Por ahora aventuro, como he dicho, un evidente cambio de relieve en los tonos: en el *auto* predominan el alargamiento de los gestos (*con admiración, con reverencia, con la mayor majestad que pueda ser*) y, sin duda, la subordinación de la propia expresión física del actor a ese agobiante envoltorio de vestuario (fuertemente emblematizado e ideologizado) y de la tramoya. Y en la *comedia*, en un rápido repaso estadístico, creo que es todo un síntoma que predomine con mucho la acotación de movimiento, jalonándose el discurso de unas didascalias de vertiginosa acción (*sale/entra, salen/vanse,*

---

[43] Miguel Yus, *Elocuencia Sagrada. Tratado Teórico-Práctico*, por el Licenciado Miguel Yus, Madrid, 1894, pp. 332-333.

llega, ásela, pasease, detiénese) y cifrando, a veces, con afortunado sincretismo, la esencia de un género hecho de cosas y casos, de desplantes y de suplantaciones. Véase, si no, esta acotación de *Casa con dos puertas*: «Pasa por delante tapada (Laura), como jurándosela a Don Félix; él quiere seguirla, y Laura le detiene».

Quisiera acabar con la confesión de una debilidad y con una propuesta, porque ningún trabajo se acaba en sí mismo y yo no he hecho sino volver a mostrar algunas ideas en apetencia (fragmentaria) de conclusiones. El investigador, como el creador, busca un destinatario que dé sentido a su búsqueda y que legitime, como contemporánea, su mirada al pasado. Para el caso concreto de lo que he expuesto, me parece que hace tiempo el teatro se ha constituido en el único espacio posible para que el hombre actual sea capaz de integrar en su experiencia a los clásicos del Siglo de Oro. Por eso no debe extrañar que desde una rudimentaria carpintería erudita mis destinatarios sean, sin engolamiento alguno, los actuales *hombres del teatro*. Estas notas, tal vez, logren bosquejar en el imaginario común de los que trabajamos sobre todo en las aulas y en los libros y de los que trabajan en el escenario y en sus aledaños un puente. Conviene que exista. A ellos, para una estratégica retirada a la biblioteca de la memoria; a nosotros, para un regreso al futuro. Entre los papeles que guardo para el libro que deseo escribir, existen algunas fichas que intentan, en ese mismo zig-zag, revisitar, con las teorías del actor que resultaron de algún modo revolucionarias en el paso de los siglos XIX al XX, la técnica de los comediantes del Siglo de Oro. Así, François Delsarte (1811-1871) explicaría, con su *ley de correspondencia* la vinculación de funciones espirituales y corporales que nosotros hemos convocado con la fisiognómica. Mikhail Chekhov (1891-1955) y su teoría del *gesto psicológico* (gesto tipo o psicofísico) se adentraría en un análisis válido para el *decoro*. Stanivslaski encontraría un *thesaurus* inacabable para su relación simbiótica personaje/actor en los reiterados *como si...* del drama barroco («hace como que le pesa», «sale como oyendo la voz», «hace la acción de querer arrancar las flechas del pavés»). Y Brecht tendría pocas dificultades para admitir como elementos distanciadores (y doy sólo dos ejemplos), la *camisa llena de palominos* que denuncia en los entremeses al *gracioso* o el maquillaje simbólico (color amarillo o cetrino) que identifica al melancólico.

Charles Dullin dijo que los personajes clásicos son como habitaciones que conservan los rastros del alma, del olor de los antiguos inquilinos. Es obligado pensar que, para Calderón o Lope o Tirso, esa huella fue dejada por unos actores cuya técnica es preciso buscar. La falta de teorización hace del oficio de los actores del siglo XVII una actividad artesanal, efímera, en cuanto a la ausencia de transmisión de reglas escritas. Una actividad anclada en el presente y privada del estatuto profesional en aras de una condena moral. Pero con la historia a nuestro alcance, hemos visto que el moralista, de uno u otro signo, receta reprochando, testimonia destruyendo verbalmente y, con una pervertida oblicuidad, nos da la imagen del gesto que el actor no pudo escribir. Pasaría como con ese manuscrito que se conserva del *Camino de Perfección* de Teresa de Jesús, censurado, cegado y tachado vesánicamente por los confesores de turno. Pero, al cabo de los siglos, esa tinta sepia o inquisitorial no ha podido impedir que la letra de escribano de la santa, trazada con una tinta personal, rojiza, de convento, trascienda el borrón de la censura y haya emergido, sobreviviendo a nuestro tiempo y al suyo.

MANUEL VALLEJO
UN ACTOR SE PREPARA: UN COMEDIANTE DEL SIGLO DE ORO ANTE UN TEXTO
(EL CASTIGO SIN VENGANZA)

Victor Dixon
(Universidad de Dublin)

*Para Ros,
luminotécnica y directora de teatro*

El señor Díez Borque acaba de presentarles, con unas palabras muy halagüeñas para él, sin duda, a cierto Victor Dixon, catedrático de la Universidad de Dublín, que debía hablarles de la técnica de representación del teatro clásico español. Resulta un poco embarazoso para mí tener que decirles que debe haberse equivocado; porque el que ahora les habla fue bautizado Manuel Álvarez de Vallejo, y no es más que un humilde —bueno, no tan humilde— autor de comedias. En cuanto a lo que pueda decirles, lo único que de momento me interesa realmente —como siempre a los actores nos sucede— es la obra en que estoy trabajando ahora —en este mes de mayo de 1632— y que pienso estrenar muy pronto. El título, que hemos pintado ya en las paredes del corral, es bastante llamativo, y no dudo que intrigará y atraerá al público, que es lo que más importa. Ya ha visto otros parecidos, como *De un castigo tres venganzas*[1] y *De un castigo dos venganzas*, pero éste resulta más enigmático, por no decir retador: *El castigo sin venganza*[2].

Es una tragedia magnífica, que a mí francamente me entusiasma, una obra maestra. Es más: estoy convencido de que seguirá haciéndose de aquí a cuatro siglos. Pero se me ocurre preguntar: ¿Cómo serán las representaciones de entonces? ¿Estarán a la altura de las nuestras? Porque los corrales del futuro serán sin duda muy distintos, y temo mucho que menos perfectos que los nuestros. Yo no me fío de las innovaciones de aquellos ingenieros italianos, como el capitán Fontana o ese Cosme Lotti, que invaden cada vez más la escena española con sus mudanzas, sus proscenios, sus telones de boca, sus decorados en perspectiva y sus luces artificiales. «No son mejores los versos si se escriben con bermellón que con tinta. No están concebidos más ingenio-

---

[1] La primera parece haber sido una de las más tempranas obras de Calderón; para la segunda, véase n. 21 abajo.
[2] Cito por la edición (con *El perro del hortelano*), de A. David Kossoff, Madrid, Clásicos Castalia, 1970.

samente, escritos más elocuentemente, ni representados más naturalmente, cuando se muda el teatro que cuando no. Por esto los españoles (juzgamos) por superfluas las mudanzas del teatro, (si bien) los italianos, suponiendo que son necesarias, gastan en la fábrica del teatro a veces para una sola comedia gran cantidad de ducados»[3]. Esta plaga de lumbreras, según sospecho, ha de hundir al teatro en unos siglos oscuros, en los cuales se perderá de vista con demasiada frecuencia, en nombre de una verosimilitud falaz, la esencia verdadera del «espectáculo», como ya se dice. No sólo el verso polimétrico, y la capacidad de recitarlo como tal, y de vivirlo al mismo tiempo como si casi no lo fuera; sino la poesía misma, con todos sus variados recursos y figuras, se desterrará del escenario, para dar paso a un prosaísmo pedestre. El texto se empobrecerá. Peor todavía, el actor y su acción se desplazarán de su lugar central, legítimo y primordial; peligrará su contacto íntimo e intenso con el oyente cercano, y la sensación de que están jugando juntos un mismo juego, cuyas reglas, cuyas convenciones, conocen ambos.

Inventarán, sin duda, otras reglas, otras convenciones; pero como tras tanto tiempo han de olvidarse las que ahora nos resultan familiares, ¿cómo va a entender nadie una obra como la que tengo entre manos? Porque la regla principal a que se atiene el poeta al escribir un manuscrito como éste, es que a él normalmente no le incumbe meter en él nada más que las palabras mismas que han de decir los recitantes. Conoce como nadie, y explota cuanto puede, si es un dramaturgo de verdad, los corrales de comedias y sus recursos, las condiciones y convenciones que lo rigen. Imagina y hasta cierto punto determina cómo ha de representarse su obra en ellos. Pero por eso mismo no lo dice explícitamente. Señala —aunque no siempre— las entradas y salidas de los personajes. Añade, a veces, indicaciones escuetas en cuanto al decorado, y a los muebles, a la indumentaria y a los accesorios, a la colocación de los actores, sus movimientos, ademanes y gestos; se las ingenia, otras veces, para decirnos algo de todo esto sin decirlo, ya que las palabras que da a los personajes no tienen sentido si no se suple lo que él deja sobreentendido. Pero en muchísimos momentos no indica nada, no sólo porque se fía de nosotros, sino porque sabe lo que haremos y lo que el público comprenderá. Lo que escribe, pues, y lo que los siglos venideros conservarán —tal vez en alguna biblioteca de ultramar[4]— no es más que una parte —la mitad, digamos— del «texto» verdadero, de la representación que él imagina. Claro que a esta mitad —que respetarán, según espero, como a una cosa sagrada— los actores del futuro podrán añadir otra mitad distinta de la nuestra. Pero si se toman la molestia de saber cómo era ésta, comprenderán mejor cómo era la totalidad ideada por el poeta, y la mitad

---

[3] Véase P. José Alcazar, *Ortografía castellana* (ca. 1690), en Federico Sánchez Escribano y Alberto Porqueras Mayo, *Preceptiva dramática española*, Madrid, Gredos, 1972, p. 337. Alcázar traduce aquí a Juan Caramuel, *Primus calamus* (1668), *ibíd.*, p. 307.

[4] El autógrafo de *El castigo sin venganza* se halla hoy en la Boston Public Library.

que luego añadan se ajustará más a la suya, para crear una nueva totalidad homogénea y análoga.

Bueno, ¡ya salió la licencia! Dios sabe por qué habrán tardado tantos meses en dárnosla. (El manuscrito lo firmó Lope el primero de agosto, y ya son principios de mayo. Claro que en otros casos se han demorado casi dos años, o más)[5]. Lo que sí se me antoja absurdo es lo que alguien ha dicho de que su argumento recuerda demasiado aquella antigua historia del Rey Felipe, abuelo del nuestro, y de su hijo desventurado Don Carlos. En el extranjero, según se dice, cuentan alguna patraña sobre ella; pero no creo que se haya difundido entre nosotros. La verdad del caso es demasiado conocida, y la hemos visto todos en las tablas, en las comedias de Juan Pérez de Montalbán y de Ximénez de Enciso[6]. Claro que han corrido otros rumores; se habla por ejemplo de alguna riña entre Lope y ese Pellicer, el coronista del Rey, e incluso de alusiones encubiertas a éste en la primera salida[7]. En fin, cosas de Palacio, que a los actores nos importan poco, con tal que no nos quiten la ganancia con prohibirla por alguna razón u otra[8]. Sería lástima además, porque ésta es una de las mejores obras que he visto. Lope a los setenta está ya muy viejo, y bastante desilusionado; habla de no querer escribir más para el teatro[9], tal vez por las intrigas de la Corte y por la competencia que le hacen tantos «pájaros nuevos», como él los llama. Hace unos años se negó a hacer una comedia en colaboración con Montalbán y Godínez que compitiera con otra de Vélez, Mira y don Pedro Calderón[10]. Pero ésta es de lo mejor suyo; incluso sospecho que quiso demostrar en ella que es capaz todavía de sobrepasarlos a todos, y aun a los romanos y griegos, con una tragedia clásica, pero al estilo español; que al fin «cuando Lope quiere, quiere»[11]. De modo que no es una de tantísimas comedias

---

[5] Véase la edición de Kossoff, pp. 33-34. En realidad, toda especulación es ociosa, ya que no sabemos cuando *se pidió* la licencia.

[6] *El segundo Séneca de España y Príncipe Don Carlos*, de Montalbán, se escribió probablemente entre 1625 y 1628, y se publicó en su *Para todos* de 1632 (Victor Dixon, «Juan Pérez de Montalbán's *Para todos*», *Hispanic Review*, 32 (1964), pp. 36-59, esp. p. 40); *El Príncipe Don Carlos*, de Enciso, que se publicó en 1634, puede haber sido la comedia de este título que poseía Juan Jerónimo Amella en Valencia en 1628 (Henri Merimée, *Spectacles et comédiens à Valencia (1580-1630)*, Toulouse-Paris, Feret, 1913, pp. 176-77.).

[7] Véase Juan Manuel Rozas, «Texto y contexto en *El castigo sin venganza*», *El castigo sin venganza y el teatro de Lope de Vega*, ed. Ricardo Doménech, Madrid, Cátedra / Teatro Español, 1987, pp. 163-90.

[8] En la *suelta* que publicó en Barcelona en 1634, Lope dijo: «Señor Lector, esta Tragedia se hizo en la Corte solo un dia, por causas que a v.m. le importan poco. Dexò entonces tantos deseosos de verla, que los he querido satisfazer con imprimirla.»

[9] Véase por ejemplo una carta (¿de 1630?), en Agustín González de Amezúa, *Epistolario de Lope de Vega Carpio*, Madrid, Aldus, 1943, IV, pp. 143-44.

[10] Carta de Lope (¿de 1628?), *ibíd.*, pp. 101-02.

[11] En la *suelta* de 1634, Lope dijo: «(...) està escrita al estilo Español, no por la antiguedad Griega, y seueridad Latina, huyendo de las sombras, Nuncios, y coros; porque el gusto puede mudar los preceptos, como el vso los trages, y el tiempo las costumbres». En *Doze comedias las mas grandiosas* (...), Lisboa, P. Craesbeeck, 1647, la obra se intituló *Quando Lope quiere quiere*.

corrientes, que se hacen un día o dos y tienen que quitarse luego porque no han gustado. Yo fío que tendremos tanto éxito con ella como con *De un castigo dos venganzas* en el 30, o con *La más constante mujer*, el año pasado. Montalbán tardó cuatro semanas en escribirla, de manera que sólo tuvimos una para estudiarla, pero la hicimos muchos días, y si la fiesta del Corpus no nos hubiera obligado a dejarla, habríamos podido seguir con ella otros quince. Claro que tanto interés se estimuló en parte por aquella famosa competencia entre su autor y Jerónimo de Villaizán, que tanta rabia les dio a los de la Corte[12]. Luego nos pidieron en octubre un particular en Palacio, y gustó tanto que sin duda la haremos allí otra vez el año que viene. A ver si nos piden también entonces un particular de *El castigo sin venganza*[13].

Al menos la demora nos ha dado tiempo de estudiar un poco la obra. No será como *Quien más miente medra más*, de Quevedo y Mendoza, que tuvimos también que ensayar con tanta prisa en junio para aquella fiesta que dio el Conde-Duque a los Reyes en el jardín del Conde de Monterrey. Claro que el pobre Cristóbal y los suyos lo pasaron peor entonces con *La noche de San Juan*; para escribirla Lope y estudiarla ellos no tuvieron más que cinco días[14].

Nuestra compañía, como todos saben, es de las más calificadas, y no tendremos dificultad alguna en el reparto de los papeles[15]. Yo, que como uno de los cinco autores de comedias que fundamos hace un año la Cofradía de Nuestra Señora de la Novena[16], me considero con toda modestia tan competente y experimentado como el que más, haré naturalmente el papel principal, el del Duque de Ferrara. El de su hijo Federico lo hará Damián Arias; afortunadamente, ha firmado contrato de nuevo con nosotros, como en temporadas anteriores. Tiene todas las dotes que nos parecen esenciales en un buen representante: «la voz clara y pura, la memoria firme, la acción viva.» Se ha dicho de él que, al hacer cualquier papel, «en cada movimiento parece que tiene las gracias, y en cada movimiento de la mano la musa». No me sorprende que cuando saben que representa hay predicadores que acuden a oírle para aprender de él la perfección de la pronunciación y de la acción[17],

---

[12] Dixon, «Para todos», esp. pp. 51-52.

[13] Vallejo representó *La más constante mujer* en Palacio el 5 de octubre de 1631 y el 3 de abril de 1633; *El castigo sin venganza* fue representada allí por Vallejo el 3 de febrero de 1633, y por Juan Martínez el 6 de setiembre de 1635; véase N. D. Shergold y J. E. Varey, «Some Palace performances of seventeenth-century plays», *Bulletin of Hispanic Studies*, 40 (1963), pp. 212-44, esp. pp. 229 y 220.

[14] Véase *Obras de Lope de Vega*, publicadas por la Real Academia Española (Nueva edición), Tomo VIII, Madrid, 1930, pp. XIII-XVII y 139-40.

[15] En el autógrafo figuran los nombres, quizá en letra del mismo Vallejo, de los actores que hicieron los distintos papeles; edición de Kossoff, *cit.*, p. 230.

[16] Véase *Genealogía, origen y noticias de los comediantes de España*, edición de N. D. Shergold y J. E. Varey, Londres, Tamesis, 1985, pp. 43-44.

[17] Alcázar, *Ortografía*, p. 335. Según Juan Manuel Rozas, «Sobre la técnica del actor barroco», *II Jornadas de Teatro Clásico Español*, Almagro, 1979 (Madrid, Ministerio de Cultura, 1980), pp. 90-106, esp. p. 93, con citas de Mateo Alemán y Lope, las cuatro virtudes primordiales eran «desenvoltura, dicción, físico y memoria».

y que según dice el Dr. Montalbán: en cierta comedia de San Francisco, de él y de Lope, hizo la figura del Santo con la mayor verdad que jamás se ha visto[18]. No dudo que dentro de pocos años tendrá compañía propia[19].

De mi linda y virtuosa María, que hará el papel de mi esposa —en la obra como en la vida— sólo sé decir que representa divinamente[20]. Ella y Bernarda, que será nuestra Aurora, no cesan de repetir últimamente un comentario del mismo Dr., en su *Para todos*, que salió a la calle hace sólo dos semanas, sobre el éxito de su *De un castigo dos venganzas*, que representamos (como ya dije) hace dos años, nada menos que veintiún días seguidos: «el aplauso de todos en común fue mucho, tanto por la valentía de la comedia, cuanto por la gran representación de María de Riquelme, gala y aliño de Bernarda»[21].

Salinas, que por haber sido también uno de los fundadores de la Cofradía, fue nombrado en octubre como mayordomo perpetuo de ella, hará como siempre el gracioso, emparejándose otra vez con su propia mujer, ya que a Jerónima le cuadrará el papel de la criada Lucrecia. El Marqués Gonzaga será Francisco de Salas; Cintia, María de Caballos[22]; y no será difícil asignar los seis papeles menores, de criados.

El aparato toca al autor, como Lope ha dicho[23] —aunque no deja por ello de dar en algunas obras indicaciones muy específicas— y tratan asimismo muy poco de él los preceptistas, como por ejemplo Juan Pablo Mártir Rizo[24]; pero de todos modos una comedia de corral como ésta ofrece pocos problemas. En cuanto a la indumentaria, la nobleza italiana de hace dos siglos tendrá que vestirse, como es corriente, como españoles de nuestro tiempo; solo cuidaremos de llevar los trajes más ricos que tenemos, si no queremos que silben los mosqueteros[25]. Damián, cuando entre por primera

---

[18] Así dice Montalbán en *Fama posthuma a la vida y muerte del Doctor Frey Lope Felix de Vega Carpio*, Madrid, 1636, fol. 13r, con referencia a *La Tercera Orden de San Francisco*, de fecha incierta.

[19] Sobre Damián Arias de Peñafiel, véase *Genealogía*, esp. pp. 54-55, donde consta que en 1637 era ya autor de comedias.

[20] Sobre María de Riquelme, veáse *Genealogía*, esp. p. 373.

[21] Dixon, «Para todos», esp. pp. 46-47. Se reproduce también allí una página de Ms. 17.601 de la Biblioteca Nacional, que demuestra que Vallejo hizo la comedia en 1630, casi con los mismos actores que estrenaron *El castigo sin venganza*. Bernarda, en ambos repartos, habrá sido Bernarda Teloy o su hija Bernarda Gamarra; *Genealogía*, esp. p. 376.

[22] Sobre Pedro García Salinas y su mujer Jerónima de Valcázar, véase *Genealogía*, esp. pp. 56 y 374. Sobre Francisco de Salas y María de Caballos (Ceballos), *ibíd.*, pp. 60 y 376.

[23] Lope de Vega, *Arte nuevo de hacer comedias en este tiempo*, vv. 351-2, en Juan Manuel Rozas, *Significado y doctrina del «Arte nuevo» de Lope de Vega*, Madrid, S.G.E.L., 1976, p. 192.

[24] Juan Pablo Mártir Rizo, *Poética de Aristóteles* (1623), en Sánchez-Escribano y Porqueras, *Preceptiva dramática*, p. 228.

[25] Al que oye una comedia le aconseja Juan de Zabaleta (*El día de fiesta por la tarde*, edición de Jose María Díez Borque, Madrid, Cupsa, 1977, p. 26): «Observe nuestro oyente con grande atención la propiedad de los trajes, que hay representantes que en vestir los papeles son muy primorosos»; y al que ha conseguido no pagar la entrada amonesta (p. 16): «Pues luego, ya que no paga, perdona algo. Si el comediante saca mal vestido, le acusa o le silba. Yo me holgara saber con qué quiere éste, y los demás que le imitan, que se engalane, si se le quedan con su dinero. ¿Es posible que no consideren los que no pagan, que es aquélla una gente pobre (...)?»

vez en la segunda salida[26], estará vestido, como Lope indica, «de camino, muy galán», para que el público adivine, antes que el diálogo se lo diga todo, que es Federico, hijo bastardo del Duque, que ya saben ha sido enviado de Ferrara a Mantua a por Casandra. Mi mujer y Bernarda también querrán sacar a lucir todas sus mejores galas; pero el único cuyos cambios de vestido serán realmente significativos soy yo. Mi primera aparición, enigmática y emblemática, ha de dar el tono de toda la obra. Momentos antes que mis criados, entraré vestido «de noche» —aunque sean las cuatro de la tarde, y a pleno sol— disfrazado con una gran capa negra, pero vergonzosamente, como dudando que consiga ocultar así mi persona y una conducta tan poco digna de ella. «Que no me conozcan temo» son mis primeras palabras, y el comentario de Ricardo:

> Debajo de ser disfraz
> hay licencia para todo,
> que aun el cielo en algún modo
> es de disfraces capaz

inicia una amplia serie de variaciones sobre el tema de lo fingido y lo verdadero, de lo poco que hay que fiar, como digo yo, de «esteriores». Para las salidas siguientes de la primera y segunda jornada, mis vestidos serán más conformes, como es obvio, con mi dignidad como Duque de Ferrara; pero cuando vuelva triunfante —como «el ferrarés Aquiles», «Héctor de Italia» y «león de la iglesia»— por mis victorias en una guerra santa, he de entrar «galán, de soldado», ceñido (aunque solo metafóricamente) de laurel. Importa que aparezca entre mis «amadas prendas» como lo hace el Santo Rey David —con quien Ricardo me compara— al principio de *Los cabellos de Absalón*[27], como «otro Duque». Entre mi salida y mi entrada con los memoriales, advierto que Batín y Ricardo se dicen unos 60 versos solamente; pero de todos modos me parece que no debiera tratar de mudarme, sino seguir con ese mismo traje hasta el desenlace de la tragedia.

Los accesorios que nos harán falta son pocos y corrientes, pero también significativos. Nadie sabe como Lope sacar partido de los más sencillos. Me hace mucha gracia un parlamento de Pinzón en *La fingida Arcadia*, de Tirso, que pronuncia cuando el dios Apolo le brinda una corona a cierto poeta dramático —Lope, probablemente— que sabe prescindir de las apariencias y tramoyas de los «carpinteros»:

---

[26] El término queda documentado por José Pellicer de Tovar (*Idea de la comedia en Castilla* (1635), en Sánchez Escribano y Porqueras, *Preceptiva dramática*, p. 270): «Cada jornada debe constar de tres escenas, que vulgarmente se dicen *salidas*».

[27] David entra, «de laurel coronada la alta frente», como el «defensor de Dios y su ley pía»; Tamar desea que «hoy de Jerusalén las hijas bellas / (...) / entonen otra vez con mayor gloria / del Goliat segundo la victoria»; y el héroe abraza a sus «queridas prendas (...) ¡Ay dulces prendas, por mi bien halladas!» Es muy posible que la obra de Calderón se escribiera antes que *El castigo sin venganza*.

> La corona es para quien,
> escribiendo dulce y fácil,
> sin hacerle carpintero
> hundirle ni entramoyarle,
> entretiene el auditorio
> dos horas, sin que le gaste
> más de un billete, dos cintas,
> un vaso de agua o un guante.
> Ése se coronará[28].

En la tercera salida del acto primero tengo que darle al gracioso, en albricias, una *cadena*, que se recuerda, metafóricamente y con intención, sólo ochenta versos más tarde, cuando Casandra le dice a Federico: «De tan obediente cuello / sean cadenas mis brazos», como también en el segundo acto, cuando el Marqués, agradeciendo un favor de Aurora, le dice: «Señora, / será cadena en mi cuello, / será de mi mano esposa, / para no darla en mi vida». Se refiere a una *banda* con que le ha obsequiado en presencia de Federico, sin provocar los celos de éste, sin ser como Batín hubiera esperado «la banda de la discordia / como la manzana de oro / de París y las tres Diosas». Un poco antes de esto, yo entro con una *carta*, que representa la misión que me confía el Papa, y que me apresuro a cumplir; recuerdo de ella son los *memoriales* con que entro también en el acto tercero, y que insisto en ver en seguida solo: «que deben los que gobiernan / esta atención a su oficio». Lope quiere, evidentemente, que en mi lectura de ellos presente una nueva imagen del Duque, mediante un tipo de escena que a nuestros oyentes les resultará muy familiar: la del gobernante ejemplar que intenta hacer justicia a una serie de peticiones o pretendientes. Como digo al leer el primer papel: «Con más cuidado ya premiar entiendo». Es de una ironía tremenda, pues, que el quinto sea el anónimo que me revela el adulterio de mi propio hijo con mi mujer. Probablemente lo retendré en la mano, no sólo durante el soliloquio sino para mis encuentros sucesivos con Federico y con Casandra, para que pese más sobre ellos la acusación secreta que incorpora; surtirá por cierto un gran efecto cuando le felicito a mi mujer, con solapado sarcasmo, de que mi estado «del Conde y de vos / ha sido tan bien regido / como muestra agradecido / este papel, de los dos. / Todos alaban aquí / lo que los dos merecéis.» Durante toda la obra, probablemente, los nobles llevaremos *espada*, en señal de que lo somos; yo sí, por supuesto, desde mi entrada *de soldado*. Pero se convierte, como es frecuente, en un símbolo del castigo o de la venganza. Casandra, al contemplar el adulterio, confiesa que «siendo error tan injusto, / a la sombra de mi gusto / estoy mirando su espada.» Efectivamente, al final, amenazo con sacarla para obligarle a Federico a esgrimir la suya contra uno de los traidores. El público sabrá que éste es

---

[28] Tirso de Molina, *Obras dramáticas completas*, edición de Blanca de los Ríos, Madrid, Aguilar, 1962, II, p. 1423.

Casandra, y recordará, tal vez, las palabras anteriores de Federico: «Ya viene aquí / desnuda la blanca espada / por quien la vida perdí». Le miro mientras sale con la suya y la mata: «Aquí lo veré; ya llega; / ya con la punta la pasa. / Ejecute mi justicia / quien ejecutó mi infamia». Comento su regreso: «Ya con la sangrienta espada / sale el traidor»; y mando al fin que él sea muerto a su vez por las espadas de mi guarda.

Tampoco tendremos problema alguno en montar la obra en el corral. Los oyentes comprenderán en seguida que la primera salida es otra de tantas en que un poderoso mujeriego y sus servidores rondan por la noche las calles de una ciudad, en este caso la de Ferrara, y que cuando Cintia aparece «en alto», como dice el manuscrito, o sea en el corredor encima del vestuario, nos está hablando desde el primer piso de su casa. Habla incluso de cerrar su *ventana*, y Febo de «romper las *puertas*», como también Ricardo, poco después, pedirá al Duque que ponga el oído a la *puerta* de un autor de comedias; y pudiéramos pensar en *proveerlas*, como tanto se usa ahora. Pero como la imaginación del público las suplirá fácilmente, bastarán sin duda las cortinas en ambos niveles. Lo genial es que una mujercilla tan baja, y de tan mala fama, negándose a creer, en apariencia, que un personaje tan alto, en vísperas de casarse, esté comportándose todavía de una manera tan indigna, repruebe, oblicuamente, la conducta del Duque desde una altura tanto física como moral[29].

En la segunda salida, Batín y Rutilio se refieren a unos *sauces*, Federico habla de retirarse «al dosel destos *árboles*», como también de «esta *selva*», y podríamos descubrir en el vestuario las ramas que a veces empleamos; pero como estas alusiones y otras evocan el paisaje, prescindiremos probablemente de ellas. En la tercera, asimismo, Federico le dice a Casandra: «En esta *güerta*, señora, / os tienen hecho *aposento*, / para que el Duque os reciba»; pero lo único esencial será colocar en el espacio de las apariencias el dosel ducal que el texto menciona, con las cuatro sillas en que hemos de sentarnos yo, mi mujer, Francisco y Bernarda.

El resto de la acción transcurre en un solo lugar, dentro del castillo de Ferrara; probablemente pondremos solamente las armas ducales. El segundo acto constituye una salida única, «con la gala», como dicen, «de no dejar el tablado solo» en toda ella[30]; no pide ni una silla. Para el tercero, cuya continuidad se rompe apenas una vez, sólo hara falta que el metesillas me

---

[29] Véase J. E. Varey, «*El castigo sin venganza* en las tablas de los corrales de comedias», en Doménech, *El castigo sin venganza*, pp. 225-39, esp. pp. 228-29; compara la escena con la de Casilda y el Comendador en el acto segundo de *Peribáñez*.

[30] Compárense, por ejemplo, el acto segundo de *El perro del hortelano*, o el primero de *El alcalde de Zalamea*. Según Pellicer, *Idea*, p. 270: «El decimotercio precepto es procurar no dejar nunca solo el tablado, que será mucha gala del discurrir». De *Lealtad, amor y lealtad* de Sebastián Francisco de Medrano dijo Castillo Solórzano que estaba «repartida por cosa de gran dificultad en tres actos, y cada uno solamente en una scena, que es lo que llaman no quedarse el tablado solo», y el Marqués de Villamayor, de *El nombre para la tierra*, del mismo, que se había escrito «en tres actos, que cada uno es una scena, con la gala de no dejar el tablado solo».

saque algún asiento y un bufete para el episodio de los memoriales. Cuando entro acechando a Federico y Casandra, quedaré al paño, como es normal. Únicamente al final tendremos que montar una apariencia sangrienta y senequista, de las que al vulgo tanto le gustan. Federico saldrá por el vestuario; entrará y saldrá de nuevo allí, perseguido por el Marqués. Luego la cortina se descorrerá para descubrir a los amantes exánimes: Casandra, sentada de la manera que se describió poco antes en mi soliloquio, y mi hijo muerto a sus pies.

Las entradas y salidas de los personajes, y su localización en el escenario, requieren, en cambio, ser estudiadas con especial cuidado. Con más frecuencia que en otras obras, dos o tres conversan entre sí como si otros que están en el tablado, a poca distancia de ellos, pero callados de momento, no estuviesen presentes. El caso más evidente ocurre en el acto primero, tras la entrada de Batín y Lucrecia; hablan, separadamente, los criados, Federico y Casandra, y el Marqués y Rutilio. Pero otro momento más crítico se nos ofrece a comienzos del segundo; Casandra ha estado quejándose a Lucrecia del desprecio y descortesía con que la trató, y Lope quiere, evidentemente, poner ante los ojos del público un ejemplo vivo de ello. Yo entro, hablando con Federico, sin hacerle caso alguno, y ella comenta: «Aun apenas el Duque me ha mirado. / ¡Desprecio estraño y vil descortesía!». «Si no te ha visto, no será culpado», le dice Lucrecia; pero ella responde: «Fingir descuido es brava tiranía», y se marcha, agraviada y pensando vengarse. Dentro de mi papel, tendré que saber por supuesto si el descuido es fingido, o si, como parece probable, me preocupa demasiado la «falta de salud» de mi adorado hijo; pero intentaré conseguir que los oyentes sigan dudando. Hay otro momento parecido en el acto tercero. Casandra y Federico están discutiendo, cuando vuelvo con mi séquito de la guerra. Ricardo me dice: «Ya estaban disponiendo recibirte», y yo respondo: «Mejor sabe mi amor adelantarse». Me parece evidente que debo apresurarme a abrazar a Federico, cruzando tal vez por delante de mi mujer sin pensar en ella, porque ella protesta en seguida: «¿Es posible, señor, que persuadirte / pudiste a tal agravio?».

Otros muchos episodios de la obra necesitan movimientos y ademanes apropiados. En la segunda salida, Federico, que acaba de decir, con dos llamativas metáforas, que cree ir «por mi veneno / en ir por mi madrastra» y que ha de «traer en brazos / algún león que me ha de hacer pedazos», sale del escenario «con poco seso y con valiente paso» al oír las voces de una dama, y vuelve en seguida —es la primera vez que el público ve a Casandra— con ella «en los brazos». Los oyentes avezados sospecharán que como en tantas otras comedias este abrazo anuncia simbólicamente que estos dos, tarde o temprano, han de llegar (como decimos, por buenos respetos) «a los brazos». Su acción es remedada por el gracioso y la criada, y éste bromea con intención: «Mujer, dime, ¿cómo pesas, / si dicen que sois livianas?» Federico, enterado de ser la dama la prometida de su padre, se arrodilla y pide dos veces su mano a besar en señal de homenaje; pero ella insiste en levantarle y darle otra vez los brazos.

En la salida siguiente, la pantomima se repite: el Duque la sienta bajo el dosel, y le dice que Federico ha de ser el primero de sus deudos en besarle la mano; efectivamente, lo hace tres veces, como testimonio de su respeto para la autoridad de su padre, para ella, y para sí mismo —o sea, el respeto de tres especies cuya pérdida ha de confesar, al final del acto segundo, cuando dice que se ve «sin mí, sin vos y sin Dios». Ella, sin embargo, le ofrece de nuevo sus brazos.

Cuando se ven los dos en el segundo acto, Federico se arrodilla de nuevo, y de nuevo pide la mano de «su Alteza»; otra vez más, ella le levanta y le ofrece sus brazos. Le explica, como antes ha explicado a Lucrecia, que el Duque gozó de los suyos una sola noche, que «a los deleites pasados / ha vuelto con más furia, / roto el freno de mis brazos»; y ante tantas provocaciones, tanto físicas como verbales, Federico por poco confiesa que está enamorado de ella. Antes de su próximo y decisivo encuentro, ella recuerda: «Vile turbado, llegando / a decir su pensamiento, / y desmayarse temblando»; y cuando se ven, le impulsa a declararse, definitivamente. Después de hacerlo, él implora una vez más: «Sola una mano suplico / que me des; dame el veneno / que me ha muerto». Ella ahora intenta negársela, pero Lope parece querer que no lo consiga, porque la hace decir: «Ya determinada estuve; / pero advertir es razón / que por una mano sube / el veneno al corazón». Aunque luego salen, como es tan frecuente, cada uno por su lado, el público, tras tanta «pantomima» y tanto simbolismo, sabrá que son inevitables ya los incestuosos y fatales abrazos que Aurora ha de describir a principios del acto siguiente[31].

Hay muchas ocasiones en que los personajes, más que conversar, pronuncian discursos más o menos largos, como las *arias* de las nuevas óperas italianas, a veces en un metro llamativo, distinto de los versos en que se encrustan. Es un recurso que se emplea cada vez más en nuestro teatro, y que Lope satirizó con mucha gracia en *La noche de San Juan*, que debe de haber sido, por cierto, la última obra que escribiera antes de ésta. Nada más comenzar, la primera dama anuncia a su criada que le ha de decir un *romance*, y pregunta: «¿Tengo de decir, Inés, / aquello de escucha?» «No», responde la criada, «porque, si te escucho yo, / necio advertimiento es»; y su ama suelta luego una relación de 174 versos. En el segundo acto, piensa pronunciar otro parlamento parecido: «Pues escucha un soliloquio, / de mis desdichas traslado»; pero la criada se impacienta: «No por Dios, que son efetos / de menos satisfacción, / y quitarás de invención / lo que gastes de concetos. / Poco más o menos, sé / cuánto me puedas decir». En la salida anterior, sin embargo, la criada de la segunda dama propone a su ama que

---

[31] Sobre este simbolismo visual y verbal de la ceremonia del besamanos y de los «brazos», véase Victor Dixon, «*El castigo sin venganza*: the artistry of Lope de Vega», *Studies in Spanish Literature of the Golden Age presented to Edward M. Wilson*, ed. R. O. Jones, Londres, Tamesis, 1973, pp. 61-81.

imite las relaciones de un libro de comedias. Esta acepta: «Bien dices, y tú serás / la criada de la dama.» La criada la alienta: «Di, que ya el vulgo te aclama, / si acción a los versos das»; y efectivamente prorrumpe en otro *romance* de 168 versos [32].

Semejantes parlamentos, evidentemente, son oportunidades para lucir, alardes de técnica teatral que importa ensayar con cuidado. En el acto primero de la obra que nos ocupa, tenemos que fingir mis criados y yo estar a la puerta de un autor de comedias y escuchar a cierta actriz famosa que está ensayando dentro una canción o madrigal. Yo alabo la técnica con que suele comunicar los sentimientos: «¡Qué acción! ¡Qué afectos! ¡Qué estremos!» Cuando termina, comento: «¡Valiente acción!», y Ricardo la califica de «¡mujer única!» ¡No dudo que este parlamento lo insistirá en hacer mi María! En la segunda salida, cuando Casandra y Federico acaban de conocerse, cada una ha de decir al otro tres *décimas*, en medio de unos *romances*; en la tercera, entre unas *redondillas*, Aurora me dice de repente: «Te diré mi pensamiento», y luego pronuncia seis *sextinas*. Es de notar también la relación en *romances* con que ella describe al Marqués, al principio del acto tercero, los amores adúlteros de Federico y Casandra, con un preámbulo parecido: «Está atento».

A mediados del segundo acto, otra vez entre unas *redondillas*, el Marqués le hace a ella una declaración de amor en tres *décimas*, y Casandra inicia la jornada con ocho dirigidas a Lucrecia, que ésta califica de «discurso». «Discurso» llama también Federico la glosa de tipo cancioneril en que al final del acto confiesa por fin su desesperado amor a Casandra. Es uno de los momentos más intensos de la obra, y fue sin duda para que resaltara que Lope decidió escribir aquel paso entero en *quintillas*, un metro que últimamente ha empleado sólo muy de vez en cuando [33]. Los mosqueteros aplauden estos parlamentos, sin darse cuenta acaso de tales cambios de metro, pero los «doctos y cortesanos» los aprecian, sin duda por estar tan acostumbrados a oír versos, y aun a componerlos ellos mismos. Lope sabe muy bien lo que hace, y en el curso de esta obra ha empleado nada menos que once tipos de estrofas; se ve que quería que fuera una de «las que ingenios y señores aprobaren».

Uno de los parlamentos más sutiles lo pronuncia el gracioso a finales del acto primero. Federico le habla de una «necia imaginación» suya, y Batín responde con una lista de siete acciones impulsivas que a él se le ha antojado alguna vez hacer. Son ocurrencias divertidas, que Salinas sabrá acompañar de ademanes y gestos que harán las delicias del vulgo. Federico deja de escucharle para arrobarse en unos «desatinados conceptos / de sueños

---

[32] *La noche de San Juan*, edición citada en la nota 14, pp. 133-35, p. 150, pp. 146-48. Adviértase que esta obra, cuya acción transcurre sólo en Madrid y (como Lope señaló en sus últimos versos) en pocas horas, es una *comedia* «clásica», pero «al estilo español».

[33] Véase S. G. Morley y C. Bruerton, *Cronología de las comedias de Lope de Vega*, Madrid, Gredos, 1968, p. 113.

despiertos». Pero los oyentes no podrán menos de reconocer en ellas caprichos involuntarios que ellos mismos han tenido, y advertirán acaso cuán fácilmente Federico ha podido concebir la tentación incestuosa que a fuerza de pensar en ella ha de convertirse en una obsesión fatal. Es como si el gracioso encarnara al Pensamiento Humano en algún auto sacramental[34].

La obra comporta, sin embargo, además de estos monólogos, una cantidad extraordinaria de soliloquios auténticos, que deben ser los momentos de máxima tensión, de comunicación más directa entre nosotros y nuestros oyentes[35]. Huelga señalar que para mover sus ánimos —que al decir de todos los preceptistas es nuestro fin—, para infundir en ellos las pasiones que sufren los personajes, es imprescindible que sepamos sentirlas nosotros mismos, basándonos en nuestra propia experiencia e imaginación, como también supo sentirlas el poeta. Como lo dijo hace más de 20 años «el mejor representante San Ginés», en la obra más teatral de Lope:

> El imitar es ser representante;
> pero como el poeta no es posible
> que escriba con afecto y con blandura
> sentimientos de amor, si no le tiene,
> y entonces se descubren en sus versos
> cuando el amor le enseña los que escribe,
> así el representante, si no siente
> las pasiones de amor, es imposible
> que pueda, gran señor, representarlas;
> una ausencia, unos celos, un agravio,
> un desdén riguroso y otras cosas
> que son de amor tiernísimos efectos,
> harálos, si los siente, tiernamente;
> mas no los sabrá hacer si no los siente[36].

Esto lo sabían los preceptistas antiguos, como aprendimos en nuestras clases de retórica. Dijo Cicerón, por ejemplo, que «es casi imposible que un orador suscite una pasión en sus oyentes si no es afectado primero por la pasión»; y Quintiliano que «lo más importante, para mover los afectos de otros, es que seamos movidos nosotros mismos». (Incluso aconseja que, si queremos denunciar un asesinato, imaginemos —como en «visiones»— todos los detalles emocionantes de él)[37]. Yo no sé si Lope ensaya sus propios versos al escribirlos, aunque es normal que lo hagan los poetas dramáticos; las vidas

---

[34] Véase por ejemplo *La cena del Rey Baltasar*, escrita probablemente ca. 1632.
[35] Véase Emilio Orozco Díaz, *El teatro y la teatralidad del Barroco*, Barcelona, Planeta, 1969, pp. 57-62.
[36] *Lo fingido verdadero, Obras de L. de Vega*, ed. M. Menéndez Pelayo, Madrid, Atlas, 1964, p. 77, BAE, 177.
[37] Quintiliano, *Institutio Oratoria*, Libro VI, 26; sobre la familiaridad de estas ideas en la época (y su modernidad), véase B.L. Joseph, *Elizabethan Acting*, Oxford, Oxford University Press, 1964, esp. pp. 9-11.

de pícaros están llenas de anécdotas de dramaturgos que espantan a sus vecinos porque gritan «¡Guarda el oso!», o cosas por el estilo[38]. Pero de todos modos es seguro que se conmueve, y busca conmover al actor para que éste conmueva al oyente. Por aquellos mismos años aconsejó en su *Arte nuevo* al que escribiera comedias:

> Describa los amantes con afectos
> que muevan con extremo a quien escucha;
> los soliloquios pinte de manera
> que se transforme todo el recitante,
> y con mudarse a sí mude al oyente[39].

Esta transformación del actor —y del oyente— depende, evidentemente, del sentimiento interior, pero requiere también un dominio total de su expresión en la acción exterior. El mismo Lope elogió la técnica con que Pinedo solía hacer «altos metamorfóseos de su rostro, / color, ojos, sentidos, voz y afectos, / transformando la gente»[40]. Pero ningún actor es más capaz de tales «metamorfóseos» que mi mujer María; como es notorio, «es de tan fuerte aprehensión que cuando habla, muda el color del rostro con admiración de todos. Si se cuentan en el tablado cosas dichosas y felices, las escucha bañada en color de rosa, y si ocurre alguna circunstancia infausta se pone al punto pálida. En esto es única, y nadie la puede imitar»[41]. Me temo incluso que hará el papel de la incestuosa madrastra con tantas veras que le podrá acarrear algún oprobio, a pesar de que con ser tan hermosa es una mujer de mucha virtud y tenida por santa al decir de todos; porque hay oyentes que distinguen mal entre actor y personaje. Como dijo Lope, «si acaso un recitante / hace un traidor, es tan odioso a todos / que lo que va a comprar no se lo venden, / y huye el vulgo dél cuando le encuentren»[42].

Ésta, evidentemente, es una reacción absurda, aunque la ha compartido y compartirá el vulgo de todos los tiempos, e incluso, hasta cierto punto, alguno que otro crítico o filósofo que se creería mucho más entendido. Los actores sabemos que somos muy conscientes en todo momento de no ser el personaje cuyas palabras y acciones, impuestas por el poeta y estudiadas por nosotros, representamos con tanta verosimilitud como podemos, como también lo sabe cualquier oyente que no esté tan loco como aquel Don Quijote de Cervantes delante del retablo de Maese Pedro. La comedia, como yo he de decir en la primera salida, con palabras de Cicerón glosadas por Lope, no es la vida sino un espejo de ella, que «retrata nuestras costumbres, / o livianas o

---

[38] Véase Francisco de Quevedo, *El buscón*, edición de Domingo Ynduráin, Madrid, Cátedra, 1980, p. 265 y nota.
[39] Lope de Vega, *Arte nuevo*, vv. 272-76, p. 190.
[40] Citado por Rozas, «Sobre la técnica», p. 99.
[41] Véase Alcázar, *Ortografía*, pp. 335-36.
[42] Lope de Vega, *Arte nuevo*, vv. 331-34, p. 192.

severas, / mezclando burlas y veras». Lo que pudiera llamase una «suspensión de la incredulidad» es siempre voluntaria y momentánea, nunca total[43]. La emoción esencial del juego teatral procede, precisamente, de nuestra conciencia del contraste entre lo fingido y lo verdadero.

Los soliloquios tienen en nuestra obra una importancia primordial, porque más que en cualquier otra que yo conozco los personajes principales se caracterizan por su empeño, delante de otros, en representar ellos mismos una figura, un papel, en fingir, en hacer teatro, lo cual no es más que una imitación fiel, pero más densa, de la naturaleza, de lo que hacemos todos en la vida real, cotidiana. Todos tratan de ocultar a los demás sus pensamientos y sentimientos verdaderos, de disfrazarse, aunque a veces no lo consiguen. Muy rara vez comunican auténticamente entre sí. Si se hablan, es para disimular más bien que para descubrirse. Solamente en sus soliloquios se permiten expresar aquellos pensamientos y sentimientos, e incluso en ellos es posible que los oyentes decidan que se están engañando a sí mismos.

Damián, desde su primera entrada, tiene que representar a Federico como consciente de la necesidad de fingir. Si antes le alegraba su amor a Aurora, que era, según ella, «la misma luz de sus ojos», ahora siente un despecho por el casamiento de su padre, que intenta en vano disimular, como confiesa a Batín: «que si voy mostrando / a nuestra gente gusto, como es justo, / el alma llena de mortal disgusto / camino a Mantua, de sentido ajeno». Batín le aconseja que siga fingiendo «contento, gusto y confianza, / por no mostrar envidia y dar venganza»; pero los servidores han de poder observar que «sale a los ojos el pesar que tiene». Claro que para la exhibición de los sentimientos interiores, amén de los exteriores, sabemos todos los recitantes que los ojos son siempre nuestra arma más poderosa[44]. En ellos ha de ver el público su atracción hacia Casandra desde su primer encuentro, como él supone que la ve, aunque lo disimula, Batín. Le acalla: «No digas / nada, que con tu agudeza / me has visto el alma en los ojos, / y el gusto me lisonjeas (...) / Ven, no les demos sospecha.» Tampoco al final del acto puede soportar que sus pensamientos se digan en voz alta, y le hace callar de nuevo: «Pues mira como lo acierto: / que te agrada tu madastra, / y estás entre ti diciendo / —No lo digas, es verdad.» En el acto segundo, las melancolías que provocan, y en que se complace, se atribuyen por todos a su disgusto anterior, pero oculta a todos —a Batín incluso— sus motivos verdaderos. «Engaña con la verdad» —«cosa que ha parecido bien» siempre

---

[43] *Cfr.* «... a semblance of truth sufficient to procure for these shadows of imagination that willing suspension of disbelief for the moment which constitutes poetic faith»; *The Collected Works of Samuel Taylor Coleridge*, VII, tomo II, Princeton, Princeton University Press, 1983.

[44] *Cfr.* «En el ojo se ve un maravilloso movimiento, porque, siendo un miembro tan pequeño, da sólo él señales de ira, odio, venganza, amor, miedo, tristeza, alegría, aspereza y blandura»; Alonso López Pinciano, *Philosophía antigua poética*, edición de A. Carballo Picazo, Madrid, C.S.I.C., 1953, t. III, p. 288; «Repare si los que representan ayudan con los ojos lo que dicen, que si lo hacen, le llevará los ojos»; Zabaleta, *El día de fiesta*, p. 26.

al público[45]— cuando me dice: «La falta de salud se ve en mi cara, / pero no la ocasión», y finge celos del Marqués; pero su emoción disimulada ha de ser revelada físicamente por Damián en su encuentro con Casandra. «Parece que estás temblando», le dice ella; él confiesa «el sentimiento que miras»; y Batín advierte que está «turbado», diciendo o fingiendo no entenderlo. Al confesar a Casandra que está enamorado, ha de prorrumpir en lágrimas, que si quiere mover a los oyentes tendrán que ser sentidas y verdaderas. Como dice Horacio, «tú mismo, si quieres que yo llore, tienes que sufrir primero». No se atreve todavía, a pesar de sus provocaciones, a decirle que es a ella a quien ama, pero su excitación al salir debe convencer de ello tanto a los oyentes como a Casandra. Aun en el soneto que pronuncia a solas —dirigido, como tantos otros que evocan el consabido mito de Ícaro, a su «pensamiento»— se abstiene de mentar a su objeto. El público se extrañará de oír hasta qué punto se engaña a sí mismo en decir que esta pasión «que naciste de mis ojos» ha de ser «imposible eternamente», y anticipará, cuando entre Casandra, el derrumbamiento total de sus defensas, la pérdida abyecta de su voluntad de fingir ante ella.

En el acto tercero, ha de ser un hombre destrozado. Consumado el adulterio y anunciado el regreso del Duque, muestra su turbación y temor en volver a fingir celos e incluso proponer casarse con Aurora. En una escena magníficamente irónica, consigo despertar su vergüenza, calificando tres veces de «tu madre» a Casandra; finge quejas contra ella, atreviéndose otra vez a «engañar con la verdad», sin saber —como sabrá el público— que yo entiendo esta vez el doble sentido de sus palabras: «aunque es para todos ángel, / que no lo ha sido conmigo. / (...) A veces me favorece, / y a veces quiere mostrarme / que no es posible ser hijos / los que otras mujeres paren». Casandra, en el encuentro que escucho al paño, le tilda cuatro veces, con evidente razón, de «cobarde» (amén de «traidor», «villano», «mal nacido» y «perro») y lo es bastante para comprometerse —sin duda fingidamente— a todo lo que ella quiera, aconsejándole a ella fingir «gusto, pues es justo, / con el Duque». Según dice socarronamente Batín a Aurora: «está endiablado / el Conde; no sé qué tiene; / ya triste, ya alegre viene, / ya cuerdo, ya destemplado». De «cobarde» y «perro» le califico también yo cuando vacila en cumplir mi orden de matar a un traidor; pero acaso exhibe una premonición secreta al responder: «no sé qué me ha dado, / que me está temblando el alma».

Al descubrir que ha matado a su amante, ha de quedar embelesado. Como escribió López Pinciano: «Si el que va a matar (...) mata al que no conoce, siendo pariente o bienqueriente, como padre, hermano o hijo, enamorado, sera esta acción la más trágica y aun deleytosa de todas (...) trae más conmiseración que otra alguna»[46]. Y cuando el padre que tanto le ha queri-

---

[45] Lope de Vega, *Arte nuevo*, vv. 319-20, p. 191.
[46] López Pinciano, *Philosophía*, t. II, pp. 343-44.

do, y de quien acaba de decir resueltamente: «si hallara / el mismo César, le diera / por ti ¡ay Dios! mil estocadas», ordena que le ajusticien, Damián ha de llenar de patetismo su pregunta final: «O padre, ¿porqué me matan?»

El papel de Casandra ofrece un contraste llamativo, en todos los aspectos, con el de su amante. Toma siempre la iniciativa en sus relaciones; cavila mucho menos y oculta sus sentimientos sólo cuando le resulta imprescindible. Se engaña poco a sí misma; demuestra incluso un extraño conocimiento de causa. Tras su accidente, ocasionado por su propia impulsividad y desenvoltura, no vacila en revelar a Federico su identidad y su placer en conocerle, ni en preguntar a Lucrecia qué le parece. Confiesa, abiertamente, a ella su atracción hacia él y sus recelos en cuanto al Duque. A comienzos del segundo acto, se queja a ella en términos tajantes del desprecio y desatención con que la trata su marido, previniendo ya su propia venganza, si bien reconoce la necesidad de disimular: «mis ojos / sólo saben mi tristeza». Tampoco tiene empacho en quejarse a Federico de los vicios y tiranías de su padre, en un discurso apasionado que acaba en llanto, ni en instarle a declararse a la que ama, sospechando, seguramente, que es a ella, cuando le dice «que el edificio más casto / tiene la puerta de cera». Una vez convencida de ello, revela en su primer soliloquio con cuán poca resistencia cederá a las tentaciones del amor y de la venganza, si bien con clara conciencia de su engaño y desatino, del pecado y del peligro que suponen para su vida y su honra. En el segundo, la conciencia de todo ello parece tan increíble que María acaso se creerá obligada no tanto a identificarse con el personaje como a presentarlo al público a modo de amonestación, «desde fuera», por decirlo así[47]. «No puede haber contentos / fundados en imposibles. / En el ánimo que inclino / al mal, por tantos disgustos / del Duque, loca imagino / hallar venganzas y gustos / en el mayor desatino (...) / (...) no es disculpa igual / que haya otros males de quien / me valga en peligro tal, / que para pecar no es bien / tomar ejemplo del mal.» A continuación, no duda en valerse de la historia de Antíoco para provocar la confesión de Federico; sólo al final de ella ha de parecer titubear e intentar negarle el nuevo contacto físico que pide. Con la salida de los dos por las dos entradas del fondo, se salva el decoro de nuestro teatro; pero difícilmente hallaríamos en él una escena tan sugestiva, y el adulterio ha de pensarse como inevitable.

En el acto tercero su papel resulta más limitado, ya que el mayor interés se concentra en el Duque y en su relación con su hijo. En todo él se muestra más comprometida que nunca con su pasión. En sus dos encuentros con Federico su propuesta de casarse la ofende hasta tal punto que se muestra incapaz de contenerse, dando voces que amenazan con descubrirlo todo abierta-

---

[47] Algunos críticos han señalado en el teatro clásico español elementos —y momentos, como éste— claramente distanciadores, que ayudan a explicar por qué lo calificara Brecht, con aprecio, de teatro épico; véase, por ejemplo, C.A. Jones, «Some ways of looking at Spanish Golden Age Comedy», *Homenaje a William L. Fichter*, ed. A. David Kossoff y José Amor y Vázquez, Madrid, Castalia, 1971, pp. 329-39, y Rozas, «Sobre la técnica», pp. 104-06.

mente, e imponiéndole así su férrea voluntad de seguir traicionando a su marido. La cazuela compadecerá y aplaudirá seguramente a María cuando grite con razón : «¡Ay, desdichadas mujeres! / ¡Ay, hombres falsos sin fe!»

Mi propio papel me parece mucho más complejo y más ambiguo. De la primera salida resulta evidente que el Duque de Ferrara ha sido durante muchos años un libertino notorio, «fábula siendo a la gente / su viciosa libertad», que «no se ha casado / por vivir más a su gusto». Pero se presenta también desde un principio como avergonzado de su «proceder vicioso», y deseoso de cambiar. Los parlamentos de la cortesana y de la actriz que escucha con tanto disgusto, por más que aparenta rebatirlos, le hieren y aleccionan; reconoce que han dicho «claras verdades», que los señores no quieren oír. La misma Cintia y Febo, como también Batín y Federico, suponen que reformará sus costumbres su matrimonio con Casandra, aunque lo ha contraído a la fuerza, para aplacar la inquietud de sus vasallos, con clara conciencia de que dejará desheredado probablemente a su hijo bastardo, «lo que más mi alma adora». Entiendo, sin embargo, que recibe a su esposa, si bien «con muchos cumplimientos», con un mínimo de palabras frías y formularias; y en el segundo acto es evidente que la trata con indiferente desdén. La esperada enmienda no se ha efectuado; después de dormir una sola noche con Casandra, «a los deleites pasados / ha vuelto con más furia»; «la obediencia rota / al matrimonio santo, / va por mujercillas viles / pedazos de honor sembrando». Es «un bárbaro marido». Lope le hace insistir, en cambio, una y otra vez, en su tierno amor a su hijo, lo cual no quiere decir que le comprenda cuando éste insulta a Aurora, para quien también siente afecto. Le abandona enfurecido, y rechaza rotundamente después su deseo de acompañarle a la guerra; «Esto es razón, y basta ser mi gusto.» Pero en esto, y en la presteza con que parte para guerrear contra los enemigos del Papa, demuestra, por otra parte, un alto sentido de responsabilidad.

En el acto tercero, Aurora anticipa su regreso victorioso; el Marqués, el sangriento castigo que ha de hacer a los dos adúlteros «el ferrarés Aquiles / por el honor y la fama, / si no es que primero el cielo / sus libertades castigue». Batín, en cambio, subraya su deseo de ver cuanto antes a su amado hijo, «el sol de sus ojos», deseo que demuestra y en que insiste en su primera entrada. Declara otra vez que piensa «trocar de aquí adelante / la inquietud en virtud», y Ricardo lo confirma repetidamente: «ha sido tal la enmienda / que traemos otro Duque (...) el Duque es un santo ya (...) se ha vuelto humilde (...) No hayas miedo tú que vuelva / el Duque a sus mocedades». El gracioso, por cierto, expresa con parecida insistencia el escepticismo que sentirán, sin duda, los oyentes. Para el cínico Batín, «milagro ha sido del Papa / llevar, señor, a la guerra / al Duque Luis de Ferrara, / y que un ermitaño vuelva. / Por Dios, que puedes fundar / otro Camáldula.» Pero él también insiste: «Sepan / mis vasallos que otro soy», y el mismo gracioso, al observar cuán poco ha descansado antes de atender a su oficio, alaba «el cuidado de quien mira / el bien público», aunque esto lo dirá también Salinas, seguramente, con sarcasmo. En esta escena hay preciosos ejemplos, que haremos lo posible para explotar, de «aquella incertidumbre anfibológica» que ha tenido siempre, según el mismo Lope, «gran lugar en el vulgo, porque piensa / que él sólo entiende lo que el otro dice»[48]. Batín, que según supongo está enterado de todo lo sucedido, dice, irónicamente, de Federico: «Cierto, señor, que pudiera / decir que igualó en la paz / tus hazañas en la guerra», y de Casandra: «No se ha visto, que yo sepa, / tan pacífica madrastra / con su alnado: es muy discreta / y muy virtuosa y santa.» El Duque, inocentemente, le responde que «así en mi casa / hoy dos victorias se cuentan: / la que de la guerra traigo, / y la de Casandra bella, / conquistando a Federico.»

El soliloquio que sigue, de 85 versos, es una de mis mayores oportunidades para lucir. Lope lo ha estructurado en tres tiradas: después de 17 endecasílabos, casi todos rimados, la acusación de adulterio ocupa una octava, y mis «quejas» siete décimas. Empiezo leyendo, prosaicamente y con prisa, mis memoriales, pero me intriga el anónimo misterioso. Al leerlo, acaso emplee la técnica de «la representación turbulenta, que consiste más en hacer que en hablar». De otro actor se cuenta que «en Madrid entró una vez en el teatro leyendo para sí una carta y tuvo largo tiempo suspenso a los oyentes. A cada renglón se espantaba. Últimamente, arrebatado en furia, hizo pedazos el papel y comenzó a exclamar vehementísimos versos. Y aunque fue alabado de todos, consiguió mayor admiración aquel día haciendo que hablando»[49]. Mi primera reacción es de incredulidad: «¿Qué es esto que estoy mirando?»; pero las restantes han de ser mucho más complejas y diferenciadas de lo que supuso Lope al escribir: «Pregúntese y respóndase a sí mismo»[50]. Tengo sobre todo un momento de clara anagnórisis, tan propio de la tragedia, cuando compagino mi historia con la consabida del Rey David —con el cual se me comparó antes de muy distinta manera— y comprendo, como el protagonista de *La venganza de Tamar* y *Los cabellos de Absalón*, que es el cielo quien ha dado al «vicioso proceder / de las mocedades mías» un parecido castigo sin venganza, como todos los suyos. Si yo soy ya realmente como él un santo, como dijo Ricardo —y no un «santo fingido», como dirá Batín— el mensaje de la obra es semejante y tremendamente irónico: arrepentirnos de nuestros pecados de ninguna manera nos exime de su angustiosa expiación[51]. Pero apostrofo también, con una falta de coherencia muy natural, a las letras del papel, a Federico, y a la ausencia, antes de debatir conmigo sobre la dificultad de investigar lo ocurrido para castigarlo yo mismo.

Empiezo a continuación, sin embargo, como si mi personaje hiciera el papel de un juez pesquisidor, una investigación solapada, pero concienzuda,

---

[48] Lope de Vega, *Arte nuevo*, vv. 323-26, p. 191.
[49] Véase Alcázar, *Ortografía*, p. 336.
[50] Lope de Vega, *Arte nuevo*, vv. 277, p. 190.
[51] Véase Victor Dixon, «Prediction and its Dramatic Function in *Los cabellos de Absalón*», *Bulletin of Hispanic Studies*, 61 (1984), pp. 304-16, esp. p. 312.

interrogando primero a Federico mediante frases, como las que aluden a su «madre» Casandra, cuya ironía, si no la capta, le impele a delatarse: «¿Sientes que madre la llame? / Pues dícenme que en mi ausencia, / de que tengo gusto grande, / estuvistes muy conformes ... / (...) Pésame de que me engañen, / que me dicen que no hay cosa / que más Casandra regale.» Interrogo luego a Casandra cuando entra con Aurora, mediante una técnica parecida; cuando ella se atreve a decirme que Federico «un retrato vuestro ha sido», la inquieto con la respuesta: «Ya sé que me ha retratado / tan igual en todo estado, / que por mí le habéis tenido; / de que os prometo, señora, / debida satisfacción.» Le doy también la noticia de que Federico me ha pedido que le case con Aurora, fingiendo que insistiré en ello, y luego —«buscando testigos»— vigilo el encuentro entre mis dos reos, que dan claro testimonio de su culpa, sin el rutinario tormento, como señalo, o más bien atormentándome a mí.

El crimen ha sido plenamente comprobado, y en mi segundo soliloquio largo medito sobre el castigo. Tanto a su principio como a su fin interpelo a los cielos, alegando que he de actuar —como padre, como jefe de estado— siendo un mero instrumento de la justicia divina, si bien la ley del honor exige que se haga de manera que la ofensa no se publique. La muerte de «la infame Casandra» (a quien es evidente que nunca quise) me preocupa poco, pero contemplar la de mi hijo —a pesar de anteriores diatribas— me conmueve profundamente, provocando un estado de turbación. El poeta, como es frecuente en nuestro teatro, detalla los síntomas fisiológicos de dicho estado, que me incumbe remedar: «tiembla el cuerpo, espira el alma, / lloran los ojos, la sangre / muere en las venas heladas, / el pecho se desalienta, / el entendimiento falta, / la memoria está corrida, / y la voluntad turbada, / como arroyo que detiene / el hielo de noche larga. / Del corazón a la boca / prende el dolor las palabras.» Apostrofo durante 32 versos a mi amor paterno, que me impulsa a indultarle; pero alego toda una serie de argumentos en contra, e imagino una sala de justicia, presidida por el honor, en que su abogacía resulta insuficiente.

Habrá sin duda oyentes que juzguen al personaje como realmente vengativo e hipócrita a sabiendas, y yo, evidentemente, pudiera interpretarlo de este modo, como también pudiera sugerir que es sincero o que se engaña a sí en cuanto a sus motivos, pero intentaré dejar abierta la cuestión. Lope quiere quizás que el público, ante este «ejemplo», medite en la posibilidad para los mortales de separar el castigo de la venganza, sobre todo cuando el que castiga, por más que reconozca su propia culpa, y por más que compadezca al reo, ha sido él mismo víctima del delito; acaso quiera poner en tela de juicio las leyes del pundonor y la duplicidad cruel que su «bárbaro legislador» ha impuesto a sus mejores seguidores.

Cuando Federico entra, le engaño otra vez con la verdad, insistiendo en que mate a uno de los traidores. Quedo mirándole cómo lo haré; ¿deleitándome?, no creo; reflexionando más bien tristemente sobre la justicia de mi justicia, para mandar luego que le maten a él por haber causado la muerte de su madastra. Mi respuesta a su atónita pregunta demuestra que reconozco, como se recuerda en toda la obra, que otra justicia superior espera al delincuente y a su juez: «En el tribunal de Dios, / traidor, te dirán la causa.» Pero la última emoción que represento ha de ser un dolor irremediable, cuando mis ojos, que han sido ellos mismos testigos de la maldad de mi hijo, quieren ver y llorar su desdichada muerte. Los hombres, Casandra ha dicho, una vez sólo pueden llorar, «y es en caso / de haber perdido el honor, / mientras vengan el agravio»; y ahora «llanto sobra, y valor falta». Mis últimas palabras serán mi más amarga ironía, encerrando a la vez la mentira externa y la verdad interior, el pretexto fingido de la muerte de Federico, y mi comprensión de que es un castigo doble, de mi propio pecado y del de mi hijo, que precisamente por serlo cometió otro parecido: «Pagó la maldad que hizo / por heredarme»[52]. Claro que el pecado lo heredamos todos de nuestros primeros padres, y lo pagó el Hijo de otro Padre.

Es evidente a todas luces que esta magnífica obra, como otras de Lope, no caerá nunca en el olvido. Acaso para rescatarla de él la imprimirá aparte, en una *suelta*, como ya imprimió personalmente durante ocho años, mientras se lo permitieron, doce *partes* de doce. Al hacerlo quería que fuesen leídas por los doctos de ahora y del futuro, pero como dijo en su *Novena Parte*, «no las escribí con este ánimo, ni para que de los oídos del teatro se trasladaran a la censura de los aposentos», y quería también indudablemente que algunos de sus lectores fuesen recitantes como yo, que las hiciesen vivir de nuevo en las tablas. Pero me temo que quien las represente en los siglos venideros se olvidará incluso de los nombres de los que las estrenamos. Sería lástima, creo yo, porque acaso las harían mejor si parasen mentes en la manera en que él las vio representar tantas veces en nuestros corrales. Lope desde luego no querría que se nos olvidara; al actor del futuro, como también al lector de nuestro tiempo se dirigía sin duda cuando escribió en su *Dozena Parte:* «Bien sé que en leyéndolas te acordarás de las acciones de aquellos que a este cuerpo sirvieron de alma, para que te den más gusto las figuras que de sola tu gracia esperan movimiento».

---

[52] *Cfr.* Melveena McKendrick, «Language and Silence in *El castigo sin venganza*», *Bulletin of the Comediantes,* 35, 1 (1983), pp. 79-95, esp. p. 93.

SEGUNDA SESIÓN

EL ACTOR DEL SIGLO XVII Y LOS MEDIOS ESCÉNICOS

ACTORES, DECORADOS Y ACCESORIOS ESCÉNICOS EN LOS TEATROS COMERCIALES DEL SIGLO DE ORO

José María Ruano de la Haza
(Universidad de Ottawa)

Todo lo que sucede durante una representación teatral sucede ... en un escenario. Ese «espacio vacío», según la famosa frase de Peter Brook[1], es susceptible de ser transformado por un actor en cualquier lugar fantástico o real. El actor realiza esta transmutación de lugar vacío a ente espacial determinado y específico por medio de sus gestos, palabras, acciones ... y con ayuda de decorados y accesorios escénicos. Este principio es tan axiomático para el teatro del siglo XVII como lo es para el teatro moderno, no obstante las declaraciones de ciertos críticos modernos que han pretendido que nuestro teatro clásico es un teatro básicamente auditivo, que no perdería nada si se escuchase a ojos cerrados[2]. Consideremos, pues, en primer lugar, el espacio vacío que los actores utilizaban en los teatros comerciales del Siglo de Oro.

Su característica esencial desde el punto de vista del actor es que, al contrario de un escenario moderno, no tenía embocadura, ni, claro está, telón de boca, o bastidores. Como puede verse en los dibujos que acompañan este estudio, consistía en una plataforma saliente rodeada generalmente de público en tres de sus lados. Este tipo de tablado posee la facultad de poner al actor en proximidad inmediata con su público, pero limita el uso de decorados. Por esta razón, el actor adquiere en él una importancia fundamental, a diferencia de un tablado con proscenio, donde los actores se encuentran a menudo compitiendo con el decorado para atraer la atención del público.

A los lados de esta plataforma saliente había, por lo menos en los dos corrales madrileños, unos tablados más pequeños, donde se colocaban tres o cuatro filas de gradas para el público, o, si lo necesitara la obra en cuestión,

---

[1] Peter Brook, *El espacio vacío: arte y técnica del teatro*, trad. Ramón Gil Novales, Barcelona, Nexos, 1986.
[2] Véase la vigorosa defensa de los aspectos visuales de la Comedia que hace Victor F. Dixon en «La comedia de corral de Lope como género visual», *Edad de Oro*, V (1986), pp. 35-58.

cierto tipo de decorados laterales[3]. Los tablados co-laterales no se utilizaban, al parecer, en otros teatros fuera de Madrid[4], pero, como ha demostrado Jean Sentaurens en su libro sobre los teatros sevillanos, en el de la Montería al menos había facilidades para colocar decorados a los lados del tablado de la representación[5]. Al fondo del escenario se levantaba una estructura de dos o tres pisos llamada el «teatro» o la «fachada del teatro», la cual podía tener dos corredores o balcones corridos como en Madrid o uno como en Almagro. Encima de ella se encontraba un tejado colgadizo bajo el cual estaban las poleas, tornos, maderajes y cuerdas necesarias para las tramoyas.

Los orígenes de esta estructura de tres niveles se remontan probablemente al *skene* de los teatros griegos, un edificio de madera con tres puertas y quizá dos o tres pisos, situado en la parte posterior del proscenio. Según Allardyce Nicholl, este edifico servía originalmente para las entradas y salidas de los actores y para que pudieran prepararse para salir a escena sin ser vistos por el público; esto es, como vestuario[6].

Los postes de madera que sostenían los dos corredores de los teatros madrileños dividían su fachada interna en nueve espacios, cada uno de los cuales esta cubierto por una cortina. Por eso Lope de Vega, en *Lo fingido verdadero* la compara a «vn escritorio / con diuersas nauetas y cortinas»[7]. Las cortinas eran una adaptación de la manta que las compañías de la legua del siglo XVI colocaban detrás de los «cuatro bancos en cuadro y cuatro o seis tablas encima» que, según Cervantes, utilizaba Lope de Rueda como tablado. Como dice el mismo Cervantes en ese Prólogo a sus Comedias y entremeses, «el adorno del teatro era una manta vieja, tirada con dos cordeles de una parte a otra, que hacía lo que llaman vestuario, detrás de la cual estaban los músicos (...)»[8]. Luego veremos la importancia de esa palabra «adorno» que Cervantes utiliza para designar una manta vieja[9].

---

[3] Véase J. J. Allen, *The Reconstruction of a Spanish Golden Age Playhouse*, Gainesville, University Presses of Florida, 1983, p. 38.

[4] Véase J. J. Allen, «El corral de la Cruz: hacia una reconstrucción del primer corral de comedias de Madrid, *El mundo del teatro español en su Siglo de Oro: ensayos dedicados a John E. Varey*, ed. J. M. Ruano de la Haza, Ottawa, Dovehouse Editions, 1988, pp. 21-34.

[5] Cuando Bartolomé de Celada alquiló «un aposento bajo que es el tercero de la mano izquierda de dicho corral (la Montería)» en 1640 tuvo que ser a condición de que «todas las veces que haya tramoyas en las comedias que en el dicho corral se representaran y con ellas se estorbare la vista u ocuparen el dicho aposento, hemos de dar al dicho Bartolomé de Celada otro aposento bajo donde pueda ver la dicha comedia sin embarazo alguno (...)». Citado en Jean Sentaurens, *Seville et le théâtre de la fin du Moyen Age à la fin du XVIIe siècle*, Talence, Presses Universitaires de Bordeaux, 1984, pp. 404-05.

[6] Allardyce Nicholl, *The Development of the Theatre*, New York, Harcourt, Brace & World, 1966, p. 12.

[7] *Decimosexta Parte de las Comedias de Lope de Vega Carpio*, Madrid, Viuda de Alonso Martín, 1621.

[8] Las dos citas se encuentran en Miguel de Cervantes, *Teatro completo*, ed. Florencio Sevilla Arroyo y Antonio Rey Hazas, Barcelona, Planeta, 1987, p. 8.

[9] Aunque *La Comedia de comedias* se representase en Lisboa a comienzos del siglo XVIII, al ser una parodia de la Comedia española, las circunstancias de la representación duplicaban

El equivalente de una cortina de proscenio, simplemente no podía existir en esos primeros teatros, improvisados y primitivos, del siglo XVI, y a nadie se le ocurrió pensar, al mudarse a teatros permanentes y bajo techado, como los de Sevilla, que una representación dramática se pudiera hacer de otra forma. Además, la idea de separar artificialmente el público del espectáculo teatral por medio de un proscenio iba simplemente contra la práctica de la época. El espectador del siglo XVII era participante activo de la experiencia teatral y no el *voyeur* privilegiado de un teatro moderno.

La proximidad de los actores al público se pone de manifiesto en una obra como *El alcalde de Zalamea*, de Calderón. En una escena de su segunda jornada, mientras el Capitán, el Sargento y los soldados están en la calle dando una serenata a Isabel, salen, según una acotación, don Mendo, con adarga, y Nuño. Los dos hablan aparte, procurando no ser vistos por el Capitán y los soldados. Hemos de suponerlos, pues, situados a un extremo del tablado central, junto a las gradas laterales. Después de un corto diálogo, Nuño dice a don Mendo: «Pues aquí / nos sentemos». A lo que contesta el hidalgo: «Bien; así / estaré desconocido,» Rebolledo, que los ha visto aparecer, comenta entonces a La Chispa: «Pues ya el hombre se ha sentado / —si ya no es que ser ordena / algún alma que anda en pena, / de las cañas que ha jugado / con su adarga a cuestas— da / voz al aire»[10]. La palabra «adarga» indica que Rebolledo se está refiriendo a don Mendo. El problema es, ¿dónde se ha sentado don Mendo? La acción de esta escena transcurre en una calle; no es por tanto lógico suponer que hubiese sillas o taburetes en el tablado, ni que los sacasen simplemente para que don Mendo estuviese sentado unos minutos. En el tablado no se iba a sentar tampoco. El único lugar donde Don Mendo se podía sentar, para estar «desconocido» como él mismo dice, es junto a los espectadores, en las gradas laterales, con el consiguiente regocijo del público.

Algo parecido sucede en el tercer cuadro de la primera jornada de *El condenado por desconfiado*. Este cuadro tiene lugar junto a la Puerta del Mar en Nápoles. Paulo y Pedrisco salen a escena primero pero, a la llegada de Enrico y sus comparsas, se retiran a un lado del escenario. Nada más llegar, Escalante propone a Enrico «Sentémonos los dos, Enrico amigo.» Enrico contesta: «Pues siéntense voarcedes, porque quiero / haya conversación.» Enrico decide a continuación: «Siéntese Celia aquí.» Y Celia responde: «Ya estoy sentada.» Escalante dice: «Tú conmigo, Lidora.» Y Cherinos propone: «Siéntese aquí Roldán»[11]. Como indica el diálogo han de sentarse seis de los

---

seguramente las de la Comedia de corral. A este respecto merece, pues, mencionarse que la primera acotación de esta comedia reza: «*Abrá un vestuario de cortinas viejas arriba y abaxo, pintadas*». Véase Mercedes de los Reyes Peña y Piedad Bolaños Donoso, «Edición, con introducción y notas, de *La comedia de comedias* de Tomás Pinto Brandão», *Criticón*, 40 (1987), p. 129.

[10] Cito de la edición preparada por José M.ª Díez Borque, Madrid, Castalia, 1976, II, vv. 416-24.

[11] Cito de la edición preparada por Daniel Rogers, Oxford, Pergamon, 1974, II, vv. 676-81.

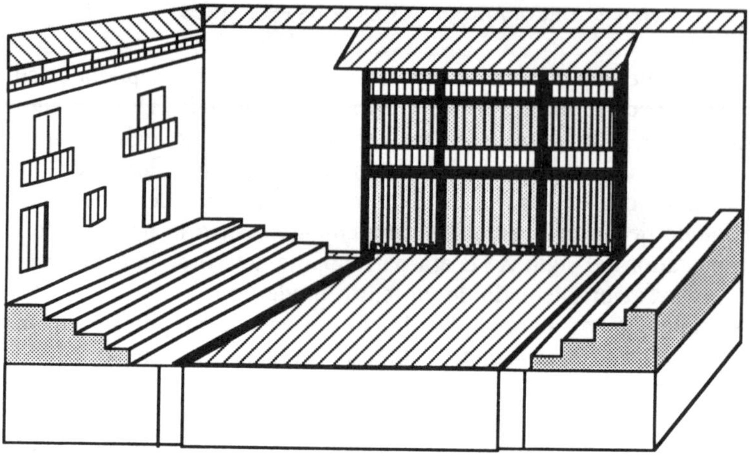

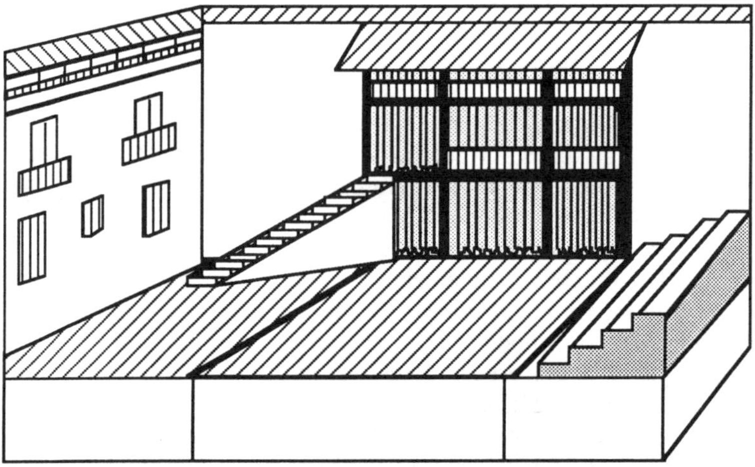

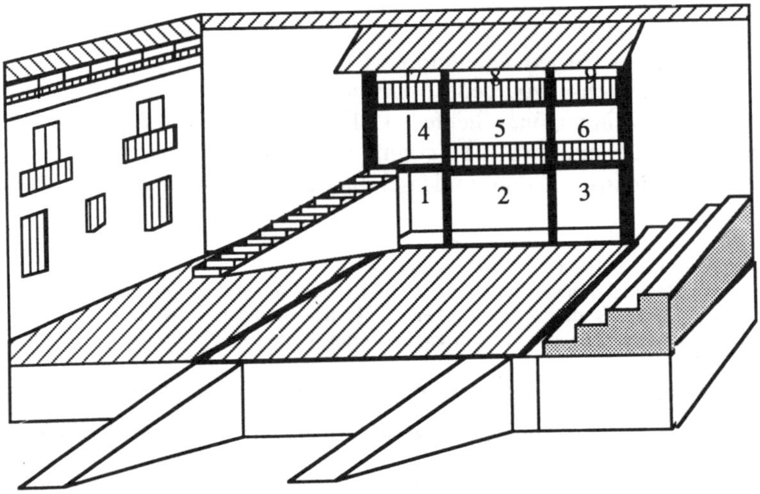
7
8
9
4
5
6
1
2
3

nueve personajes que hay en ese momento en escena. Recordemos que nos encontramos una vez más en una calle y que no es lógico suponer que se encontraran seis sillas o taburetes en el tablado. El sitio lógico donde los seis personajes se sentarían es, pues, junto al público, en las gradas co-laterales: el lugar más idóneo para escuchar la conferencia que Enrico les va a recitar sobre sus crímenes. Este tipo de inmediatez, característico del teatro del Siglo de Oro, y que hoy se trata a veces de capturar en algún montaje innovador, se hubiese perdido con una embocadura que separara al público del actor.

¿Para qué servía la cortina del foro? Como dice Cervantes, se utilizaba en primer lugar como vestuario y para ocultar a los músicos, quienes de esta manera suministraban música de fondo durante la representación. También se empleaba, claro, para las salidas y entradas de los actores en escena, y más tarde, en los teatros permanentes, para mostrar al público los decorados, adornos o descubrimientos que exigiera una obra en cuestión.

Los dos corrales madrileños tenían cortinas y no puertas en los espacios laterales del nivel inferior (núms. 1 y 3 del dibujo). No existe evidencia, aparte de las acotaciones en los textos teatrales, de que, como creen algunos críticos, hubiera puertas allí. Según los planos del Príncipe y la Cruz dibujados por el arquitecto Pedro de Ribera en 1735 ninguno de estos dos teatros parece haber tenido puertas permanentes al fondo. En un reciente trabajo, John Varey declara que estas «puertas» eran «casi con certeza entradas con cortinas en lugar de puertas de madera»[12]. Hay otros teatros, sin embargo que, como el de Córdoba, claramente tenían puertas[13]. Pero incluso estas puertas debían estar cubiertas por cortinas o antepuertas, como se demuestra en una escena de *El alcalde de Zalamea*, de Lope de Vega. En su primera jornada leemos en una acotación que aparece «*Galindo, al paño.*» Inés, advirtiendo su presencia, dice entonces a Leonor: «A la puerta está Galindo»[14]. Claramente, o la puerta tenía una antepuerta de paño, o los actores llamaban convencionalmente puerta a lo que era cortina.

Los dos corredores también estaban cubiertos por cortinas, como queda demostrado por la cantidad de acotaciones que especifican que se corra una cortina en lo alto para descubrir un *tableau vivant*, una figura, o un adorno o decorado más o menos complejo. Asimismo estas cortinas se utilizarían para mostrar decorados menos complicados como una ventana, una muralla o una torre. Convencionalmente, las ventanas y las murallas se encontraban en el segundo nivel y las torres en el tercero. Como demostró William Shoemaker,

---

[12] J. E. Varey, «Cosmovisión y niveles de acción», *Teatro y prácticas escénicas. II: La Comedia*, ed. José Luis Canet Vallés, London, Tamesis, en colab. con I. Alfonso el Magnánimo, 1986, p. 58.

[13] Véase Angel García, *La casa de las comedias de Córdoba, 1602-1694: Reconstrucción documental*, London, Tamesis (en prensa).

[14] Lope de Vega, *Obras escogidas*, ed. F. C. Sáinz de Robles, Madrid, Aguilar, 1974, tomo III, p. 1414b.

el uso de ventanas era ya muy común en el siglo XVI[15]. Sería absurdo suponer, si nos negamos a aceptar la existencia de cortinas en los corredores superiores, o que el actor simplemente se apoyaba en la barandilla del balcón pretendiendo que aquello era una ventana, o que salía a escena transportando una ventana que luego colocaba en posición.

La variedad de decorados y adornos que se podía mostrar detrás de las cortinas era simplemente infinita. Los más populares eran quizá los decorados rústicos con peñas y el adorno de jardín. Seguramente eran los más fáciles de erigir, ya que consistirían en unas macetas o ramas en el caso del jardín y en ramas y rocas de cartón pintado en el caso del decorado rústico. A este respecto cabe mencionar una serie de datos de principios del siglo XVIII, extraídos por John Varey de los libros de producto y gastos de los corrales madrileños, donde se mencionan pagos de 20 reales por los peñascos, 24 reales del enramado, 12 de renuevo del enramado, etc[16]. Aunque no se han encontrado datos semejantes para el siglo XVII, no hay por qué deducir que esta era práctica exclusiva del siglo XVIII. En una época como la que vivimos de cambios rápidos y constante innovación quizá resulte difícil aceptar que hubo poco desarrollo técnico en los teatros comerciales durante su siglo y medio de existencia, pero la evidencia que suministran tanto las comedias como los documentos teatrales nos lleva a la conclusión de que técnicamente el montaje de la Comedia en los teatros comerciales permaneció virtualmente fijo durante todo el siglo XVII[17]. Si acaso, era más elaborado a principios que a finales de siglo. Después de los excesos perpetrados en el montaje de comedias de santos y dramas históricos en el primer cuarto de siglo, hubo una reacción que originó la composición de obras de escenificación mucho más sencilla, como son, por ejemplo, las de Moreto y otros epígonos de Calderón. Nuevas técnicas de escenificación, traídas a España a mediados de siglo por profesionales italianos como Cosme Loti y Baccio del Bianco[18], se reservaron para las fiestas palaciegas, algunas de las cuales, sin embargo, fueron después llevadas a los corrales[19]. Pero estas piezas constituyen un género aparte, del cual no nos vamos a ocupar hoy.

---

[15] William H. Shoemaker, «Windows on the Spanish Stage in the Sixteenth Century», *Hispanic Review*, 11 (1934), pp. 303-18.

[16] J. E. Varey, «Sale en lo alto de un monte: un problema escenográfico», de próxima publicación en *Hacia Calderón. Coloquio Anglogermano*.

[17] Como dice Barbara Tuchman del siglo XIV, «120 years ago was but yesterday insofar as change was expected»: *A Distant Mirror: The Calamitous 14th Century*, New York, Ballantine Books, 1979, p. 476.

[18] Dos trabajos recientes que mencionan a estos dos escenógrafos italianos son S. B. Whitaker, «Florentine Opera Comes to Spain: Lope de Vega's *La selva sin amor*», *Journal of Hispanic Philology*, 9 (1984), pp. 43-66, y Frederick A. de Armas, «The Betrayal of a Myth: Botticelli and Calderón's *Apolo y Climene*», *Romanische Forschungen*, 98 (1986), pp.304-23.

[19] Según el anónimo-copista-cronista del Ms. 14.614 de *La fiera, el rayo y la piedra* de Calderón (Biblioteca Nacional de Madrid), la fastuosa representación que se hizo de esta comedia en el Palacio Real de Valencia el 4 de junio de 1690 fue luego llevada «con todo el artificial aparato de la fiesta» al corral de la Olivera, donde se representó por muchos días. Véase la

Los siguientes ejemplos servirán para dar una idea de la variedad de decorados que se utilizaban en los teatros comerciales del Siglo de Oro. Tirso de Molina especifica que se muestre «*vna sierra muy difícil*», «*llena de riscos, peñas y espesuras, de matas, lo más virisímil, y áspero que se pueda*» en *Las quinas de Portugal*[20]; el portal de la Adoración en la *Vida y muerte de Herodes*; una campana de una chimenea por la que se asoma un personaje colgado de un cordel, vendados los ojos, y atadas las manos, en *Amar por señas*; una tienda en *El Aquiles*; una cárcel en *El condenado por desconfiado*; y un sepulcro en *El burlador de Sevilla*. Lope de Vega, por su parte, necesita un templo para *La Arcadia*; una cama cerrada con sus colgaduras para *El médico de su honra*; una huerta para *El remedio en la desdicha*; y un altar para *El premio de la hermosura*. El valenciano Tárrega requiere una arboleda para *El prado de Valencia*; Rodrigo de Herrera demanda una enramada con unos escalones para *Del cielo viene el buen rey*; y el doctor Juan Pérez de Montalbán prescribe un estrado para *No hay vida como la honra*. Como vemos, los actores del siglo XVII tenían a su disposición una extensa gama de decorados escénicos, desde el adorno más complejo al objeto más humilde.

Los adornos y decorados eran parte esencial del espectáculo teatral en los teatros comerciales. Habría, sí, algunas comedias que no los utilizaran, como las de capa y espada (que se llamaban así precisamente porque todo lo que se necesitaba para su escenificación eran las capas y espadas de los galanes), pero, en mi opinión, los escenarios de los teatros, sobre todo los permanentes, estaban casi siempre «adornados»[21]. Por lo general, el público no solamente esperaba que se utilizasen adornos, sino que lo exigía. En 1648 una Opinión

---

magnífica transcripción de este Ms. hecha por Javier Portús, con Introducción por Manuel Sánchez Mariana, publicada en Madrid por el Ministerio de Cultura en 1987. La cita se encuentra en la pág. 194.

[20] Ms. Res. 126 en la Biblioteca Nacional de Madrid.
[21] Se ha dicho a menudo que el teatro español del Siglo de Oro no era un teatro visual, que las palabras de los personajes suplían la ausencia de decorados. Para probarlo se han aducido múltiples descripciones en el diálogo que, se nos dice, prueban que no había decorados en escena, pues de haberlos habido no hubieran tenido necesidad los personajes de describirlos con tanto detalle. Lo falaz de este argumento queda demostrado en una obra como *El purgatorio de san Patricio* de Calderón, donde, en su segunda jornada, Ludovico quita la capa a un embozado que le sale al paso y descubre «una muerte». A pesar de que los espectadores verían esa visión horrorífica al mismo tiempo que Ludovico, éste sin embargo la describe con todo detalle a Paulín momentos después: «¿Viste, por dicha, / un cadáver temeroso, / un muerto con alma, un hombre / que en el armadura sólo / se sustentaba, la carne / negada a los huesos broncos, / las manos yertas y frías, / el cuerpo desnudo y tosco, / de sus cóncavos vacíos / desencajados los ojos?» (véase mi edición crítica de esta comedia, publicada por Liverpool University Press en 1988). Este ejemplo, y otros muchos que se podrían aducir, demuestra que la presencia de un objeto o adorno en escena no es óbice para que sea descrito por los personajes. Las descripciones no siempre eran sustituto, sino complemento de la parte visual del espectáculo y servirían más que nada para realzar el efecto probablemente pobre de los decorados y efectos especiales. *Cfr.* Segismundo cuando llama brocados a las cortinas que cubrían el fondo del escenario en *La vida es sueño* (Véase mi artículo «The Staging of Calderón's *La vida es sueño* and *La dama duende*», *Bulletin of Hispanic Studies*, 64 (1987), p. 57).

del Consejo de Castilla declara que la popularidad de las representaciones escénicas se debe, en primer lugar, a que los espectadores «Ban a ber allí (...) lo adornado del teatro y de las aparienzias»[22]. Pero ya en 1609, Nicolás de los Ríos protestaba de que estaba gastando demasiado dinero «en los gastos que se ofrecen en los adornos y apariencias de los tablados, los cuales importan para que la gente acuda más días a oyr las comedias»[23]. Adornos y apariencias: dos cosas diferentes. Los decorados, o por mejor decir los adornos, formaban parte de los contratos que los autores tenían que firmar cuando iban a representar a las fiestas de los pueblos, como sucede con el que subscribieron Alonso Riquelme y el mismo Lope de Vega, como fiador suyo, en Toledo el 22 de mayo de 1606, donde se especifica que «irá el dicho Alonso Requelme a la dicha villa de Oropesa con su conpañía la víspera de San Juan de junio primero deste dicho años por la mañana, a hacer e que hará el dicho día de señor San Juan por la tarde en la dicha villa en la parte que le fuere señalado una comedia y el día siguiente, que es domingo, por la tarde otra, y el lunes siguiente por la mañana otra, y las comedias han de ser *El hombre de bien*, y *El secretario de sí mismo*, y *La obediencia laureada*, bien fechas con sus adornos y entremeses y bailes...»[24]

Los encargados de los adornos, apariencias y tramoyas eran los guardarropas. En un documento en papel sellado de 1675 leemos que «Juan Baptista Fernández (...) y Gabriel Gerónimo y Esteuan de Palacios, todos tres guardarropas de las conpañías de representantes de esta Corte», protestan contra un impuesto a «altareros y tramoyeros», diciendo que «nuestro exercicio tan solamente se estiende a hazer los teatros para las comedias de los corrales, Palacio y el Retiro, y las tramoyas para ellas y para los carros de los autos del Corpus, y si alguna vez ha sucedido trauajar en algun altar ha sido por habernos llamado los maestros pagándonos nuestro jornal»[25].

Notemos que su trabajo consistía no solamente en hacer las tramoyas, sino también los teatros, es decir los adornos y apariencias que se mostraban en la fachada interna del escenario. Había, pues, cuatro ingredientes principales del espectáculo teatral: vestuario, adornos (jardines, cuevas, etc.), apariencias (*tableaux vivants*) y tramoyas.

Como señala Keir Elam, para la evocación del espacio teatral, los actores

---

[22] J. E. Varey y N. D. Shergold, *Fuentes para la historia del teatro en España, III. Teatros y comedias en Madrid: 1600-1650*, London, Tamesis, 1971, p. 169.

[23] Sentaurens, *Seville et le théâtre*, p. 292.

[24] Francisco de B. San Román, *Lope de Vega, los cómicos toledanos y el poeta sastre*, Madrid, Góngora, 1935, p. 126. Las tres comedias mencionadas son de Lope. El testimonio independiente de un viajero bastará para demostrar el uso generalizado de estos adornos. Louis Riccoboni en su libro *Réflexions historiques...* (Paris, 1738), menciona que cuando la escena estaba ocupada por decorados, el alcalde, que se sentaba generalmente a un lado del escenario, tenía que colocarse en uno de los aposentos de los alojeros. Citado en Othón Arróniz, *Teatros y escenarios del Siglo de Oro*, Madrid, Gredos, 1977, p. 69.

[25] J. E. Varey y N. D. Shergold, *Fuentes para la historia del teatro en España, V. Teatros y comedias en Madrid: 1666-1687*, London, Tamesis, 1974, pp. 111-12.

han estado utilizando o adaptando, por lo menos desde el Renacimiento, ciertos códigos y convenciones propios de las artes plásticas[26]. No es posible comprender la escenificación en los teatros comerciales del Siglo de Oro sin tener en cuenta la influencia ejercida por el arte religoso, tanto en sus manifestaciones en altares y pasos de procesiones como en la pintura. En una escena de *Doña Beatriz de Silva* de Tirso de Molina, por ejemplo, se imita, claramente, la disposición de figuras en un típico retablo de altar al presentar siete imágenes inmóviles en siete de los nueve espacios o nichos al fondo del tablado[27]. En las siguientes acotaciones vemos que los dramaturgos estaban imitando conscientemente representaciones pictóricas bien conocidas del público, como, por ejemplo, hizo en 1960 Antonio Buero Vallejo al final de sus *Las Meninas*:

> *descúbrese un portal de heno, romero y paja, lleno de copos de nieue, y en él, la adoración de los Reyes como se pinta* (Tirso, *Vida y muerte de Herodes*)[28],

> *aparece María de la manera que la pintan en la Anunciación* (Guillén de Castro, *El mejor esposo San José*)[29].

Por otro lado, algunos de los decorados que se mostraban detrás de las cortinas se utilizaban también de una manera realista, casi como decorados modernos. Por ejemplo, en *La cisma de Inglaterra* de Calderón, el aposento donde está escribiendo Enrique en la primera jornada y el trono donde aparece con la Reina, Volseo etc., en la segunda pueden ser representaciones bastante fieles de un aposento privado y de un trono, pero con la característica adicional de desbordarse del espacio donde se encuentran para convertir el tablado vacío en una antesala de las habitaciones privadas del Rey en el primer caso y en el salón del trono en el segundo. Esto no quiere dar a entender, sin embargo, que los actores del siglo de oro pretendieran conseguir la ilusión de la realidad de un decorado moderno. Había en estos decorados una mezcla de elementos realistas y convencionales que resultaría muy extraña a un público moderno acostumbrado al realismo del cine y la televisión. El espectador medio del siglo XVII poseía, sin embargo, la capacidad, instigada por el actor, de imaginarse el lugar donde sucedía la acción como si fuese real, aun sabiendo que era pura representación. Si las cortinas que cubrían el fondo del escenario en algunas escenas de *La vida es sueño* se convertían en los brocados que adornaban los salones del palacio de

---

[26] Keir Elam, *The Semiotics of Theatre and Drama*, London, Methuen, 1980, p. 67.
[27] Véase mi artículo sobre «La puesta en escena de *La mujer que manda en casa*», *Revista Canadiense de Estudios Hispánicos*, 10 (1986), pp. 237-38.
[28] *Qvarta Parte de las Comedias del Maestro Tirso de Molina*, Madrid, María de Quiñones, 1635, fol. Bb1v.
[29] *Obras de Guillén de Castro*, Madrid, Revista de Archivos, 1926, t. II, p. 571a.

Basilio era sencillamente porque los actores las trataban como tales. El público sabía que el corredor del nivel intermedio no era la muralla de una ciudad, pero si el actor la utilizaba como tal, muralla sería hasta que el actor decidiese otra cosa. Lo importante no era que lo imaginario se representase de una manera realista, sino que los actores se comportasen y lo tratasen como si fuera real[30].

La idea de la verosimilitud teatral en el siglo XVII tiene mucho en común con la de un teatro moderno experimental con el escenario circular, donde unos cuantos objetos, más o menos realistas, pueden dar al público una idea bastante exacta del lugar donde se desarrolla la acción. Como los teatros del Siglo de Oro, los escenarios circulares también carecen de proscenio y han de recurrir, por tanto, a esta semiotización del objeto teatral, con lo cual se da a entender que lo importante no es el objeto en sí, sino su significación y connotación[31].

Convencionalmente un escenario representa o sugiere un espacio que no coincide con el espacio real que ocupa, ya que casi siempre lo excede. Este principio es aplicable en los escenarios del Siglo de Oro a los adornos y decorados que se mostraban en la fachada interna del teatro, los cuales poseían una función sinecdótica, o metonímica, en el sentido de que pretendían ser sólo una parte del todo que representaba el tablado vacío[32]. Cuando en la primera jornada de *El alcalde de Zalamea* de Calderón, las actrices que hacen los papeles de Isabel e Inés salen a una ventana, que seguramente era un simple bastidor con rejas situado en el balcón intermedio, la fachada interna del teatro se transforma sinecdóticamente en la fachada de la casa de Pedro Crespo, y el tablado, en la calle donde se encuentra esa casa. Similarmente, el descubrimiento de una mesa con su silla y recado de escribir, al comienzo de *La cisma de Inglaterra*, convierte el tablado vacío en una especie de antesala de los aposentos del rey[33]. *El águila del agua* de Luis Vélez de Guevara utiliza una interesante variación de este efecto. En un momento de la tercera jornada, cuando el tablado está vacío, una acotación indica que «*se descubra una galera en la parte que más a propósito fuere*», seguramente en uno de los espacios del corredor intermedio. La galera en cuestión es una de las galeras turcas en la batalla de Lepanto. Sobre su proa sale Luchalo, que dice unos 60 versos animando a sus soldados. Una nueva acotación indica entonces: «*Cúbrase la galera tocando el clarín y vuelvan a salir al tablado, que representa la Real, el señor don Juan [de Austria]*, don

---

[30] Véase, por ejemplo, B. L. Joseph, *Elizabethan Acting*, New York, Octagon Books, 1979, esp. pp. 109-12.

[31] Como dice Keir Elam en su *The Semiotics of Theatre and Drama*, (cit.), «the only indispensable requirement that is made of the stage sign-vehicle is that it successfully stands for its intended signified» (p.8).

[32] Los estructuralistas prefieren denominar este tipo de sustitución «metonimia escénica»: *Ibíd*, p. 28.

[33] Véase la edición preparada por Francisco Ruiz Ramón, Madrid, Castalia, 1981, p. 75.

Lope [de Figueroa].» De esta manera indirecta, el tablado vacío se ha convertido en la cubierta de la nave capitana de la armada española[34].

Cuando una comedia necesitaba adornos múltiples para su representación, esto es, cuando se empleaban diferentes adornos para denotar diversos lugares escénicos, la función sinecdótica adquiría importancia cardinal. *La mujer que manda en casa*, de Tirso, requiere, aparte de tramoyas y palenques, los siguientes adornos y decorados: una reja, una torre con ventana, unas peñas muy altas, un balcón, una mesa con un aparador debajo de un jardín, un huerto, un bufete con tres fuentes, y un montón de piedras ensangrentadas. Cada uno de estos adornos designaba sinecdóticamente un lugar diferente, y no podían, por tanto, mostrarse simultáneamente. Cuando se descubrían las peñas en lo alto, el público sabía que la acción que se desarrollaba en el tablado vacío transcurría en un espacio rústico; cuando aparecía la ventana en el balcón intermedio, el cuadro tenía lugar frente a la casa de Raquel, y cuando se mostraba la torre con ventana, los personajes se encontraban frente al palacio de Jezabel[35]. La técnica es parecida a la que emplea Arthur Miller en su drama *After the Fall*, donde el escenario, compuesto de tres niveles escalonados, está también dividido en zonas o territorios, cada uno de los cuales contiene un objeto o trozo de decorado que, sinecdóticamente, lo relaciona con un determinado lugar. Por ejemplo, una torre derruida representa un campo de concentración alemán; una escalera en el centro de la escena está asociada con la casa de los padres de Quentin; una cama al fondo, con la vivienda de Maggie, etc. Cuando los actores se mueven hacia la escalera del centro, iluminada por focos, el público sabe que la acción de esa escena se desarrolla en casa de los padres de Quentin; pero cuando los focos iluminan la cama del fondo la acción se ha trasladado a la casa de Maggie[36]. La diferencia entre el montaje de *After the Fall* y el de *La mujer que manda en casa* estriba en el hecho de que mientras Arthur Miller contaba con la ayuda de las luces y focos eléctricos de un teatro moderno para desplazar la atención del espectador de un lugar a otro, Tirso y Lope sólo disponían de las cortinas que cubrían la fachada interna del teatro y las velas y hachas de luz, que, como veremos después, se encendían para destacar los adornos y decorados que se mostraban allí.

Con la ayuda de decorados y cortinas, el actor del siglo XVII podía cambiar el lugar de la acción de una comedia de una manera tan eficaz como la de muchas producciones modernas que utilizan escenas giratorias. Por ejemplo, en la primera jornada de *No hay vida como la honra* de Juan Pérez de Montalbán, encontramos a Don Carlos, Don Fernando y Tristán, de

---

[34] Véase Michael G. Paulson y Tamara Alvarez-Detrell, *Lepanto: Fact, fiction and fantasy, with a critical edition of Luis Vélez de Guevara's «El águila del agua»* Lanham, MD, University Press of America, 1986, vv. 3182-3240.
[35] Para más información sobre la escenificación de esta comedia de Tirso, véase mi artículo «La puesta en escena de *La mujer que manda en casa*», citado anteriormente.
[36] Véase Arthur Miller, *After the Fall*, New York, Viking Press, 1964.

pie sobre el tablado vacío, frente a las cortinas cerradas del foro. Refiriéndose a ellas, Don Carlos dice: «Esta es, Fernando, la casa, / llama, Tristán a essa puerta». Tristán «llamaría» a una de las cortinas laterales del espacio inferior. Poco después una acotación reza: «*Descúbrese vn estrado, donde están haziendo labor, Leonor, Estela y Laura*»[37]. Sin que los tres actores se hayan movido del tablado, la escena se ha transformado de esta manera de un exterior de la casa de Leonor en un estrado o habitación interior de su casa. Algo parecido sucede en la tercera jornada de *Sufrir más por querer más* de Jerónimo de Villaizán, donde la acción de la comedia cambia del exterior al interior de un jardín de la siguiente manera: Don Juan y su criado Lirón se encuentran en una calle frente a la puerta de un jardín. Don Juan da a Lirón unas llaves con las que éste abre la puerta. Una acotación dice entonces «*Entran los dos por una puerta, y al salir por la otra, se corre un paño del vestuario, y se descubre un jardín con dos rejas cubiertas de hiedra, y junto a ellas unos asientos*»[38]. El tablado queda así transformado de una calle en un jardín.

Había sólo un decorado, popularísimo en los corrales del Siglo de Oro, que no se mostraba detrás de las cortinas al fondo del escenario. Me refiero al monte al que hace referencia, por ejemplo, Juan de Zabaleta, en su *Día de fiesta por la tarde*, cuando dice de los actores que «si es menester despeñarse, se arrojan por aquellas montañas que fingen con el mismo despecho que si estuvieran desesperados»[39]. Al parecer, se trataba de una rampa con escalones[40]. La rampa sería desmontable y se erigiría antes del comienzo de la representación, dejándose adornada en su lugar hasta el final, o durante los dos o tres días que la obra se mantuviese en cartel. En un artículo de John Varey, todavía inédito, se encuentran documentos teatrales que especifican gastos de 15 y 25 reales «de los montes»; de 3 reales «de la rama para el monte»; y de 20 reales «de los dos montes y el apeo», que seguramente significaba la erección del monte[41]. A menudo, como indica el último dato, se necesitaban dos montes. En la segunda jornada de *La creación del mundo*, de Lope de Vega, leemos la siguiente acotación:

Vanse (Adán y Eva), y sale Abel por una puerta con un cordero al ombro, y Cayn por otra con un manojo de espigas, y van subiendo cada uno por su monte, divididos.

---

[37] Véase Juan Pérez de Montalbán, *Para todos. Exemplos Morales, Hvmanos y Divinos*, Huesca, Pedro Blusón, 1633, fol. E5r.

[38] *Dramáticos contemporáneos de Lope de Vega*, tomo segundo, ed. Ramón de Mesonero Romanos, BAE, XLV, Madrid, Ediciones Atlas, 1951, p. 398.

[39] Juan de Zabaleta, *El día de fiesta por la mañana y por la tarde*, ed. Cristóbal Cuevas García, Madrid, Castalia, 1983, p. 313.

[40] Véase mi artículo «Hacia una metodología para la reconstrucción de la puesta en escena en los teatros comerciales del Siglo de Oro», en *Criticón* 42 (1988), pp. 81-102..

[41] Citado en la nota 16.

Al llegar a la parte superior de sus respectivos montes, Caín y Abel se encuentran un altar donde ofrecen sus sacrificios. Los altares estarían situados en los espacios laterales del balcón intermedio (espacios 4 y 6), detrás de las cortinas, las cuales serían descorridas por los actores para depositar sus ofrendas[42]. Más importante, para establecer la situación exacta de esos montes sobre el tablado, es una acotación en la tercera jornada de esta misma comedia, que dice: «*Súbese (Caín) por el monte huyendo*». Lamech, que lo persigue, pregunta a su hermano Jubal «¿Dónde está?», y éste le responde: «Allí está emboscado». El único lugar donde ha podido emboscarse Caín es en la parte superior del monte, detrás de las cortinas cerradas de uno de los espacios laterales del nivel intermedio. Y efectivamente, poco después, cuando Lamech le dispara una flecha, una acotación reza: «*Cae rodando Caín, atravesadas las sienes con una saeta*». Detrás de las cortinas del balcón intermedio, donde había estado oculto, el actor que hacía el papel de Caín habría tenido tiempo de colocarse la flecha en la cabeza antes de bajar rodando por el monte.

Un problema que todavía no se ha resuelto satisfactoriamente es el del uso de la luz artificial en los teatros comerciales del siglo XVII[43]. ¿Cómo podían los espectadores ver los adornos y apariencias que se mostraban detrás de las cortinas al fondo del escenario sin ayuda de luz artificial? Las funciones teatrales tenían lugar generalmente por la tarde en corrales abiertos a la luz del sol[44]. Como se ve en el plano de Pedro Ribera de 1735, la orientación del corral del Príncipe era de oeste a este, con el escenario en el lado este. Según John Varey esto significa que «during the performance the sun would strike the theatre from the audience's right hand side and would veer round during the performance until the main source of light came from over the right shoulder of a member of the audience who sat facing the stage»[45]. El resultado sería que durante la representación ciertas zonas de la fachada interna del teatro estarían iluminadas por el sol y otras no. Además, las áreas iluminadas variarían según la hora, la estación del año y las nubes que hubiese en el cielo. Imposible en estas condiciones planear de antemano cómo y dónde situar un descubrimiento o adorno para que fuese destacado por la luz del sol. Por otro lado, como señala John J. Allen, la orientación del corral de la Cruz era diferente de la del Príncipe. La Cruz estaba situado de

---

[42] Cito de la suelta sin año ni lugar de impresión en *Comedias varias. Parte I, The Comedia Collection*, University of Pennsylvania Library, Research Publications Inc. Microfilm, Reel 12.

[43] El mismo problema existe para los teatros ingleses coetáneos. Véase R. B. Graves, «Shakespeare's Outdoor Stage Lighting», *Shakespeare Studies*, 13 (1980), pp. 235-50.

[44] Sevilla es una excepción a esta regla. Al menos durante el verano, y probablemente a causa del calor, las representaciones tenían lugar durante la noche. Además, los teatros sevillanos estaban techados. Véase Sentaurens, *Seville et le Théâtre*, pp. 305-33; consúltese también J. Sánchez Arjona, *El teatro en Sevilla en los siglos XVI y XVII*. Madrid, A. Alonso, 1887, en especial pp. 79-200.

[45] J. E. Varey, «The Staging of Night Scenes in the *Comedia*», *The American Hispanist*, 2, 15 (1977) p. 14.

norte a sur, con el escenario en el extremo sur[46]. Durante la representación, los rayos del sol caerían, por tanto, detrás de la fachada del teatro, sumiendo a esta en la más completa oscuridad, ya que los espectadores se encontrarían, mirando hacia el sol, en la parte iluminada del corral[47]. Esta es la razón, claro, por la que se necesitaba un toldo, como indica el libro de gasto del teatro del Príncipe de 1582, citado por Casiano Pellicer: «sobre el (patio) se tendía una vela o toldo, que defendía del sol, pero no de las aguas». Esta frase se ha interpretado tradicionalmente como que el toldo defendía a los espectadores del calor de los rayos del sol, pero su función más importante sería defenderles de la luz del sol, difuminándola, para permitirles ver a los actores sobre el tablado.

El público, sin embargo, todavía tendría problemas para distinguir una apariencia como la de Herodes sentado con dos niños ensangrentados en las manos al final de la *Vida y muerte de Herodes*, de Tirso de Molina. ¿Cómo podía esta apariencia tener el deseado impacto visual si los espectadores la veían en la penumbra del fondo del escenario? En algunos casos, como la primera salida de Segismundo al comienzo de *La vida es sueño*, la oscuridad del espacio de las apariencias se prestaría a conseguir el efecto deseado por el dramaturgo. Pero ¿qué sucedería en el caso de descubrimientos de cierta profundidad que utilizaran un telón de foro? En estos casos se utilizaba luz artificial, en forma de velas y hachas, como indican las siguientes acotaciones de comedias de Lope de Vega:

> *Entrense y con música descubran el lienço del vestuario con muchas luminarias en papeles de colores, y Margarita en lo alto (La imperial de Otón)*[48].

> *Descúbrese un lienzo, y hase de ver en el vestuario una ciudad con sus torres llenas de velas y luminarias, con música de trompetas y campanas. (Los hechos de Garcilaso de la Vega)*[49].

> *Da con el báculo y ábrense dos puertas, y vese dentro un altar con luces. (La gran columna fogosa)*[50].

La primera jornada de *La creación del mundo* termina de la siguiente manera: «*Suena un trueno dentro, y aparécese la noche estrellada, y pasa de*

---

[46] J. J. Allen, «El corral de la Cruz», p. 27.

[47] Algo parecido sucedía con los teatros londinenses en la época de Shakespeare, según R. B. Graves: «The most reliable perspective maps of the Bankside —Hollar's and Norden's panoramas, for example— show that the huts of the Hope, the first and second Globe, and probably the Rose were at the southwest, exactly the direction from which the sun shone during performances and at which the stage was illuminated most poorly» («Shakespeare's Outdoor Stage Lighting», p. 240).

[48] Lope de Vega, *Octava parte de svs comedias*, Barcelona, Sebastián de Cormellas, 1617, fol Bb5r.

[49] *Obras de Lope de Vega*, ed. M. Menéndez Pelayo, BAE CCXIV, Madrid, Atlas, 1968, 415b.

[50] *Obras de Lope de Vega*, ed. M. Menéndez Pelayo, BAE, CLXXVII, Madrid, Atlas, 1964, 266a.

una parte a otra del teatro, tronando y dejándolo todo negro y obscuro»[51], evidencia de que tenía que haber luces en la fachada del teatro, pues de no haberlas, resultaría imposible dejarlo todo oscuro.

La primera jornada de *La Baltasara*, compuesta por Luis Vélez de Guevara (la segunda jornada es de Antonio Coello y la tercera de Francisco de Rojas)[52], describe el comienzo de una típica representación en el corral de La Olivera de Valencia. Como anuncia uno de los personajes, la comedia que va a representar el autor de turno, Heredia, a las tres de la tarde del martes en que se desarrolla la acción, es la gran *Comedia del Saladino*, compuesta por el Licenciado Payo. La función empieza, como es de rigor, con «Los moços de la Comedia (que) vienen ya con sus guitarras, (y) con harpas», como dice el Vejete espectador. El comienzo de la representación se indica con el siguiente diálogo:

DENT.	Salgan, salgan, salgan, salgan.
RODR.	Ya la gente mosquetera
	para que empiezen les gritan.
ALU(ARO)	No hay quien se burle con ella.
1.	Empiecen.
2.	Porque no empieçan?
1.	Hachas.
2.	Loa. (fol. A4r).

Vemos que lo primero en aparecer, después de los músicos, pero antes de la loa, son las hachas, o antorchas de cera. Como la función no ha empezado, los espectadores todavían no saben, claro, si esta comedia necesita hachas o no. Este trozo de diálogo sugiere, pues, que era convencional anunciar el comienzo de la representación con luces artificales, tal como hoy se anunciaría con el encendido de los focos eléctricos. Las hachas estarían situadas a los lados del espacio central del nivel inferior, o de las apariencias, o de cualquier otro espacio que tuviese que ser iluminado.

En el cuarto de *Los diálogos de Leone di Somi*, compuesto seguramente en 1565, vemos que la iluminación artificial no sólo se utilizaba frecuentemente en los teatros italianos de aquella época, sino que poseía ya un uso convencional. Uno de los interlocutores, Veridico, declara que la viva iluminación en el escenario se debe utilizar principalmente para las comedias, pero que él mismo empleó este tipo de iluminación para el comienzo de una tragedia. Sin embargo, tan pronto como ocurrió el primer incidente trágico, hizo que la mayor parte de las luces del escenario fueran extinguidas para crear una impresión de horror y luto en el público. Veridico también explica el uso de cristales transparentes o de color que se colocaban delante de las

---

[51] Ed. cit. en n. 42, fol. A6.
[52] Publicada en la *Primera parte de las Comedias escogidas de los mejores ingenios de España*, Madrid, Domingo García y Morras, 1652, fols 1-16.

antorchas o velas (recordemos las luminarias en papeles de colores a que Lope alude en la cita de *La imperial de Otón* que vimos más arriba) y la utilización de pequeños espejos para reflejar la luz. Menciona también que lo ideal es iluminar el escenario con más intensidad que el lugar donde están los espectadores porque «un hombre que está en la sombra ve mucho más distantemente un objeto iluminado en la distancia»[53]. Los escenarios del Siglo de Oro español no estaban técnicamente tan avanzados como los italianos del siglo XVI. La iluminación artificial se usaría en ellos solamente para las tramoyas y en el interior de la fachada del teatro, no en el tablado mismo, y únicamente cuando había necesidad de resaltar un decorado, adorno o descubrimiento. Pero dado que el uso de la luz artificial era común en la Italia del siglo XVI no es de extrañar que, con la cantidad de contactos políticos, culturales y comerciales que existían entre las dos penínsulas, el uso de luces artificales en los teatros españoles hubiese sido importado por los italianos. Recordemos que, según Pellicer, en el año 1574 ya estaba en Madrid la compañía de actores italianos de Alberto Ganassa y que en 1583 el mismo Ganassa adelantó dinero para la construcción de algunas ventanas y aposentos en el recién inaugurado corral del Príncipe[54].

El uso de la luz artificial en los teatros palaciegos era, por otro lado, muy común. La representación de *La fiera, el rayo y la piedra* que tuvo lugar en el palacio real de Valencia el 4 de junio de 1690 comenzó a las siete de la noche y concluyó a medianoche. Varias acotaciones confirman que se utilizaron luces artificiales.

> *Acabóse de descubrir la perspectiva de mar y obscurecióse el tablado* (p. 31).
> *Abriose la gruta y viéronse dentro, con sola la poca luz que bastasse distinguirlas, las tres Parcas* (p. 41)[55].

Cuando esta comedia fue llevada al teatro comercial valenciano se hizo, como nos dice al final el copista-cronista que compuso el manuscrito, con «todo el artificial aparato de la fiesta, para que la continuasen en el corral de la plaça de Olivera, como se executó por muchos días», incluyendo, se supone, las luces artificiales.

Finalmente, vamos a tratar, con brevedad, de las tramoyas que se utilizaban en los teatros comerciales. Las tramoyas debían tener un gran parecido a los pasos de Semana Santa y a los altares de algunas iglesias. En un reciente artículo, John Varey encuentra cierta semejanza entre las tramoyas de los teatros comerciales y las que se hacían en las iglesias a fines de la Edad Media[56]. Es significativo a este respecto que, como vimos más arriba, a

---

[53] Citado en Allardyce Nicholl, *The Development of the Theatre*, New York, Harcourt, Brace & World, 1966, pp. 274-75.
[54] Casiano Pellicer, *Tratado histórico sobre el origen y progreso de la comedia y el histrionismo en España*, ed. José Mª Díez Borque, Barcelona, Labor, 1975, pp. 52 y 62.
[55] Las citas están tomadas de la ed. cit. en n. 19.
[56] Varey, «Cosmovisión y niveles de acción», p. 59.

los tramoyistas se les encargaba, a veces, el adorno y construcción de altares. Cabe también mencionar que en Sevilla los hombres que manejaban las tramoyas eran llamados costaleros, nombre que todavía hoy se reserva para los que cargan los pasos de Semana Santa. En 1675, por ejemplo, Laura de Herrera, la arrendadora de la Montería, se quejaba de que «y demás, de gastos que entran cada día que hay las dichas comedias de tramoyas, las cuales comedias cada uno suele durar siete días, que de costaleros que tiran las tramoyas y chirimías y clarines, gasto 2.000 reales»[57].

En *El purgatorio de San Patricio* de Calderón, compuesta en 1628[58], el santo irlandés describe la tramoya de nube por donde desciende un Ángel a finales de la primera jornada con las siguientes palabras:

> Mis grandes dichas no creo,
>   pues una nube mis ojos
> ven de nácar y arrebol,
> y que della sale el sol,
> cuyos divinos despojos
>   son estrellas vividoras,
> que entre jazmines y flores
> viene vertiendo esplendores,
> viene derramando auroras. (vv. 1031-39).

Como indican estos versos, las tramoyas estaban generalmente iluminadas con luz artificial y adornadas con flores. El hecho de que la mayor parte de las acotaciones que describen apariencias y tramoyas no especifique el uso de luces artificiales solamente significa que se daba por entendido. El incendio del Coliseo de Sevilla en 1620 ocurrió, precisamente, a causa de una vela. Según el anónimo cronista de este siniestro:

> Representando en el Coliseo la comedia de San Honofre intitulada *El rey de los desiertos*, que la representó Ortiz y los valencianos, hízose muchos días con 14 apariencias [lo cual no quiere decir que hubiese 14 apariencias, sino que el total de veces que se descubrían estas apariencias y tramoyas era 14 —hubiese sido imposible montar 14 apariencias y tramoyas diferentes en un teatro comercial del Siglo de Oro] (...) Juebes 23 de julio de 1620, a las 8 de la tarde, acabando el postrer paso, en que salía un ángel en una nube, empeçó a encenderse fuego de una vela, que por ser de noche se subió arriba para las apariencias [estas apariencias estarían en el balcón más alto del teatro, donde, como veremos, se armaban las tramoyas, y no eran parte de las tramoyas mismas], y en unos lantiscos se encendió, que por estar ia seco ardió luego, y dio en la nube, de que luego se apartó el ángel por el peligro, y aunque esto se pudo remediar algo, fue tanta la turbación, que no acudieron a el remedio, y

---

[57] Sentaurens, *Seville et le Théâtre*, p. 452.
[58] Véase la Introducción a mi edición crítica publicada por Liverpool University Press en 1988, pp. 20-22.

assí el fuego por el lantisco de las demás apariencias, fue subiendo al techo que por ser de madera y mui seca ardió presto, y de las vigas y tablas que caían abaxo empeçaron a quemarse los bancos y las sillas, y otras maderas ...[59]

No está claro si los lentiscos y la vela se encontraban en la tramoya o en las apariencias, pero el hecho de que la función tuviera lugar por la noche —en contravención de las Ordenanzas de 1608— ya indica que ambas, tramoyas y apariencias, tendrían que haber estado iluminadas con luz artificial.

Generalmente las tramoyas descendían vertical o diagonalmente al tablado. Pero a veces también lo hacían horizontalmente a lo largo del patio, como sucede en *La renegada de Valladolid*, que requiere que cinco personajes vayan en una galera «hasta la mitad del patio»[60]. Estos vuelos por el patio no debían ser muy infrecuentes ya que en un documento de 1675, referido al corral de Príncipe, leemos que «en el aposento del Sr. Presidente se a de poner vn antepecho de yerro que sea de dos medios que abra a vn lado y a otro porque no estorbe a los buelos de las tramoyas»[61]. El aposento del Presidente estaba situado a la derecha del balcón de Madrid, casi en frente del escenario[62].

Encima de la fachada interna del teatro se encontraba el «desván de los tornos», donde se hallaban los tornos, poleas y maderajes de las tramoyas. En un documento de 1693 que especifica ciertas reparaciones en el corral de la Cruz leemos: «Asimismo es necesario echar en el armadura que cubre dicho theatro [entiendase escenario] una biga de tercia de treinta pies de largo (...) y sirue también para que aten las garruchas y bientos de las mutaziones (...)»[63]. Las tramoyas, por tanto, no podían armarse en ese desván, como también pone de manifiesto un documento de 1641 sobre el corral de la Cruz: «en quanto a entablar los techos que cain sobre el tablado de la representazion y el otro cuerpo que ay sobre el patio es nuestro parezer que conuiene se aga por iuitar la fealdad de aquellas desuanes u porque de ordinario cay tierra con los exercicios que se hazen y es penoso para los oientes»[64].

¿Dónde, pues, se armaban las tramoyas y cómo lograban los actores encaramarse en ellas? Al no poder construirse en el desván de los tornos, las tramoyas tenían que estar situadas junto al balcón superior, pero no en el mismo balcón, ya que esto haría imposible su descenso, por el balanceo que

---

[59] Francisco Morales Padrón, *Memorias de Sevilla (1600-1678)*, Córdoba, Monte de Piedad y Caja de Ahorros, 1981, pp. 153-54.

[60] Ms. 17.331 de la Biblioteca Nacional de Madrid.

[61] N. D. Shergold, «Nuevos documentos sobre los corrales de comedias de Madrid», *Boletín de la Biblioteca Menéndez Pelayo*, 35 (1959), p. 272.

[62] Véase Allen, *The Reconstruction of a Spanish Golden Age Playhouse*, pp. 72 y 85.

[63] Shergold, «Nuevos documentos ... 1652-1700», p. 311.

[64] N. D. Shergold, «Nuevos documentos sobre los corrales de comedias de Madrid en el siglo XVII», *Revista de la Biblioteca, Archivo y Museo*, 20 (1951), pp. 407-08.

se ocasionaría al lanzarlas al vacío. Las tramoyas se armaban, pues, colgando en el aire. Para que el público no las viese mientras no fuesen utilizadas, tendrían que estar cubiertas por una cortina o telar que estaría suspendido del techo colgadizo sobre el desván de los tornos. Las palabras de Paulo al comienzo de *El condenado por desconfiado* parecen describir ese telar:

> ¿Quién, ¡oh celestes cielos!
> aquesos tafetanes luminosos
> rasgar pudiera un poco
> para ver...? (vv. 21-24).

Más claramente, en la tercera jornada, cuando el alma de Enrico sube en una apariencia, Paulo describe, quizá algo hiperbólicamente, lo que está viendo el público:

> Grutas y plantas agrestes,
> a quien el hielo corrompe,
> ¿no veis cómo el cielo rompe
> ya sus cortinas celestes?
> Ya rompiendo densas nubes
> y esos transparentes velos,
> alma, a gozar de los cielos,
> feliz y gloriosa subes. (vv. 2778-85)[65].

Estas dos citas muestran que las cortinas podían cerrarse y abrirse para revelar y ocultar las tramoyas al público.

Para facilitar el acceso de los actores a las tramoyas, se quitaban las barandillas que servían de antepecho al balcón superior, como explica un documento de reparaciones al corral de la Cruz de 1641: «en los yntermedios (de los corredores) se hechen sus antepechos de madera o de hierro de berdonçillo, y porque se suelen quitar y poner para hacer tramoyas se pongan de pie a pie clauados o de forma que queden fuertes y se puedan quitar y poner»[66].

Los «tramoyeros» o «costaleros» subían y bajaban las tramoyas desde el nivel inferior, detrás y a los lados del vestuario femenino. Como un ascensor moderno, las tramoyas subían y bajaban por medio de contrapesos, como aclaran dos documentos de reparaciones al Corral de la Cruz. El primero, de 1644 dice: «En los corredores de ençima del vestuario ay que echar tres maderos de a diez y enbrochalarlos, dejando los escutillones para bajar los pesos de las apariencias (...)»[67]. Y el segundo, de 1652: «en el corredor alto se han de hazer tres cotillones [sic] y en el baxo otros tres a plomo de los de arriba...»[68]

---

[65] Las citas están tomadas de la edición de Rogers cit. en n. 11.
[66] Shergold, «Nuevos documentos ... en el siglo XVII», p. 403.
[67] Shergold, «Nuevos documentos ... 1652-1700», p. 246.
[68] *Ibíd.*, p., 261.

Adornos, apariencias, montes y tramoyas no agotan ni mucho menos todos los recursos escénicos que los actores tenían a su disposición en los teatros comerciales del Siglo de Oro. Además de todo tipo de utilería de personaje y utilería de escena, de un variado atrezzo y vestuario, empleaban bofetones, escotillones, palenques, efectos sonoros, animales (tales como caballos, perros, gatos, e incluso toros y leones —aunque estos últimos, a pesar de lo que creía el gran novelista y dramaturgo norteamericano Thorton Wilder[69], deberían ser actores que llevaban una piel de león y no animales vivos—), música, y toda suerte de efectos especiales. Pero la escasez de tiempo nos impide comentar estos elementos, que darían una idea todavía más amplia de la enorme variedad y complejidad de la puesta en escena en los teatros comerciales del siglo XVII. Lejos de ser un teatro auditivo, como cree John Weiger[70] y otros, la comedia de corral era un auténtico banquete de los sentidos, como la califica Tirso de Molina en *El vergonzoso en palacio*, con cuyos versos terminaremos esta breve excursión en el intrincado laberinto de la escenificación de las comedias del Siglo de Oro:

> [DOÑA SERAFINA]
> En la comedia, los ojos
> ¿no se deleitan y ven
> mil cosas que hacen que estén
> olvidados tus enojos?
> La música, ¿no recrea
> el oído, y el discreto
> no gusta allí del conceto
> y la traza que desea?
> Para el alegre, ¿no hay risa?
> Para el triste, ¿no hay tristeza?
> Para el agudo, ¿agudeza?
> Allí el necio, ¿no se avisa?
> El ignorante, ¿no sabe?
> ¿No hay guerra para el valiente,
> consejos para el prudente,
> y autoridad para el grave?
> Moros hay si quieres moros;
> si apetecen tus deseos
> torneos, te hacen torneos;
> si toros, correrán toros.
> ¿Quieres ver los epítetos
> que de la comedia he hallado?

---

[69] Véase su artículo, «Lope, Pinedo, Some Child Actors and a Lion», *Romance Philology*, 7 (1953), pp. 19-25.

[70] Véase John G. Weiger, *Hacia la comedia: de los valencianos a Lope*, Madrid, CUPSA, 1978, p. 43 y el artículo de Alicia Amadei-Pulice, «*El stile rappresentativo* en la *comedia de teatro* de Calderón», *Approaches to the Theater of Calderón*, ed. Michael D. McGaha, Lanham, MD, University Press of America, 1982. pp. 218-19.

> De la vida es un traslado,
> sustento de los discretos,
>   dama del entendimiento,
> de los sentidos banquete,
> de los gustos ramillete,
> esfera del pensamiento,
>   olvido de los agravios,
> manjar de diversos precios,
> que mata de hambre a los necios
> y satisface a los sabios.
>   Mira lo que quieres ser
> de aquestos dos bandos.

A lo cual responde Doña Juana:

>   Digo
> que el de los discretos sigo,
> y que me holgara de ver
> la farsa ... infinito[71].

(Tirso, *El vergonzoso en palacio*, jornada II)[72].

---

[71] Véase la edición preparada por Enrique Rull, Madrid, Alhambra, 1986 vv. 1874-1910.
[72] Los trabajos de investigación para este estudio han sido posibles por una generosa ayuda de *Social Sciences and Humanities Research Council of Canada*.

EL ACTOR Y LA ELOCUENCIA DE LO ESPECTACULAR

Agustín DE LA GRANJA
(Universidad de Granada)

A finales de abril de 1599, mientras festejaba Felipe III su casamiento en el reino de Valencia, se corrió la voz de que se aproximaba el turco: «Era fama por Denia que Morato / estaba (...) en Ibiza, con doce galeotas», explica Lope de Vega, y una noche

> un capitán entró con el aviso,
> estando en la comedia, y a las playas
> pide que marche gente de improviso
> porque han hecho señal las atalayas [1].

El revuelo entre tanto caballero que presenciaba, junto al rey, un «honesto pasatiempo de hora y media» a cargo de Villalba fue tal que, como escribe bellísimamente el Fénix, «esparciose la gente al alboroto / como con tempestad ganado en soto». Las reacciones fueron, en verdad, muy diversas; desde el espectador que —tembloroso— veía ya «de Argel muro y cadena» (pues «hay espadas medrosas como sayas») hasta el amante intrépido «que ofreció a su dueño / las tocas del bonete de Morato». En realidad se trataba de una segunda gran «comedia» minuciosamente preparada, de la que el rey estaba, por supuesto, bien advertido. Así es como, en esencia, se puso en práctica:

> Tocaron a rebato las campanas,
> a la mar disparó balas el muro,
> ocupando terrados y ventanas
> el vulgo, en los peligros mal seguro.
> Y, como está con luces soberanas
> de los cielos poblado el manto escuro,

---

[1] *Fiestas de Denia*, en *Obras escogidas*, ed. Federico Carlos Sáinz de Robles, Madrid, Aguilar, 1987, tomo II, p. 553.

así del fuerte el mirador se puebla
de damas que alumbraron la tiniebla.
　　Estuvieron en arma los soldados
y alerta toda centinela y posta,
discurriendo los márgenes salados
los ligeros jinetes de la costa;
yo conozco dos pechos lastimados,
que llevan esperanzas por la posta,
que armados de su acero y de sus llamas
fueron al fuerte a defender sus damas.
　　Entraban capitanes, y pedían
al César orden; y él, disimulando,
para lo que en tal caso hacer debían
iba las prevenciones ordenando.
Ya los corrillos de la mar decían
que vían los fanales relumbrando,
ya se halla un hombre que a Madrid promete
llevar moros de Argel de siete en siete.

Una noche, en fin, angustiosamente lenta e incierta, en la que más de uno, realmente confundido, debió de lamentarse de la brusquedad con la que el enemigo había truncado los festejos; pero, finalmente, empezó a amanecer, y «el alba —escribe Lope— descendiendo aprisa, / nos descifró la burla con su risa».

　　Buenos actores habría detrás de todo esto, pues lograron mantener la tensión y la mentira entre los invitados durante la larga noche. Y es que ese espectáculo, que repentinamente se vuelca sobre otro, representado por la compañía de Melchor de Villalba, nos da idea de la facilidad con que en este tiempo se vulnera el espacio de la ficción. Mejor dicho, no existen tales límites: el teatro se incorpora a la vida y la vida misma se convierte a menudo en un teatro donde no importan las palabras. Un caso semejante al que cuenta Lope, por haber tocado a «actores» menos convincentes tuvo consecuencias trágicas. Sucedió en Cádiz, pocos años antes, estando «toda la ciudad» absorta en una comedia, según relata Pedro de Fonseca. Y «oyéndose una voz que avisaba estar los ingleses dentro del puerto y haber ya entrado, pensaron los que asistían a la comedia que era aquello entremés, hasta que el efecto después se lo hizo creer y sentir sin remedio»[2]. He aquí la otra cara de una moneda, al parecer, bastante corriente en la época.

　　Los ejemplos expuestos señalan claramente el poder de convocatoria que tenía el teatro en España ya en los últimos años del Siglo XVI. El rey y la nobleza se divierten, pero también —y a su modo— los «oficiales mecánicos de las ciudades, villas y lugares», como asegura Fonseca, y los «labradores

---

[2] Véase Agustín de la Granja, «Un documento inédito contra las comedias en el siglo XVI: Los *Fundamentos* del P. Pedro de Fonseca», *Homenaje a Camoens. Estudios y ensayos hispano-portugueses*, Granada, Universidad, 1980, p. 182:

que viven en el campo, los cuales todos, por curiosidad y deseo de *ver novedades* (...) dejan sus oficinas, tiendas y labores para ir a las comedias»[3].

Trataremos hoy de recordar algunas de las *novedades* que en la última década del S. XVI y a lo largo del XVII los actores ofrecieron al público; un público en su mayor parte de baja condición social —el «vulgacho embobado», como lo llama Agustín de Rojas—, al que es preciso acallar fundamentalmente con recursos escénicos cada vez más nuevos y sorprendentes. Lo que *dice* el actor y lo que *hace* —la voz y el gesto— no son los únicos puntos de atención ahora (como lo habían sido prácticamente en las *églogas* representadas hasta tiempos de Lope de Rueda). Fuera de las «diez tablas, dos tapices y una alfombra» que, en palabras de Artieda, exigían tales «comedias antiguas», poco más era preciso entonces desde el punto de vista escenográfico. Con el final del siglo aumentan, progresivamente, otras «novedades»: desde el mayor esmero y ornamentación en el vestir y en la caracterización externa (en general) de cada personaje hasta la aparición de unas nuevas tendencias escénicas —como se dice hoy— que potencian el espectáculo teatral, coincidiendo todo con la fijación definitiva de numerosos espacios especialmente habilitados para el esparcimiento de hombres y mujeres: los corrales públicos de comedias[4].

Algunos testigos privilegiados de estos cambios fueron Cervantes y Lope de Vega, dos hombres que en lo personal no se llevaron demasiado bien, pero que —como poetas cómicos— sintieron en sus carnes, cada uno en un momento distinto de la historia, los vertiginosos cambios de apreciación estética de sus contemporáneos. Los actores, por su parte, también hubieron de plegarse, con sumisión y rapidez, a las exigencias del fiero vulgo, entre las cuales no era la menos importante la demanda de esas *novedades* «espectaculares» conocidas a la larga con el nombre genérico de «tramoyas».

En lo que se refiere a la aportación de Cervantes, creo que la mayor parte de los críticos no han hecho justicia. Bien es verdad que ni aún en su tiempo le fueron reconocidos demasiados méritos. Ninguno, me parece, desde los primeros años del Siglo XVII, en que se inicia lo que Agustín de Rojas llamó el «tiempo dorado» de la comedia (más adelante me referiré a esta importante declaración). Las razones de la mala suerte cervantina son complejas y no siempre fáciles de explicar: alguna dejadez personal debió de haber también en el escritor. Sin embargo, para bien o para mal, Cervantes atendió —más que Lope y tanto como Luís Vélez o Calderón— a los aspectos escenográficos de la *comedia*: no inventando, tal vez, sino potenciando,

---

[3] *Ibíd.*, pp. 180-81.
[4] A estas observaciones generales conviene añadir las que ofrece John Weiger en «La conciencia de la nueva orientación teatral de fines del Siglo XVI vista a través de la obra de Artieda», *Hispania*, 68, 1 (1985), pp. 15-21, sin olvidar a Juan de Oleza y su sugestiva «Hipótesis sobre la génesis de la comedia barroca», *Cuadernos de Filología*, III, 1-2 (1981), pp. 9-44.

con sumo cuidado y plena conciencia, lo visual del espectáculo[5]. Algo, por lo demás, que habría visto más de una vez puesto en práctica por los jesuitas. Mientras que, coincidiendo con el cambio de siglo, Lope se orientaba, con pocas excepciones, «hacia una creación dramática (...) sin más mediación que la voz, gesto y acciones del representante», en palabras de E. Asensio[6], resolviendo satisfactoriamente sus espectáculos destinados a los corrales con elementos tan simples como una carta, un vaso de agua o un guante, a decir de un contemporáneo, Cervantes permaneció siempre aferrado al *aparato escénico*, dejándonos, por ejemplo, acotaciones de este tenor[7]:

> Traen al santo tendido en una tabla, con muchos rosarios sobre el cuerpo; traenle en hombros sus frailes; suena lejos música de flautas o chirimías.
> (*Rufián dichoso*, p. 370).

> Alima, con un velo delante del rostro, en lugar de Zara; llévanla en unas andas en hombros, con música y hachas encendidas, guitarras y voces y grande regocijo, cantando los cantares que yo daré.
> (*Baños de Argel*, p. 268-69).

> Suenan las chirimías; comienzan a poner luminarias; salen los garzones del Turco por el tablado, corriendo con hachas y hachos encendidos.
> (*La gran sultana*, p. 456).

> Sale Porcia cubierta con el manto (...), con la mitad del acompañamiento enlutado y la otra mitad de fiesta: el verdugo al lado izquierdo, desenvainando el cuchillo, y al siniestro el niño, con la corona de laurel; los atambores sonando triste y ronco, la mitad de la caja de verde y la otra mitad de negro, que será un extraño espectáculo.
> (*El laberinto de Amor*, p. 533).

En este extraño espectáculo salía Porcia «cubierta con el manto». Cuando Cervantes dispone, en *El rufián dichoso*, que otra actriz aparezca también «con su manto» (p. 309), sabe que el público reconoce instantáneamente —por la vestimenta— que la mujer ha salido a la *calle*. Lo mismo pasa en una mojiganga calderoniana que empieza con la acotación: «Salen María de Prado, con manto, y Bernarda con otro manto». El espectador imagina automáticamente «la calle», y sabe que esa primera acción transcurre en

---

[5] Esta preocupación la destacó J. E. Varey, en un artículo titulado «El teatro en la época de Cervantes», recogido después en su importante *Cosmovisión y escenografía: el teatro español en el Siglo de Oro*, Madrid, Castalia, 1987, pp. 205-16. En las páginas que siguen encontrará el lector muchas coincidencias con lo expresado en ese trabajo, si bien me permito hacer un par de interpretaciones distintas de los mismos textos cervantinos.

[6] Eugenio Asensio, «Tramoya contra poesía. Lope atacado y triunfante (1617-1622)», *Teoría y realidad en el teatro español del Siglo XVII. La influencia italiana*, Ed. Francisco Ramos, Roma, I. E. de C., 1981, p. 269.

[7] Todas las citas remiten, en lo sucesivo, a Miguel de Cervantes, *Teatro completo*, ed. introd. y notas de Florencio Sevilla Arroyo y Antonio Rey Hazas, Barcelona, Planeta, 1987.

dicho lugar. Pero es el caso que, por el diálogo que inician María y Bernarda en la obra que comentamos[8], hay que deducir que están *en el interior* de la vivienda de una de ellas. María de Prado —que hace de sobrina hambrienta— ruega a su tía que busque un trozo de pan, aunque sea duro:

> mire si, por dicha, en casa,
> hay fiambre algún mendrugo.

La respuesta de la tía, igualmente hambrienta, no se hace esperar:

> sobrina de mis entrañas,
> por no haberle y por buscarlo,
> *puesto este manto* me hallas,

es decir, se disponía, en ese momento, a salir a la *calle*. Un manto, no cabe duda, es, al mismo tiempo que una caracterización escénica visual, un oportuno referente que indicará siempre al público que el personaje femenino que lo lleva actúa en «la calle». En *El rufián dichoso* se matiza un poco más cómo tenía que *salir* la actriz: «no muy aderezada, sino honesta», puntualiza Cervantes. Podríamos pensar nosotros que lo que el dramaturgo pretende es que esa mujer aparezca ante los ojos del espectador no demasiado arreglada (es decir, sin excesivas pinturas en su rostro) y manteniendo —por otro lado— la «compostura, modestia y moderación (...) en las acciones y palabras», que es como define *honestidad* el *Diccionario de Autoridades*. Claro que el mismo diccionario enseguida dice que honestidad «vale también la (...) pureza, contraria al vicio de la lujuria», lo que nos hace vacilar sobre el sentido recto de la acotación cervantina. Hay que esperar un poco y escuchar a la actriz para darse cuenta de que ni sus palabras ni sus pretensiones exigen, en este caso, un comportamiento *honesto* en el sentido de acción humilde o moderada; más bien todo lo contrario, pues se ha lanzado a la calle, osadamente sola, en busca de su galán:

> ANTONIA: Si ahora yo le hallase
> en su aposento, no habría
> cosa de que más gustase;
> quizá a solas le diría
> alguna que le ablandase.
> Atrevimiento es el mío;
> pero da[n]me esfuerzo y brío
> estos celos y este amor,
> que rinden con su rigor
> al más exento albedrío.
> (p. 309)

---

[8] Véase Agustín de la Granja, «Doña Bárbula *convida*: texto, fecha y circunstancias de una mojiganga desconocida de Calderón», *Criticón*, 37 (1987), pp. 117-68.

Digámoslo ya: cuando Cervantes indica que la mujer salga «no muy aderezada, sino honesta» está sencillamente revelándonos hacia dónde se inclinó en una cuestión bastante debatida: para él los afeites femeninos eran signos visibles de deshonestidad. Un *deshonesto*, en el Siglo de Oro, era casi equivalente a un despertador de lujuria; por eso se habla con frecuencia de las acciones «deshonestas o lascivas» en el teatro, y por eso Diego Sánchez de Badajoz explica, en la *Farsa militar*, que el personaje simbólico de la Carne (uno de los enemigos del *Alma*) debe aparecer, coherentemente, ligera de ropa o, como él dice, «en ábito de muger poco honesta»[9]. Esta cuestión levantó polémica, pues, a juicio de los moralistas, esas actrices, mientras interpretaban su papel, no sólo tentaban a sus oponentes en el tablado, sino que ponían también en peligro —seriamente— el alma de los espectadores. Oigamos las quejas de Fonseca, a finales del siglo XVI:

> Para el tal oficio [los comediantes] no buscan sino las [mujeres] de mejor parecer y más desenvueltas, y que tengan más modo y arte para atraer los hombres, así con sus modos de hablar como con sus gestos y meneos, y después que las enseñan a perder todo encogimiento, respeto y vergüenza, las meten en los teatros tales cuales ya ellas entonces pueden estar tan enseñadas y amaestradas en aquella buena doctrina y ejercicio. Pues, siendo esto así, ¿cómo se puede esperar que tales mujeres, deste modo instruidas por hombres desvergonzados y juntamente codiciosos que no quieren más que satisfacer a gente curiosa y sensual para sus ganancias y provechos, cuando ya salen a público, habiendo perdido todo encogimiento natural, dejen de tratar cosas lascivas y provocativas de sensualidad, o por modos lascivos e impúdicos?

De nada vale una censura previa de la representación, se lamenta el moralista:

> porque siempre les quedan fuera los entremeses, los cuales ellos entremeten como quieren. Quedan también fuera los gestos y meneos impúdicos (...) de modo que siempre, por la mayor parte, sus representaciones o serán claramente deshonestas, como las que hacen comúnmente entre gente simple y menos cauta, por villas y otros lugares del reino —o de noche, por casas particulares—, o en las historias que de suyo son honestas mezclarán cosas torpes o modos lascivos para aplauso del pueblo[10].

El pasaje no tiene desperdicio. A la vez que nos ofrece un panorama precioso de la vitalidad de las antiguas compañías, distingue (y reúne a la vez) los «modos de hablar» y los «gestos y meneos», dos pilares básicos sobre los que el representante levanta su edificio teatral. Dos pilares que, si lo pensamos bien, verdaderamente son uno solo, pues, como explica Cova-

---

[9] Diego Sánchez de Badajoz, *Farsas*, ed. de José María Díez Borque, Madrid, Cátedra, 1978, p. 257.
[10] A. de la Granja, «un documento inédito», p. 178.

rrubias, los actores ofrecen «las *acciones* acomodadas a lo que van *recitando*, las quales faltando, se pierde la gracia de quanto se dice»[11].

Dependiendo siempre de la disponibilidad de las propias compañías, alguna vez los actores se exhiben rodeados de animales *verdaderos*; pero eran casos bastante aislados. Cuando un rico avariento ordena a sus criados:

> ¡Estos perros a ese pobre
> le echad, y salga de casa!,

cabe suponer que el discurso podría ya suplir la presencia de un par (al menos) de fieros canes, y que el oyente sólo tenía que imaginarlos. Pero la acotación inmediata nos asegura de que, sin embargo, eran físicamente necesarios: «Toman la *Gula* y la *Avaricia* y desatan los perros, y échanselos a San Lázaro». ¿Qué tipo de animales eran estos? Puesto que, pese a ser azuzados, debían lamer sumisamente, acto seguido, las llagas del santo, tenía que tratarse de perros «inteligentes» que ni por un momento dejasen en mal lugar la Historia Sagrada. No habiendo a mano Cipiones ni Berganzas, habían sido atados con anterioridad «a los pies de la mesa [del avariento] unos muchachos *como* perros»[12].

Si los toros eran, sistemáticamente, hurtados a la vista de los espectadores, sugiriéndose su feroz presencia con voces dadas «desde dentro»[13], prodigados pudieron ser, en cambio, leones y —desde luego— caballos. No me refiero, claro, a ese dibujo de león emblemático que saca «en la una mano» el actor que simboliza a Castilla en *La casa de los celos* mientras va apareciendo «por el hueco del teatro» (p. 178), sino a los que pudieron haber co-protagonizado escenas como esta:

> EMPERADOR. ¿No vienen esos leones?
>   *Sale el leonero, con los leones*
> LEONERO. Ya, señor, está aquí.
> EMPERADOR. (...)
>   ¿Qué aguardas? ¡Haz que acometan!
> EUSTAQUIO. ¡Favor, mi Dios, que en tus manos

---

[11] Sebastián de Covarrubias, *Tesoro de la lengua castellana o española*, Madrid, Turner, 1977, p. 585 (s. v. *farandulero*).

[12] Todas las referencias se hallan en el anónimo *Auto del rico avariento*, Ms. 191 de la Biblioteca «Menéndez Pelayo» de Santander, fols. 66v y 69. Perros que, sin embargo, se me antojan muy de carne y hueso son los que salen en la escena de caza que transcurre por el patio al comienzo de *La mujer que manda en casa*, de Tirso de Molina; véase la ed. crítica de Dawn L. Smith (London, Tamesis Texts, 1984, p. 67) y sobre todo el atinado estudio general de José Mª Ruano de la Haza sobre «La puesta en escena de *La mujer que manda en casa*», *Revista Canadiense de Estudios Hispánicos*, X, 2 (1986), pp. 235-46.

[13] Véase otra vez Tirso, *Marta la piadosa*, en la cuidada ed., estudio, bibliografía y notas de Ignacio Arellano, Barcelona, PPU, 1988, pp. 109-12, o Lope, *Peribáñez y el Comendador de Ocaña*, ed. de Juan Mª Marín, Madrid, Cátedra, 1986, pp. 65-71. Consideré otro caso lopesco en *Del teatro en la España barroca: discurso y escenografía*. Granada, Universidad, 1982, p. 48.

se ofrecen estos cristianos
que a tal rigor se sujetan!
Van corriendo las fieras hacia los santos y en llegando a ellos se amansan y echan a sus pies.

Como sabemos muy bien, Cervantes también recurrió a un efecto parecido en *Los tratos de Argel*; allí «échase a dormir [un cautivo] entre unas matas y sale un león y échase junto a él, muy manso»[14]. Que todos estos «leones» eran actores disfrazados parece cuestión indiscutible. Como lo es, desde luego, el pago que efectúa el ayuntamiento madrileño en 1679 por «vn bestido de pieles para el leon» y «una cabeça para el leon de pasta», tras las representaciones de las fiestas del *Corpus*[15].

También se simulaban los caballos cuando se sacaban en lo alto del tablado (como aquel «caballo de madera» que costó cincuenta reales en 1671)[16], pero lo más frecuente y espectacular (no digo *sorprendente*, pues nadie se extrañaba) era pasearlos al vivo entre los espectadores, con riquísimos jaeces. La moda era antigua, si creemos a Agustín de Rojas, quien se refiere a una serie de innovaciones plástico-visuales nacidas en una época inmediatamente anterior a la suya. Fue un tiempo —dice— en que se usaron

Las comedias de apariencias,
de santos y de tramoyas
(...)
eran las mujeres bellas,
vestíanse en hábito de hombre,
y bizarras y compuestas
a representar salían
con cadenas de oro y perlas.
Sacábanse ya caballos
a los teatros, grandeza
nunca vista hasta este tiempo,
que no fue la menor de ellas.
En efecto, éste pasó;
llegó el nuestro, que pudiera
llamarse el tiempo dorado[17].

Los importantes detalles escénicos a que se refiere este actor y escritor se advierten puestos en práctica, absolutamente todos, por Miguel de Cervantes. Dice un soldado, en el *El gallardo español* (pp. 20-21):

---

[14] Cervantes, *Teatro*, p. 900. El pasaje anterior se encuentra en mi ed. de *La vida de San Eustaquio, comedia jesuítica del Siglo de Oro*, Granada, Universidad, 1982, pp. 541-42.

[15] Véase N. D. Shergold y J. E. Varey, *Los autos sacramentales en Madrid en la época de Calderón (1637-1681). Estudios y documentos*, Madrid, Ed. de Historia, Geografía y Arte, 1961, p. 345.

[16] *Ibíd.*, p. 229.

[17] Agustín de Rojas Villandrando, *El viaje entretenido* (Madrid, 1603): ed., introd. y notas de Jacques Joset, Madrid, E. Calpe, 1977, vol. I, pp. 144-45.

> Señor, con ademán bravo y airoso,
> picando un alazán, un moro viene
> y a la ciudad se acerca presuroso.
> (...)
> Puedes, si gustas, verle desde el *muro*.
> DON ALONSO. Bien de aquí se descubre; ya le veo.

Enseguida «entra Alí Muzel a caballo, con lanza y adarga». La aparición y el avance del jinete no podía ser sino desde las puertas del corral hasta el tablado, cogiendo a parte del público de espaldas. Mucho más elocuente y espectacular debió ser el desarrollo escénico de esta otra minuciosa acotación cervantina, correspondiente a *La casa de los celos* (p. 113):

> Apártase Malgesí a un lado del teatro, saca un libro pequeño, pónese a leer en él, y luego sale una figura de demonio por lo hueco del teatro y pónese al lado de Malgesí; y han de haber comenzado a entrar *por el patio* Angélica, la bella, *sobre un palafrén*, embozada y lo más ricamente vestida que ser pudiere; traen la rienda dos salvajes vestidos de yedra o de cáñamo teñido de verde; detrás viene una dueña sobre una mula con gualdrapas; trae delante de sí un rico cofrecillo y a una perrilla de falda; en dando una vuelta al patio la apean los salvajes y va donde está el Emperador.

Desde el punto de vista técnico, la subida de la actriz al tablado se hacía, ante los ojos de los espectadores, aprovechando una rampa o palenque adosado a aquél de antemano. Eso es lo que se hizo también en una interesantísima loa entremesada que vio la luz en 1667. En esta obrita se hace sonar un clarín y «sale por el patio, a cauallo, Francisca Verdugo, con espada y sombrero de plumas». Tras recitar un romance, «apease del cauallo y sube al tablado por vn palenque que ha de auer desde los taburetes»[18].

Mujer, pero justamente «vestida de hombre» requiere la puesta en escena de *El gallardo español* (p. 51), y en la *La entretenida* el dramaturgo sugiere que un actor salga «con una almohada de terciopelo» y otro «con una gran cadena de oro, o que lo parezca...» (p. 615). Cervantes sabe también codificar los gestos del comediante, al exigir que salga con «el dedo en la boca, con pasos tímidos» hasta esconderse «detrás de un tapiz» (*Ibíd*, p. 591); pero cuánta rapidez, por el contrario, cuánta acción sin pausa y hasta esfuerzo físico revelan estas otras indicaciones suyas: «Quítase de la ventana y baja a abrir» (*Baños*, 270), «quítanse del muro» (*Gallardo*, 98), «sube Marfisa por la montaña y vuelven a salir al teatro» (*Casa de los celos*, 130), «se sube a una peñuela, que está en el tablado» (*Numancia*, 921), «sale don Fernando, y va subiendo por un risco» (*Baños*, 195), «aquí se arroja de la torre» (*Numancia*, 990), «arrójase del risco» (*Baños*, 197), «todos han de caer dentro del vestuario» (*Gallardo*, 96), «vase retirando Roldán hacia atrás

---

[18] *Verdores del Parnaso*, ed. de Rafael Benítez Claros, Madrid, C.S.I.C., 1969, pp. 287-305.

y sube por la montaña como por fuerza de oculta virtud» (*Casa de los celos*, 130), etc., etc.

Dudas quedan de la última acotación, que parece hoy un poco enigmática. Cabe pensar que Cervantes contaba ya con el mecanismo que hacía subir en volandas al actor hasta el nivel intermedio de la fachada del teatro (la «montaña») hasta hacerlo desaparecer. Si estoy en lo cierto, Roldán habría tenido que salir con unos galones de tela reforzada en los hombros (las *hombrillas*), a los que disimuladamente habrían sido enganchados dos bastones finos de hierro invertidos (que se llamaban *garabatos*); una maroma, una polea y un contrapeso de plomo ocultos a la vista del espectador completaban la maquinaria, que subiría entonces al actor «como por fuerza de oculta virtud». En *La adúltera perdonada*, un auto sacramental escrito por Lope en 1608, se recurre al mismo procedimiento. Cuando el *Esposo* (Cristo) va a matar a la esposa (*Alma*) que le ha sido infiel al irse con el *Mundo*, la mujer pretende acogerse a la *Iglesia*, que se encuentra oculta, en un trono, en lo alto de uno de los carros. Lope indica que el *Esposo* debe perseguir al *Alma* «con la espada desnuda (...) hasta llegar al vestuario, y allí le ponen los garabatos en las hombrillas». Lo demás no se deriva —como bien se comprende— de ninguna fuerza oculta, sino de seguir hasta el final las instrucciones del dramaturgo: «suéltenla [desde arriba] las plomadas, y desaparece»[19]. En el año 1623 Juan Ruiz de Alarcón quiso llegar demasiado lejos, explotando siempre este juego efectista. Exigía en una de sus comedias que un actor, después de haber «volado», se dejase caer estrepitosamente contra el tablado: «El *Anticristo* sube por tramoya y en lo alto parece un ángel con espada desnuda, y dale un golpe, y cae»[20]. La negativa del actor ante el peligroso lance es bien conocida gracias al malicioso soneto dedicado «a Vallejo, auctor de comedias, que representando la de *El Anticristo* y habiendo de volar por una maroma, no se atrevió, y en su lugar voló Luisa de Robles»:

> Quedando con tal peso en la cabeza,
> bien las tramoyas rehusó Vallejo,
> que ser venado y no llegar a viejo
> repugna a leyes de naturaleza.
>
> Ningún siervo de Dios, según se reza,
> pisó jurisdicciones de vencejo;
> volar, a sólo un ángel lo aconsejo;
> que aun de Roble supone ligereza.
>
> Al céfiro no crea más ocioso
> toro, si ya no fuese más alado
> que el de el Evangelista glorïoso.
>
> «No hay elemento como el empedrado»,

---

[19] Véase *Obras de Lope de Vega*, ed. y estudio preliminar de Marcelino Menéndez Pelayo, BAE, CLVII, Madrid, Atlas, 1963, p. 332.

[20] Juan Ruiz de Alarcón, *Obras completas*, ed. y notas de Agustín Millares Carlo, México, FCE, 1959, vol. II, p. 552.

dijo; y así el teatro numeroso
volar no vio esta vez al buey barbado[21].

Volvamos —mejor será— a Cervantes. Hay un elemento clave (el muro o la muralla) sin el cual no es posible la puesta en escena de obras como *El gallardo español* o *La Numancia*; pero la comedia donde el escritor echó el resto en tramoyas y apariencias fue, sin duda, *La casa de los celos*, hasta el punto de que sus indicaciones hacen recordar el «boato» y «grandeza» de las que escribiera Luis Vélez de Guevara (donde Asensio destaca «actores que vuelan y se hunden, exhibición de animales, estruendo de pólvora y batallas»)[22] y los no menos complicados montajes preparados por Calderón, medio siglo después, para algunas de sus obras[23]. He aquí algunos ejemplos:

> Parece a este instante el carro de fuego [tirado] de los leones, de[sde] la montaña, y en él la diosa Venus.

> Mientras cantan, se va [cerrando la cortina de] el carro de Venus, y Cupido en él, y suenen chirimías.

> Parece un Ángel en una nube volante.

> Descuélgase la nube y cubre a todos tres, que se esconden por lo hueco del teatro.

> Retírase Ferraguto y, puesto en la tramoya, al tirarle Roldán una estocada, se vuelva la tramoya; y parecen en ella Angélica y Roldán echándose a los pies della; al punto que se inclina, se vuelve la tramoya, y parece uno de los sátiros, y hállase Roldán abrazado con sus pies.

> Vuélvese la tramoya con Roldán; sale Bernardo y Marfisa y suena dentro una trompeta.

> Parece Angélica, y va tras ella Roldán; pónese en la tramoya y desaparece;

---

[21] Luis de Góngora y Argote, *Obras completas*, recopilación, prólogo y notas de Juan Millé y Giménez e Isabel Millé y Giménez, Madrid, Aguilar, 1966, p. 552.

[22] Asensio, «Tramoya contra poesía», p. 261.

[23] Ya observó J. E. Varey todo esto cuando escribe: «La escenografía de *La casa de los celos* es más compleja que la de ninguna otra obra cervantina [...] Parece ser una comedia destinada a representarse en un teatro palaciego, teatro que todavía no se había creado en la época en que escribía el dramaturgo [1580-1590]» (*Cosmovisión y escenografía*, pp. 214-25). Frente a sus dudas sobre la representación de esta comedia, me parece que tanto la acotación que comenta («sale el Temor vestido *como diré*») como la que se halla más abajo sobre la Mala Fama, «vestida *como diré (como 'explicaré')*», hacen pensar no sólo que *La casa de los celos* fue, efectivamente, representada a poco de ser escrita, sino que Cervantes colaboró, de alguna manera, en la dirección escénica de esta comedia. Algo semejante se puede suponer de *Los baños de Argel*, donde se postergan «cantares *que yo daré*» (p. 269), lo que implicaría, tal vez, la presencia física del escritor durante los ensayos o, al menos, un compromiso un poco mayor que el de la simple composición y venta de la obra.

> y a la vuelta parece la Mala Fama, vestida como diré, con una tunicela negra, una trompeta negra en la mano y alas negras y cabellera negra.
>
> Aparece otra vez Angélica, y huye a la tramoya, y vuélvese, y parece la Buena Fama, vestida de blanco, con una corona en la cabeza, alas pintadas en varios colores y una trompeta.
>
> Vanse a herir con las espadas; salen del hueco del teatro llamas de fuego, que no los dejan llegar.
>
> Échase a dormir Bernardo junto al padrón de Merlín, que ha de ser un mármol jaspeado que se pueda abrir y cerrar; y a este instante parece encima de la montaña el mancebo (...) con una lanza dorada.

De estas disposiciones generales podríamos descender a otras muy particulares, que atañen, por ejemplo, a la caracterización física de los actores. Recordemos aquel uso de pelucas, que se refleja bien en el entremés de *La barbuda*: «Córrese una cortina (...) y vese (...) la Barbada (...) y su marido (...) los dos con barbas y cabelleras rojas»[24]. Frecuente era servirse de éstas para provocar la risa de los espectadores:

> Aquí le arranca a Balán una cabellera que ha de traer, y queda con un casco de calabaza, como pelado[25].
>
> Salen dos con cabelleras postizas y debajo de ellas recogido su pelo con dos cascos pelados[26].

Frente a esto, la pretensión contraria de mover a lástima, manifestada en ese cristiano que aparece en *Los baños de Argel* «atadas las orejas con un paño sangriento, como que las trae cortadas» (p. 206). ¿cómo sería aquel paño *sangriento*? Aunque se me ha resistido en una búsqueda posterior, recuerdo haber leído un entremés en el que un actor debía llevar en su pecho, bien oculta y disimulada, una vegija con sangre de pollo. La sorpresa del público debió de ser grande cuando, tras recibir una estocada, comenzara a brotarle sangre «de verdad» mientras pedía a voces confesión. En otra pieza breve se recurre a un ingrediente bastante más usual en estos casos: el famoso *almagre*, del que se obtenía la pintura roja[27].

Hay, en efecto, una preocupación por la verosimilitud en estas acciones y

---

[24] Véase Agustín de la Granja, «Cinco obras cortas atribuibles a Calderón», *Bulletin Hispanique*, LXXXVI (1984), p. 364.

[25] Ruiz de Alarcón, *Obras*, vol. II, p. 540.

[26] Véase Agustín de la Granja, «Una mojiganga inédita de Calderón sobre ciegos y jácaras», *Amistad a lo largo. Estudios en memoria de Julio Fernández Sevilla y Nicolás Marín López*, Granada, Universidad, 1987, p. 272.

[27] Véase, por ejemplo, Pedro Calderón de la Barca, *Entremeses, jácaras y mojigangas*, ed. de Evangelina Rodríguez y Antonio Tordera, Madrid, Castalia, 1982, p. 297.

caracterizaciones, a pesar de que algunas veces resulten, de lejos, tan grotescas como la que da remate a la *Tragicomedia de Santa Catherina*. En esta obra, representada probablemente a fines del siglo XVI en un colegio de jesuitas[28], un verdugo se disculpa («perdonad el brazo aleve / que a daros muerte se atreve»), pero acto seguido «dale el golpe, y cae en tierra la santa; y bajándose, como para degollarla, toma una cabeza contrahecha y dala a Nicandro derramando leche, y dice»:

>   NICANDRO.   ¡Oh cabeza helada y fría!
>   ¡Oh vida tan mal lograda
>   con filos de aguda espada!
>   ¡Oh rosa de Alejandría,
>   antes de sazón cortada!
>   ¿Cuando se vio compostura
>   tal en humana criatura
>   que su cerviz se desangre
>   vertiendo, en lugar de sangre,
>   leche tan blanca y tan pura?
>   ¡Oh prodigio celestial
>   tan nuevo en naturaleza
>   que, por su grande estrañeza,
>   es claro indicio y señal
>   de su virginal pureza!

Otro buen cristiano, «muy roto y *llagadas* las piernas», aparece en *Los baños de Argel* (p. 267):

>   REY. ¿Quién es éste?
>   MORO.   Español que se ha huido
>   tantas veces por tierra, que con ésta,
>   son veinte y una vez las de su fuga.

Al comienzo de la jornada cuarta de *El trato de Argel* (p. 899), Cervantes había sido mucho más explícito, en relación con la misma indicación escénica: «Entra el cautivo que se huyó, descalzo, roto el vestido, y las piernas señaladas como que trae muchos rasgones, de las espinas y zarzas por do ha pasado».

Pero no sólo las piernas; hay veces en que el actor (o la actriz) debe aparecer con *pintas* por todo el cuerpo. Aunque la *pinta* la define el diccionario de Autoridades como la «señal que tienen los naipes en sus extremos», también indica que se llamaba a «la señal o mancha que queda (...) de alguna llaga»; y esas señales se hacían a base de pinceladas de pintura roja:

---

[28] Supongo que de ésta es de la que habla Armando Garzón Blanco en «The Spanish Jesuit *Comedia de Sancta Catarina*, Córdoba, 1597», *Hispanic Languages and Literatures*, Lousiana State University Press, 1984, pp. 98-111. No he podido ver este trabajo. Mis citas proceden del Ms. 17.288 de la B. N. de Madrid, fols. 189 v-190.

> Tu cuerpo, que ayer era
> espectáculo horrendo,
> según llagado estaba,
> hoy es bruñida plata y cristal limpio,

dice Cervantes en *El rufián dichoso* (pp. 368-69). Y en *Los valles de Sopetrán*, una comedia anónima más tardía, el gracioso Beltrán recrimina así a su amo, enamorado de una eventual leprosa:

> digo que son ciegos
> los amantes. ¿Es posible
> que bien te parezca un cuerpo
> lleno de lepra (...)?
> ¿Una mujer con más pintas
> que baraja de fullero
> te parece bien, señor?[29]

También en el *Auto del rico avariento* «sale San Lázaro, con unas tablillas y llagado»[30]. *Llagado* tiene siempre, me da la impresión, la misma lectura entre los actores: «salpicado el cuerpo con gotas de almagre o pintura roja». Así serían, con mucha probabilidad, las llagas del paciente Job o las que, tras quemarse todo el cuerpo, mostraría la hermosa doña Sol a un rey que pretende gozarla, mientras tiene preso a su marido:

> Al Rey llamé, y con un hacha,
> metida en un aposento,
> desnuda sobre la cama,
> gasté la media en mi cuerpo,
> cubriéndome de mil llagas
> *cuya sangre sale ahora*
> *por los pechos y las mangas.*
> Entró el rey; mostréle el cuerpo,
> diciéndole que yo estaba
> enferma de mal de fuego,
> mostrando el pecho mil ansias.
> Huyó el rey, como si viera
> de noche alguna fantasma,
> jurando de aborrecerme
> con la vida y con el alma[31].

---

[29] Manuscrito CC* IV 28033/81 de la Biblioteca Palatina de Parma, fol. 19.

[30] Manuscrito citado de la B. Menéndez Pelayo, fol. 67v°. Populares eran las *tablillas de San Lázaro*, y de ellas habla el dicc. de aut.: «Son tres tablillas, que se traen en la mano, unidas con un cordel por dos agujeros; y la de enmedio tiene una manija, por donde se coge y menea haciendo que suenen todas».

[31] *La corona merecida*, en *Obras de Lope de Vega*, Madrid, Real Academia Española, 1898, vol. VIII, p. 601.

De las llagas humanas podríamos pasar a las divinas, es decir, las de Cristo. Cuando el actor representa su figura, también teñira de rojo las palmas de sus manos, el costado y los pies. Es lamentable —escribe Argensola en 1598— que aparezcan «*pintadas* las llagas de nuestra Redención en aquellas manos que poco antes estaban ocupadas en los naipes o en la guitarra». La queja no era imaginaria, pues «sale el *Pastor Divino* con sus llagas en las manos» en la comedia titulada *El viaje del hombre*, cuya escritura no es posterior al año 1584, según se desprende del último folio del manuscrito[32]. El soliloquio del actor (descendiendo, tal vez, hasta el tablado) hace hincapié precisamente en lo que el público debía estar, en parte, contemplando:

> PASTOR DIVINO. Allá en los altos apriscos
> las demás ovejas dejo
> y a buscar una me alejo
> por estos ásperos riscos.
>   La sangre, con la Pasión,
> vierto por manos y pies
> y del costado, pues es
> el lugar de la afición.
>   Háseme andado perdida
> y, aunque ha sido a mi pesar,
> sólo en oírla quejar
> me ha renovado la herida.

El autor de una descripción de las fiestas del *Corpus* sevillano de 1594 alude a un llamativo artificio, que rememoraba la Pasión del Señor, alzado en una de las calles: «Del remate de un risco —escribe— salía una cruz mediana, de quien estaba pendiente un Christo, proporcionado con su altura, [del] que por manos, pies y costado [salían] quatro fuentes (...)». Como afirma el estudioso que se ha ocupado de esta antigua relación sevillana, «para la realización escénica [de los autos sacramentales] han de tenerse en consideración estos montajes»[33]. Naturalmente que sí, pues la imagen de Cristo crucificado —pintada o al vivo— también se repetía, una y otra vez, en el teatro; aunque en tal caso se recurriría, por lo ordinario, a artificios menos complejos que el que acabamos de considerar. Ya en fechas tempranas, a un actor que representa a San Francisco «se le apareçe el Cruçifijo,

---

[32] Aunque ligeramente incompleto, el doctor Stefano Arata tuvo la amabilidad de ofrecérmelo para su estudio, gesto que no quiero dejar de agradecerle. Dio con él en la Biblioteca de Palacio (Ms. II-462, fols. 25-33vº), y está en su ánimo publicar el catálogo de los antiguos fondos teatrales allí conservados. Para la cita de Argensola véase Emilio Cotarelo y Mori, *Bibliografía de las controversias sobre la licitud del teatro en España*, Madrid, Rev. de Archivos, Bibliotecas y Museos, 1904, p. 67.

[33] Narciso Bruzzi Costas, «Decoración y simbolismo en una procesión de Corpus», *Actas del VIII Congreso de la Asociación Internacional de Hispanistas (Brown University, 22-27 agosto 1983)*, eds. A. D. Kossof, J. Amor y Vázquez, R. H. Kossof y G. W. Ribbans, Madrid, Istmo, 1986, p. 281.

corriendo sangre», según una acotación, inmediatamente después de manifestar su deseo de tener traspasados sus «pies y manos y costado / como Vos, Señor, tiniedes»[34]. El procedimiento para hacer «correr la sangre» no estribaba más que en una convención bastante ingenua, explicada perfectamente por José de Valdivielso en la *Farsa sacramental de la Locura* (Toledo, 1602). Allí dispone que aparezca «Christo glorioso, con vn cáliz y vnas hostias ençima, y del costado seys çintas carmes[íe]s que ban a dar a seis Sacramentos»[35]. Tres años antes, Lope de Vega se había anticipado en la utilización de este recurso, porque fue probablemente en 1599 cuando el Fénix escribió, en Valencia, *Las bodas del Alma y Amor Divino*. Más adelante, en *El peregrino en su patria*, no sólo reservó unas páginas para el texto de esa «representación moral» —como él la llama—, sino que explicó también, con lujo de detalles, la forma espectacular en que se le dio remate:

> Descubrióse con mucha música (...) otra cortina en diferente lugar, y vióse al Rey Amor en forma de serafín en una cruz, y de los pies, manos y costados [sic] salían unos rayos de sangre, hechos de una seda colorada sutilísima, que daban en un cáliz que estaba enfrente, sobre un altar ricamente aderezado[36].

Al año siguiente Lope de Vega decidió incorporar una *apariencia* parecida en *El viaje del Alma*:

> Descubrióse (...) la nave de la Penitencia, cuyo árbol y entena eran una cruz (...); junto al bauprés estaba de rodillas San Francisco, y de la cruz (...) bajaban cinco cuerdas de seda roja, que le daban en los pies, costado y manos[37].

Dentro de que se trata de un mismo motivo (con variedad de matices), me parece que hay, en estas dos situaciones, una diferencia importante desde el punto de vista escénico: mientras que en este segundo caso Cristo y el Alma se encuentran en un mismo plano —el del tablado— y desde allí el primero invita a la segunda a contemplar seguramente un lienzo situado en la parte alta[38], en el primer caso el actor que representa al Amor Divino está

---

[34] A Mercedes de los Reyes debo —entre tantas cosas— esta interesante referencia, procedente de Léo Rouanet, *Colección de autos, farsas y coloquios del siglo XVI*, Hildersheim-New York, G. Olms Verlag, 1979, vol. II, p. 130.

[35] Variantes de importancia presenta la versión antigua impresa de esta misma obra: «aparece Christo nuestro Señor, y del pecho le salen siete cintas encarnadas que dan en siete caxas como de botica» (Véase José de Valdivielso, *Teatro completo*, ed. y notas de Ricardo Arias y Robert V. Piluso, Madrid, Ediciones Isla, 1975, vol. I, pp. 111 y 120).

[36] Lope de Vega, *El peregrino en su patria*, ed. de Juan Bautista Avalle-Arce, Madrid, Castalia, 1973, pp. 232-33.

[37] *Ibíd.*, pp. 137-38.

[38] «Mira con qué diligencia / mi coluna está abrazando / Bernardo; mira llorando / a Magdalena mi ausencia; / mira a Pedro, gobernando; / mira cinco cuerdas bellas / que, bajando de mi Cruz, / Francisco está asido a ellas. *Ibíd.*, p. 138.

realmente colgado de la cruz —si no me equivoco— y desde arriba es desde donde se dirige al Alma, con estas palabras:

> Alma, pues eras mi esposa,
> advierte que no me ofendas:
> no llegues a Mí en pecado,
> porque si en pecado llegas,
> ese adulterio, Alma mía,
> será tu muerte y mi afrenta[39].

Hacia el año 1610 el autor desconocido de *El Mayorazgo del cielo* dispone la *aparición* de un «cristo crucificado de cuyas llagas salen cinco ebras de seda colorada asta la boca del hombre, que estará a los pies del xpo, arrodillado»[40]. Justamente ese mismo año Lope de Vega había redactado otro auto sacramental, *El bosque de Amor*, probablemente a instancias de un buen actor amigo suyo»[41]. Al comienzo de esta obra, aún inédita[42], se descorre una cortina que deja ver la figura del Señor «con tunicela blanca y unas flechas en la mano», según la acotación inicial, donde asimismo se dispone que «han de salir de las manos y el costado unos *caños de sangre*, los cuales vayan a dar en la fuente que está a los pies». Al final, el Alma, arrepentida ya de su pecado de infidelidad hacia Cristo, se dirige al Amor Divino en estos términos:

> Dígasme tú, el cazador
> del arco y las flechas de oro,
> si eres del Dueño que adoro,
> si puedes matar de amor.
>
> (vv. 1058-1061)

El Amor Divino se compadece («como te he visto llorando / el arco quiero flechar») y lanza al aire sus dardos amorosos:

> Recibe, eterno Señor,
>   en pies, manos y costado
> las flechas que te he tirado;
> lave tu sangre piadosa
> las manchas que trae la esposa,
> pues que éstas enamorado.
>
> (vv. 1086-1091)

---

[39] *Ibíd.*, p. 233.

[40] Véase Jean-Louis Flecniakoska, *La Formation de l'auto réligieux en Espagne avant Calderón (1550-1635)*, Montpellier, P. Déhan, 1961, p. 144.

[41] Véase Agustín de la Granja, «Lope de Vega, Alonso de Riquelme y las fiestas del *Corpus*: 1606-1616», *El Mundo del Teatro Español en su Siglo de Oro: Ensayos dedicados a John E. Varey*, ed. J. M. Ruano de la Haza, Ottawa, Dovehonse Editions, 1988, pp. 57-79.

[42] Todas las citas provienen del Ms. 191 de la B. Menéndez Pelayo, cuya edición ultimo para la imprenta. Para los detalles de atribución véase mi artículo «¿Otros dos autos de Lope?» *Edad de Oro*, V (1986), pp. 59-71.

Justo en ese momento se descorre de nuevo la cortina y «esté Cristo —indica la acotación— como la primera vez, con flechas en las manos y costado»[43]. Si al comienzo del auto el actor había permanecido mudo (y posiblemente inmóvil) en lo alto, ahora sí que habla al Alma:

> Querida cierva, que ansí
> deseando estás la fuente:
> llega, llega a la corriente
> que agora sale de Mí.
> Cinco flechas recebí
> y de mis dulces tormentos
> salen siete sacramentos:
> llega, en suma reverencia,
> al caño de penitencia,
> con hermosos pensamientos;
> ésta es fuente de agua viva:
> los que tuviéredes sed,
> venid, llegad y bebed.
> Y tú, cierva fugitiva,
> ¿me has de dejar?
> ALMA: Mientras viva,
> Soberano Cazador,
> seré tuya, pues favor
> a mis desdichas has dado.
> RAZON: Y aquí tiene fin, senado,
> aqueste *Bosque de Amor*.
> (vv. 1092-1111)

Lo que no tiene fin es la utilización del motivo plástico-visual por parte de Lope. Sólo cinco años después escribe, para el público madrileño, *Obras son amores*, donde el Amor y el Rey del cielo aparecen «teniendo un pelícano plateado entre los dos, cuya sangre del pecho del pelícano, o sea un listón de seda encarnada —aclara la acotación— caiga en el cáliz»; a esta *apariencia* sucederá otra, muy poco después, de análoga intención efectista: «Descúbrase, en una cruz, el Rey, con cuatro ángeles de bulto que cojan la sangre de manos, pies y costado, en unos cálices (...)»[44]. En *La venta de la zarzuela*, tal vez de 1615, se advierte que «es el camino mejor / siempre el costado de Cristo» (*MP*, VII, 362) y, cuando ya toca a su fin, se abre una cabaña que

---

[43] Nada se dice de los pies, posiblemente porque no estaban a la vista del público, al estar dentro de la fuente; aunque no se especifica, es probable que el actor —como en otros casos dentro de un lagar— apareciese ahora en el centro de la fuente, vertiendo en ella la «sangre», y que aquélla dispusiese de siete *caños*- (siete cintas de seda blanca, quiero decir), que simbolizarían el «agua viva» de Cristo, o sea, los siete sacramentos.

[44] Véanse las ya citadas *Obras de Lope de Vega*, ed. y estudio preliminar de Marcelino Menéndez Pelayo, pp. 119-20. En lo sucesivo me referiré con las siglas *MP* a esta edición general, en la que los tomos VI y VII se destinan a los «Autos y Coloquios».

esconde precisamente «una mesa con un cáliz, y un serafín enfrente, en una cruz, con siete listones de seda roja que vayan a dar al cáliz»[45].

El buen efecto de este recurso espectacular debió de satisfacer también a Tirso, pues lo pone en práctica dentro de *Los hermanos parecidos*, un auto sacramental representado, como los anteriores, en 1615, aunque destinado a las fiestas de Toledo:

> Aparécese un cáliz muy grande, y en medio dél, una cruz; y en ella, Cristo; y al pie della, fijado, un pergamino escrito. Salen cinco listones carmesíes como caños de sangre de los pies, manos y pecho de Cristo, que dan en el cáliz grande, y dél, en otro pequeño que esté en un altar con una hostia[46].

La apariencia final de *La isla del sol*, auto lopesco de 1616, es un poco más complicada que otras veces, pero manteniéndose en la misma línea de las que Tirso, Valdivielso o Lope (en mayor medida) nos tienen acostumbrados, no faltando, por supuesto, en aquélla las «cinco cintas coloradas, caños de manos, pies y costado, que caen en el cáliz» (*MP*, VII, 415). Si en este auto el brazo derecho de la consabida cruz soportaba «hostias con muchos reflejos de sol» y el izquierdo «manzanas», en la apariencia exhibida desde *El tusón del Rey del cielo* había «seis cálices, tres a una parte y tres a otra» (*MP*, VII, 348); éstos, y otro más, afianzado en un hierro, son de nuevo receptores de «siete cintas rojas» salidas todas del costado del Rey, en representación de los siete sacramentos que Cristo deja a su amada esposa, la Iglesia.

El tusón del Rey del cielo lo representó Cristóbal de León en Madrid, en 1617, según N. D. Shergold y J. E. Varey pusieron de manifiesto[47], y dos años más tarde Lope —no Calderón, como hasta fechas recientes se había pensado— escribió *Las hazañas del segundo David*[48]. Nada de particular

---

[45] He copiado esta acotación —actualizando su puntuación y grafía— directamente del manuscrito de este auto que se conserva en la Biblioteca Menéndez Pelayo de Santander. Se titula *La zarzuela* y acaso por esta razón pasó desapercibido a don Marcelino, a quien pertenecía. Es una lástima, porque es bastante más correcto que el que le sirvió de base para editar este auto lopesco (una copia manuscrita, fechada en Gálvez: 16 de marzo de 1615). La acotación que comento arriba aparece muy confusa en *MP* porque no es la cruz la portadora de los listones de seda roja (como en VII, p. 367 da a entender), sino que aquéllos, en número de siete (circunstancia que se omite), fueron adosados, directamente al costado de Serafín; por eso el Mundo comenta, poco después:
> ¿No véis que, desde la Cruz,
> le salen *de aquel costado*
> los sacramentos, que han dado
> a su muerte vida y luz?

[46] Tirso de Molina, *Obras dramáticas completas*, ed. crítica por Blanca de los Ríos, Madrid, Aguilar, 1946, tomo I, p. 1595.

[47] N. D. Shergold y J. E. Varey, «Documentos sobre los autos sacramentales en Madrid hasta 1636», *Revista de la Biblioteca, Archivo y Museo del Ayuntamiento de Madrid*, 24 (1955), pp. 228 y 313.

[48] Véase Lope de Vega Carpio, *Las hazañas del segundo David. Auto sacramental autógrafo y desconocido*. Estudio y edición de Juan Bautista Avalle-Arce y Gregorio Cervantes Martín, Madrid, Gredos, 1985.

tiene, después de lo que llevamos visto, que a este segundo David también le salgan «de las manos, pies y costado çinco listones carmesíes»[49]. En *La Santa Inquisición* (otro auto que hay que atribuir sin ninguna vacilación a Lope, como doy a entender en otro lugar) se repite el difundido símbolo del pelícano, que «en medio de una fuente (...) está hiriéndose el pecho» (*MP*, VII, 471). Esta visión inicial se sustituye pronto por otra, más alegórica: la fuente se transforma en cáliz y el pelícano pasa a convertirse en una hostia «de la cual sale sangre». La eficacia doctrinal de esta *apariencia* estriba —a mi juicio— en la rápida mutación (pretendidamente mágica y misteriosa) de los elementos plásticos iniciales por sus otros dos correspondientes, transformación que explica la Iglesia de esta manera:

> Un pelícano es Cristo
> que rasgando se ha visto,
> por nosotros, el pecho; y porque alguno
> no dude que ese pan y Cristo es uno,
> el pelícano abrió su pecho tierno
> y el corazón mostró, que es pan eterno,
> en su cuerpo real transustanciado,
> derramando su sangre su costado.

El auto sacramental *La siega* viene a coincidir con el año de la muerte de Lope. En él culmina todo un proceso espectacular de gradación ascendente en su, cada vez mayor, complicación de formas barrocas: «Aquí, con música, se abra la cabaña, y se vea dentro una iglesia, y ésta también se abra, y dentro esté una fuente, en el remate de la cual esté un niño, de cuyo costado salgan siete cintas carmesíes a la primera basa, y della a la segunda, dando cada una en un cáliz, y prosiga»:

> Esta fuente procedió,
> esposa, de mi costado,
> con los siete sacramentos
> que de su herida emanaron;
> llegue quien tuviere sed,
> que del agua y el pan santo
> le daré satisfacción.
>
> (*MP*, VI, 311)

La invitación anterior es, si se advierte, muy parecida a la del Cristo de *El bosque de Amor* o a la del Pastor Divino de *El valle de la zarzuela* («volved a Mí, ¿dónde váis?», dice a sus *ovejas*: «Aquí quiero que bebáis / en estas cinco corrientes»). No podía ser de otra forma. En el último caso, el actor tenía que «apretar» su pecho con ambas manos, como solicita la acotación,

---

[49] *Ibíd*, p. 175.

para que «brotara» de él, «una fuente de agua que dé en el monte» (*MP*, VII, 363). Lo que el público veía entonces era probablemente un simple rollito de seda blanca que, libre por un extremo, comenzaba a desliarse desde el pecho del actor, al tiempo que éste hablaba de cosas más sublimes: «bebed, bebed, pues sabéis / que es agua de puro amor».

Como algo aceptado fielmente por la tradición, este tópico juego y los que atrás hemos comentado nunca dejaron de tener vigencia. Se repitieron continuamente en el teatro del Siglo de Oro desde los tiempos de Cervantes, en que algunos de ellos empezaron a nacer como «novedades». Otras caracterizaciones escénicas (el uso de máscaras, por ejemplo) vendrían aprendidas —e impuestas— en piezas muy antiguas, como la *Danza de la Muerte*. En el plano espectacular, poca diferencia habría entre el actor amortajado que saca Cervantes en *La Numancia* «con un rostro de muerto» y el Judaísmo que presenta Calderón «vestido de cadáver» en *Las Órdenes militares*.

Calderón se mueve entre la tradición y la novedad. Esto no es paradójico. A nadie puede extrañar que este autor recoja y repita muchos de los recursos escénicos de *La casa de los celos* y de otras obras de sus antecesores (pienso en Mira de Amescua), o que, andando el tiempo, adapte sus versos, como Lope, a las exigencias de los escenógrafos italianos que vivieron en la Corte. Junto a acotaciones que requerían el concurso de las ingeniosas maquinarias palaciegas, Calderón escribió otras que nunca dejaron de deleitar en las plazas públicas:

> Suene música, y córrese una cortina, y aparece encima del árbol un cordero corriendo sangre.
>
> (*El divino Jasón*)

> Salen de su costado siete colonias encarnadas, y de cada una toma la punta un personaje que represente un Sacramento.
>
> (*El divino cazador*)

> Ábrese el pelícano y vese dentro una hostia y cáliz.
>
> (*Las Órdenes militares*)

> Del tocado de la Gracia salen siete caños de agua.
>
> (*La hidalga del valle*)

> Descúbrese una fuente, cuyo remate será hostia y cáliz y alrededor los Siete Sacramentos, teniendo cada uno en la mano una cinta blanca, como caños que salen de la hostia.
>
> (*A Dios por razón de Estado*)[50]

---

[50] Véanse estas citas en Pedro Calderón de la Barca, *Obras completas*, ed. Ángel Valbuena Prat, Madrid, Aguilar, 2.ª ed., 1.ª reimp., 1987, vol. III, pp. 72, 129, 868 y 1039. Es lamentable que esa edición, nada obsoleta, siga haciendo oídos sordos a los últimos descubrimientos de la crítica. Véase Pedro Calderón de la Barca, *El divino cazador. Auto Sacramental*, ed. facsímil del manuscrito autógrafo conservado en la Biblioteca Nacional de Madrid, con introd. de Hans Flasche y transcripción de Manuel Sánchez Mariana, Madrid, BNM, 1981; la pág. 116 para la cita de arriba.

Calderón fue deudo, como bien se aprecia, de Lope. Éste lo fue de los dramaturgos valencianos. Todos se debieron, a su vez, al público, sobre el que actores y actrices volcaron hasta la saciedad las mismas imágenes. El teatro —plato rápido— tuvo, sin embargo, cada vez, un no sé qué de sabor irrepetible.

EL CIRCUITO DE APARIENCIAS Y AFECTOS EN EL ACTOR BARROCO

Antonio TORDERA
(Universidad de Valencia)

A John Varey, maestro

I. INTRODUCCIÓN: ENTRE LA MEMORIA Y LOS DATOS

Admitamos que reconstruir el pasado, y más si se trata de un pasado por definición efímero como es el teatro, es un afán insensato. Pero lo es, igualmente, la decisión de renunciar a ello, y por añadidura esa actitud paraliza las potencialidades humanas.

¿Pero es tan descabellado volver sobre el pasado? En caso afirmativo tendríamos que renunciar a la memoria, lo que no parece negociable en un arte tan apoyado en esa virtud como lo es el teatro. Sólo nos quedan los textos dramáticos, algunos testimonios, bocetos dispersos, documentos sociales y como máximo algo tan etéreo, aunque admito forzar la expresión, como las memorias de las apariencias.

¿Debemos pues renunciar a los momentos de pasión, placer y miseria que, seguramente, fueron los espectáculos del Barroco? Si consentimos en ello no sólo confirmamos en su destino fatal el trabajo de los actores de otros tiempos (y aún de siempre), sino que nos condenamos a nosotros mismos a no entender el presente.

En otros ámbitos del quehacer humano otros investigadores no se han resignado; por ejemplo la arqueología, que ha desplegado métodos verificables para recomponer el modo de vivir de nuestros antepasados, si bien es cierto que el cotejo de datos, la cala de terrenos, el contraste de hipótesis y el atenerse a los monumentos objetivos, en esta disciplina como en el resto de ciencias históricas, la labor rigurosa más fecunda en resultados no ha estado exenta de una buena dosis de excelente y sabia imaginación. Todo consiste en que, en lugar de la resignación o el atenerse objetivamente a los datos, literarios o no (si es que esto es posible), asumamos que bucear en el pasado comporta para el investigador aceptar que está, quiérase o no, interpretando, verificando y confirmando, para luego otra vez reinterpretar. En esa delgada senda parece que radica la única posibilidad de volver a representar a nuestros clásicos.

Cuando hace tiempo empecé a estudiar el arte y las técnicas del actor barroco español, —además de no considerar ese momento como el único clásico posible para nuestros días—, yo mismo vacilé entre el optimismo más exultante y el conformismo que se limita a los textos dramáticos. Hoy los leo con más respeto, esto es, considerando la densidad de oficio que poseen, el depósito de múltiples conocimientos que son, a la vez que he orientado mi investigación hacia lugares igualmente analizables, por ejemplo la escenografía.

Para ambas cosas ha sido decisiva la constatación, teórica y práctica, de que la escenografía imprime su soberanía en el escenario, más allá de la simple ilustración o el mero decorado. Pues escenificar un texto es poner al servicio del autor y de los actores el conjunto de materiales disponibles sobre la escena, lo que quiere decir tanto que los textos hacen avanzar la invención escenotécnica como que ésta estimula (o condiciona) la creación dramatúrgica.

Para entender esto en todas sus posibilidades bastaría, aunque quizás no sea necesario, seguir de cerca la labor de diseño del escenógrafo que en cualquier época trabaja cerca del teatro, asistir al largo encuentro que los actores realizan con una determinada escenografía durante los ensayos, o tal vez sería suficiente seguir la construcción de los decorados en el taller, o bien, preciosa experiencia, observar entre bambalinas la febril y precisa actividad de los tramoyistas durante una representación.

Decir esto al investigador con seguridad es excesivo y, como decimos, tal vez innecesario. Basta tomar el texto dramático en su contexto, aunque no se puede negar que en ese entorno es decisiva la escenografía, hasta tal punto que, como decía Louis Jouvet, navegando con su compañía (¡insuperable metáfora!) hacia Buenos Aires en 1941, hablar de la maquinaria teatral, hacer su historia, es hacer la historia del teatro, pues con ello hablaremos también de los poetas a los que ha servido, de los actores a los que ha ayudado, de los edificios que la escenografía ha acondicionado.

Pero sirve ese planteamiento de la investigación a condición de que, última y no la menor salvedad, no olvidemos que los actores también tienen sus reglas y sus licencias para «servirse» del escenario a fin de *cumplir* el espectáculo, en ocasiones desvelando nuevos usos de la escenografía, y a condición, asimismo, de que algún día seamos capaces de dilucidar las secretas razones del público cuando experimenta placer, como escribió Sabbatini, ante la visión de las máquinas teatrales.

II. Elementos para una historia de las convenciones escénicas

Guardando siempre en la mente estas cautelas que nacen de la observación, puedo ahora permitirme la tentación de zambullirme en un tema repleto de datos, pero también de zonas oscuras, aún en silencio; un tema que atrae y desafía al investigador, —aunque a veces, durante mucho tiempo, y ahora recientemente, se vuelva a dejar de lado—, como es el de la representación de los textos dramáticos: a pesar de que apenas leemos a los autores del Barroco nos percatamos hasta qué alto grado eran sensibles al mismo, desde Lope de Vega, aparentemente tan reacio a la tramoya, hasta el propio Calderón, obsesionado, —por oficio y por fidelidad a sus textos—, por las cuestiones de la puesta en escena.

El tema sigue interesando a los investigadores, pues de hecho podríamos enumerar una nómina prestigiosa de quienes están trabajando y publicando sobre la cuestión, aunque, repito, empieza otra vez a detectarse entre algunas «corrientes de opinión» un disimulado rechazo por las condiciones de la representación, en nombre, parece ser, de que esas condiciones y su estudio pueden distorsionar la lectura de los textos dramáticos. No voy ahora a arrogarme el papel del fiel de la balanza para cuantificar una y otra actitud ante el método de investigación o para valorar ese vaivén metodológico, entre otras cosas porque esa simultaneidad de opciones supone, a la postre, una estrategia global que da buenos resultados al impedir la «absolutización» de un solo punto de vista.

En lugar de esa labor de juez, que no me parece oportuna para la presente ocasión, haré lo que un buen cazador, y trataré de reflexionar, —sistematizando hasta donde sea posible—, sobre la abundancia de «noticias», esto es, datos e investigaciones, que la actual bibliografía ofrece, a fin de poder decir algo, o cuanto menos responderme a las preguntas propias, sobre un tema acerca del cual ya hemos descrito sus dificultades.

Para ello, al modo de los docentes medievales, me propongo comentar como lugar de referencia un texto de la época. Un texto cargado de experiencia, pero que en su comentario ha de tenerse en cuenta que se trata de género epistolar y escrito por un extranjero. Es un fragmento de carta, condición que marca el estilo, redactada por el que, según el estado de la época, podríamos llamar un profesional de la escenificación[1], en colisión de competitividad con los hombres de teatro español, a quienes juzga, —no sin cierta razón si atendemos a los prodigiosos avances de la escenografía italiana desde principios del XVI—, con cierta superioridad. Y, en fin, se trata de un hombre aficionado a la ironía, que escribe a su señor y superior, en este caso el Gran Duque Ferdinando II de Toscana.

En efecto, el texto que utilizamos como punto de partida, casi como anécdota, es un pasaje de la conocida correspondencia que Baccio del Bianco, sustituto de Cosme Lotti, escribe tras dos años de estancia y trabajo en los teatros españoles, especialmente en los de Corte, que es el ámbito escénico en el que deseamos movernos, por el simple hecho de que los

---

[1] En el campo de la pintura se produce un litigio similar entre las artes liberales y las artes mecánicas. Esta es una de las guías que conducen la lectura de Francisco Calvo Serraller en *Teoría de la Pintura en el Siglo de Oro*, Madrid, Cátedra, 1981.

presupuestos económicos y las pretensiones del teatro palaciego permiten contemplar, con la amplificación que esa teatralidad suntuosa ofrece, las cuestiones de escenografía, y sin olvidar el papel de modelo que sobre los corrales ejercían las prácticas escénicas de la Corte[2].

El pasaje que proponemos lo escribe Del Bianco a los cuarenta y siete años, dos años después de su llegada a Madrid. Fechado el 19 de julio de 1653, dice así:

> Però non s'e potuto schifare che in una gloria di deità non vi fusse quattro guidoni vestiti di nero all'usanza con chitarre spagniole, cappa e spada, si come al color del cielo i dodici segni dello zodiaco che erano 12 donne, usci dalla strada in confuso e i medesimi quattro a fare schiena al foro, uso di qua, che quando tratto di levare questa usanza poco meno che non mi crocifigono, dicendo che è impossibile che ballino senza quelle chitarre di dietro; insomma la pulitezza delle scene, la puntualità delle strade, non usa qua né è fatta per questi istrioni, anzi molti, detto che hanno i lor versi, se non si accena che ritornino dentro, con un voltar di schiena si intende essere dentro; abbattesi molte volte che il nemico, cercando l'altro, entra per una strada che riscontrandolo ad occhi vegenti del popolo, bada a ire come se non lo vedessi e mille altre improprietà, né è possibile il porli in buona forma[3].

El relato de Del Bianco (sobre su relación con Calderón de la Barca volveremos más tarde) llama la atención en primer lugar sobre una serie de *impropiedades*. Su concepto fundante, el de *propiedad*, es importante aunque no dispongamos aquí del tiempo para desarrollarlo y verificarlo. Funciona como una noción artística que sostiene la idea más amplia de *verosimilitud*. En tanto que es un dispositivo artístico ha sido entendido a lo largo de la historia de maneras diferentes, como por ejemplo ha analizado, profundamente, Gombrich en su libro *Arte e Ilusión*. De hecho, la aparente superioridad del italiano no era justa del todo. Ya López Pinciano en la famosa Epístola XIII sobre los actores y representantes, de su *Philosophia Antigua Poètica*, insistía cincuenta años antes, en su deliciosa conversación con Fadrique y Ugo, en la obligación de mantener la *conveniencia*, para lo cual proponía, con lo que no dudaríamos en describir como un método del trabajo actoral, la observación

---

[2] Esa correspondencia se extiende del 15 de julio de 1651 al 3 de Marzo de 1656, poco antes de que Baccio del Bianco muera. La magnificencia, siempre llena de servidumbres, de las representaciones palaciegas y su carácter de modelo, al margen de las dificultades económicas, es lo que me resulta significativo, en la medida en que esa situación permite avanzar en España la práctica de la escenificación, al margen de las cuestiones puramente económicas, si recordamos que representaciones tan decisivas a este respecto, como son las de *Psiquis y Cupido, El hijo del Sol, Faetón*, o la de *Hado y divisa de Leónido y Marfisa*, se producen durante lo que los historiadores consideran el declive de los Austrias. Véase sobre ese aspecto J. E. Varey, «El teatro palaciego y las crisis económicas del siglo XVII», *Homenaje a José Antonio Maravall*, Ed. M. C. Iglesias; C. Moya y L. Rodríguez, Madrid, C.I.S., 1986, III, pp. 441-46.

[3] Reproducimos el fragmento, conservando su evidente castellanización, según aparece en «Lettere inedite di Baccio del Bianco», editadas por M. Bacchi, *Paragone*, XIV, 157 (gennaio 1963), pp. 68-77 (el pasaje citado está en pág. 72).

de los hábitos de conducta cotidiana para que el comediante los reprodujera después en la escena cuando, si se nos permite el anacronismo, trabajase en la construcción del personaje: «Guarde verosimilitud el actor cuanto pudiere en su acción»[4].

Pero independientemente de que una cosa es la preceptiva y otra la práctica de los representantes, requeridos por los gustos del público, y dejando en suspensión el tema de un estudio sistemático del trabajo de los actores del Barroco, es cierto que han pasado cincuenta años entre López Pinciano y Baccio del Bianco. En ese lapso de tiempo era necesario lo que de hecho se ha producido: que la verosimilitud en cuanto al arte de representar se haya ido cargando de convenciones, fruto éstas del desarrollo global del conjunto de la cultura y las artes y en concreto de las del teatro. Así, verosimilitud ya no depende tan solo del trabajo de *imitación*, sino que de modo creciente está sometida a las reglas de la *propiedad* teatral. Este juego, —al que Stanislavski y otros hombres del teatro del siglo XX no dudarían en llamar «verdad escénica»—, entre imitación y convenciones artísticas es constante en la historia del teatro, aunque ambos principios, como el pasaje de Del Bianco atestigua y luego tendremos ocasión de ilustrar, los actores los transgredan seducidos por esa dulce tentación que es para el comediante atender a las expectativas del público y así alcanzar el éxito sobre el escenario.

Como tales convenciones, las teatrales son un fenómeno cultural, lo que quiere decir que se rigen por una estética, responden a conceptos más amplios y tienen su historia. Convencidos de ello, será preciso ahora, siquiera brevemente, remontarnos en el tiempo para encontrar su punto de arranque más inmediato.

Para el caso que nos ocupa debemos retroceder hasta el Renacimiento, un período suficientemente complejo en lo que a configuración del teatro se refiere, que nos permite, en el breve espacio que nos hemos impuesto en esta exposición, la licencia de utilizar apretadas síntesis, pero también la señalización de momentos muy concretos. De hecho, como afirma L. Allegri, el Renacimiento es quizás la periodización «piu grossolana e meno soddisfacente»[5] por múltiples razones, de entre las que nos conviene destacar dos con relación a nuestro tema. Por un lado, que estamos ante un dilatado momento en el que el teatro, en su acepción occidental vigente hasta hoy, está pugnando por nacer, lo que se produce no de manera simultánea, sino a

---

[4] «Conviene, pues, que el actor mire la persona que va a imitar y de tal manera se transforme en ella, que a todos parezca no imitación, sino propiedad» (*Cfr.*, Alonso López Pinciano, *Philosophia Antigua Poética*, edición de Alfredo Carballo Picazo, Madrid CSIC., 1973, p. 282). Es inevitable recordar a Stanislavski y su investigación del arte actoral, al menos de su primera etapa, cuando propugnaba una observación fiel de los hábitos extraescénicos, mucho antes de que su confrontación con los textos de Chejov le llevase a un método menos imitativo.

[5] *Cfr.* Luigi Allegri, *Teatro, spazio, società*, Venecia, Rebellato Editore, 1982, p. 133.

tenor de los diferentes géneros, cada uno de los cuales tiene su propio tiempo de gestación[6].

En segundo lugar, y esto nos atañe ya más, ese fascinante período, al que seguiremos llamando Renacimiento, es una época en la que los avances más decisivos del arte teatral, especialmente en sus niveles teóricos, no se producen al unísono con las espectaculares, y valga aquí la paradoja, elaboraciones y realizaciones que en el resto de las artes, ya que se podría definir esa relación como un crecimiento del teatro casi a remolque de lo que en pintura, escultura o arquitectura se está haciendo en ese tiempo. Esto que podría ser discutible (o que es susceptible de verificación) en otros ámbitos del teatro, es evidente en lo que se refiere a la teoría de arquitectura teatral, tema que ahora nos ocupa, ya que, de hecho, el universo de referencia útil para leer los tratados sobre el edificio teatral lo constituye el amplio entramado de las teorías artísticas del Renacimiento.

Esa lectura se suele aplicar sobre el supuesto de que las reflexiones sobre el edificio teatral se producen precisamente desde los intereses de la pintura y la arquitectura, que se apropian de la problemática del espacio escénico, al que consideran un lugar privilegiado para experimentar las leyes que rigen la perspectiva.

Abusando de las síntesis antes anunciadas, podemos decir que lo que más tarde emergerá como propiamente escenografía escénica al servicio de una representación teatral, durante el Renacimiento se desarrolla a remolque, como algo secundario, de los interrogantes que se plantea la pintura, la escultura y la arquitectura, y conviene subrayar los tanteos y soluciones que los artistas de esas disciplinas van apuntando, no sólo porque esos hallazgos van a configurar el espacio escénico y las convenciones que gobernarán los movimientos de los actores en el escenario, sino también porque bien entrada la segunda mitad del siglo XVII, por ejemplo en 1677, sigue el debate sobre la relación del teatro con esas otras artes[7].

«Una pintura cuando mejor me parece, es cuando más se acerca al relieve», escribirá Miguel Angel (1475-1564) para ensalzar la escultura. Mientras tanto, Leonardo da Vinci (1452-1519), para establecer los dispositivos

---

[6] Esta hipótesis general, apuntada ya en 1891 por A. D'Ancona en su magnífico *Origini del teatro italiano*, es verificada, aún hoy como propuesta audaz, para el caso de los tres *Misterios* tardomedievales valencianos, definidos por Luis Quirante, como un mismo desarrollo o «gesto» teatral que desborda la periodización usual y se adentra en el siglo XVI, en su interesante *El teatro asuncionista valenciano de los siglos XV y XVI*, Valencia, Direcció General de Cultura, Conselleria de Cultura, Educació i Ciència de la Generalitat Valenciana, 1987.

[7] Damos como ilustración 1677, año en que Calderón de la Barca fecha su conocida *Deposición en favor de los profesores de pintura...* (Cfr. Calvo Serraller, *Teoría*, pp. 535-46). Como es sabido este y otros escritos de la época giran en torno a los pleitos por la exención del impuesto de la alcabala, pero cabe subrayar que con este motivo, inicialmente jurídico, se reflexiona sobre cuestiones que afectan al estatuto artístico del teatro, la pintura, etc. (cuestiones sobre la «imitación», «captación de lo real», etc.), temas pues que, tanto en el orden teórico como en el legal, atañen también a los escenógrafos del XVII, que durante mucho tiempo y hasta su reconocimiento como tales, solían presentarse como «inventores», «ingenieros», etc.

artísticos que unan en la pintura el hombre y la naturaleza, densificando el esquema de la perspectiva, habla de la sombra y del movimiento.

En ese fascinante conglomerado de conocimientos e intereses que es el Humanismo, también la ciencia preocupa a los renacentistas, que ponen en marcha esa dimensión de la civilización a partir de los diferentes oficios artesanales. El orgullo del artista, como ya apuntaba en 1936 Lionello Venturi[8], le guía para encontrar la verdad con métodos diferentes al argumento de autoridad hasta entonces esgrimidos por los científicos en sentido estricto, y esos métodos son, desde las diferentes artes, una apropiación, por ejemplo, de las matemáticas, y de manera especial la geometría.

Todo ello se ejerce, se experimenta, o «juega», sobre el escenario, aunque aquellos intereses y aquellas disciplinas no sean las únicas. La motivación más apremiante es el diseño de una arquitectura ideal que sus protagonistas piensan como una interpretación de la arquitectura antigua. Así, al dar una vuelta más en la espiral que lleva a la acción teatral propiamente dicha, nos encontramos con nuevos elementos que van a configurar el concepto y uso del escenario.

Ello no simplifica la cuestión, pues tanto la tratadística renacentista de la arquitectura o de la perspectiva que redactan Alberti, Prisciano, Serlio, etc., como el conjunto bibliográfico que constituye la exégesis vitruviana, apenas se realiza en conexión con las exigencias dramáticas: en la recuperación del edificio teatral antiguo «mancano un contesto e una tradizione nelle quali inserire operativamente l'interpretazione dell'antichità, la quale rimane così, in un certo senso, assoluta»[9].

Por otro lado la exégesis renacentista de Vitruvio ya nace condicionada por la obra del arquitecto clásico, que es un resumen ecléctico de varias fuentes griegas y que se mueve, como aún se produce en el Renacimiento, con evidente retraso con respecto a las teorías sobre pintura y escultura, tal vez debido, como sugiere el citado L. Venturi, a la dificultad de distinguir entre la actividad artística de la arquitectura y la utilitaria de la construcción; una duda que, como ya hemos señalado anteriormente, se reproduce en otros ámbitos artísticos para pervivir bien entrado el siglo XVII. Entonces, como antes en la antigüedad, el problema reside en encontrar un modo de justificar el carácter mimético de la arquitectura, y la única solución avanzada por Vitruvio, esto es, el centrar en la columna el único medio para distinguir los tres órdenes arquitectónicos, establece una de las bases configuradoras de la convención escénica que van a perdurar hasta pleno Barroco: la columna se cualifica, según Vitruvio, por sus proporciones antropométricas, consolidando así una de las leyes de la perspectiva escénica renacentista que va, como

---

[8] *Cfr*. Lionello Venturi, *Historia de la crítica de Arte*, Barcelona, Gustavo Gili S.A., 1979. Sobre estos temas y los sugeridos en la nota anterior puede verse también *El pintor de artesano a artista*, de Julián Gállego, Granada, Universidad de Granada, 1976.

[9] *Cfr*. Cesare Molinari, «Il teatro nella tradizione vitruviana: da Leon Battista Alberti a Daniele Barbaro», *Biblioteca Teatrale*, 1 (1971), p. 30.

luego veremos, a decidir los lugares privilegiados para ubicar al actor en el escenario barroco.

Por supuesto, al mismo tiempo que durante el XV y XVI se lleva a cabo esa recuperación interpretada de la arquitectura clásica, el teatro realiza sus propios avances. También esto requiere ser contextualizado, porque ese desarrollo teatral específico se somete a condiciones que no se pueden desdeñar en esta somera aproximación a la historia de las convenciones teatrales. Por un lado, como indica el ya citado Molinari, la recuperación arquitectónica tiene en mente, como máximo, no tanto la idea de una representación, sino más bien la celebración de un hecho oratorio. La consecuencia es que, a semejanza del teatro clásico, el edificio teatral que emerge en el Renacimiento, conjuga las preocupaciones de perspectiva ya descritas (de entre las que no es desdeñable el paralelismo de ubicación de las gradas senatoriales y el del lugar privilegiado del príncipe barroco) con la búsqueda de una forma arquitectónica que garantice la difusión de la voz. Desearía avanzar aquí, a modo de conclusión provisional, lo que más tarde creemos verificar, a saber, que las convenciones escénicas nacen del compromiso entre instancias culturales, estéticas, en una palabra ideológicas (en el sentido amplio del término) y las exigencias tecnológicas, prácticas, que el oficio de un arte requiere.

La lectura que Ferruccio Marotti hace de los documentos y tratados renacentistas de asunto teatral es aún más radical, confirmando la ya expuesta por Molinari. Por abreviar la exposición transcribiremos el pensamiento del autor de una magnífica historia de los documentos del teatro italiano [10].

La edición, exégesis y comentarios de los escritos arquitectónicos clásicos, fundamentalmente de Vitruvio, se desarrollan de una manera autónoma de la paralela relectura de la teoría dramática clásica, fundamentalmente de Aristóteles. Y así, las más importantes experiencias, por ejemplo la codificación escenoplástica de Palladio y Daniele Barbaro del Teatro Olímpico de Vincenza, se producen totalmente separadas de cualquier exigencia de «montaje» de un específico texto dramático. Sólo S. Serlio se acercará al tema, pero no tanto conectando el edificio teatral con el drama, sino con el espectáculo, pero en general, como concluye en otro lugar C. Molinari, «la conciencia de la destinación práctica de la escenografía no le quitaba su valor autónomo, pues la escenografía era más bien creada *para* algo, como un palacio es construido para ser habitado, pero no *en función* de algo que la ocupase y absorbiese el significado» [11].

Esa conexión entre escenografía y drama se realiza lentamente desde

---

[10] Cfr. Ferruccio Marotti, *Lo spettacolo dall'Umanesimo al Manierismo*, Milano, Feltrinelli, 1974.

[11] Cfr. Cesare Molinari, «Scenografia e spettacolo nelle poetiche del Cinquecento», *Il Veltro*, VIII, 6, (1964), p. 901.

mediados del siglo XVI[12], con intermitentes victorias de uno y otro lado, de escenógrafos o «inventores» o bien de los dramaturgos o «poetas», delimitando ese espacio de la conexión o su feliz conjugación, el concepto de *espectáculo*, a cuya armónica síntesis se referirá tal vez, avancemos otra conclusión provisional, el concepto de «gusto de la representación» calderoniana, si bien, nos hemos atrevido a describir en otro lugar[13], la organización de todos los elementos escénicos en un arte autónomo no culminará hasta la teoría y práctica de *Arte teatral* propugnado por los renovadores del teatro del siglo XX.

III. Hacia una sistemática de la escenografía y el actor barroco

La consolidación del arte —en el que no hay que olvidar su filiación etimológica como «técnica»— del actor barroco es algo que ocupa un largo período, del que estamos igualmente lejos de realizar su descripción global como de poder establecer su evolución, si es que fuera posible determinar algún punto histórico de culminación.

Para la época en que Baccio del Bianco escribe sus cartas algunas cosas ya han cristalizado y trataremos de destacarlas a continuación. Pero en general el arte del actor es un equilibrio frágil (como siempre), en lo alto de la ola de una poderosa y confusa corriente de fuerzas, en ocasiones contradictorias.

Existe un esquema aceptado por todos para describir el proceso de producción teatral: éste se inicia en el *texto*, el cual es el lugar de reivindicación de un *autor*, por cierto en esa época muy cercano al mundo del oficio teatral, por tanto conocedor de sus requisitos, y en consecuencia con derecho a intervenir en el debate, cosa que frecuentemente ocurre en el Siglo de Oro; un texto que, a su vez, asimila los «adelantos» de la tecnología escenográfica, cuando no se enfrenta a esas posibilidades desde su realidad de literatura dramática. El *actor* adquiere el texto, cuando ocupa la conocida posición de «autor» de la compañía, o se somete al texto, cuando recibe el encargo de representarlo; en cualquier caso el actor aporta, con la libertad de un oficio que aún no está definido exhaustivamente, su parte en la representación. En cuarto lugar está el *espectáculo*, que remite a unas expectativas del público, del que destaca el público privilegiado del poder dominante, con sus propias exigencias; un espectáculo suficientemente dilatado o denso como para permitir una determinada autonomía, como es el caso de la evolución propia de la estética teatral y, en

---

[12] De esos avances que tienden a la articulación de los dos polos de la tensión, Marotti edita, para el caso italiano, los tratados de Giraldi Cinthio (1543), Leone Somni (1556-1561) y Angelo Ingegneri (1598). *Cfr.* F. Marotti, *Lo spettacolo*, pp. 221-308.

[13] *Cfr.* Antonio Tordera, «La recepción del teatro: historia de la mirada», *El curso del teatro* (en prensa).

concreto, la escenografía. En fin, la recepción del *espectador*, que, entonces como siempre, no es una mera actitud receptiva, sino activa, retroactiva sobre el escenario.

De todo ese proceso repleto de disfunciones, y de lo dicho hasta aquí sobre la paulatina inscripción de convenciones escénicas que la escenografía va creando, primero al servicio de otras artes y luego con una autonomía propia (no olvidemos el caso de «inventores» como Lotti que al margen de un espectáculo determinado diseñaban «muchas trazas de diferentes máquinas y artificios muy útiles y provechosos», que se empeñaban en introducir en la representación «a pesar del» texto), se puede concluir que el proceso de producción teatral de un espectáculo no era un proceso homogéneo, armonizado por una sola intencionalidad dominante. De esta manera podemos exponer que el trabajo del actor con respecto a la representación se mueve en un mundo de grietas, compromisos, tanteos e interferencias. Esta sería, en el actual estado de nuestro estudio, una de las hipótesis centrales que nos hemos propuesto verificar en un tiempo que desborda la presente exposición. Y como corolario de la misma hipótesis, la convicción de que la dinámica actor/escenografía, y por ende la del arte general del actor, sólo es posible describirla segmentando el extenso período del Barroco en parcelas tanto temporales como geográficas (y por supuesto atendiendo en cada caso a niveles diferentes, desde la identificación del género teatral que se trate, hasta el caso en que nos enfrentemos al teatro palaciego, de «corral» o a esas otras formas, verbigratia las procesionales, mucho más difíciles de fijar). El cambio es tan veloz, —implicando en esa velocidad las invenciones concretas introducidas, pero también la ocasión que ha generado la representación—, y los factores poseen tal nivel de desarticulación resistente a la clasificación generalizadora, que lo único sensato sería ceñirse al estudio de determinados espectáculos, siquiera sea justificable esta propuesta metodológica por el hecho de que sólo poseemos datos suficientes para algunas concretas representaciones.

Desde esa aparente desintegración de la cualidad sistematizadora que parece requerir la mente teórica, es posible deducir algunos temas a estudiar, que será necesario seguir investigando, esta vez en relación dialéctica con el trabajo de los actores. Al menos se me ocurren tres apartados centrales: 1.º Espacio escénico y actores. 2.º Actores y aparatos escenográficos. 3.º Texto dramático y concepción del espectáculo. Veamos ahora algunos datos significativos al respecto.

1º. Espacio escénico y actores

Demos por supuesto y por suficientemente demostrado que el escenario es diseñado como una resolución geométrica, en volumen, de los problemas planteados por las restantes artes, en especial la pintura y la arquitectura, pero «en teatro», con la salvedad de que debe inscribirse claramente en el diseño la ubicación del lugar del rey, en tanto el otro punto de vista primordial enfrentado al escenario, como ha mostrado, entre otros, John Varey. Sin embargo, si bien esto es cierto, a medida que el edificio teatral se consolida más allá de la simple satisfacción de las fiestas en los salones del rey, el punto de vista de éste debe ser *compatible* con el conjunto de miradas del resto del público, garantizando la visibilidad (y la buena acústica) desde las restantes localidades de la sala, para lo cual los tratados de construcción de la época, como es sabido, hacían desplazarse a un observador por todos los lugares posibles de la sala y «tirar» desde allá un hilo, real o imaginario, a fin de salvaguardar la ilusión escénica sin fisuras que descubriesen el engaño visual.

Recientemente ha documentado muy acertadamente esta problemática y su resolución arquitectónica Amadei-Pulice[14], subrayando los valores políticos que movían esas soluciones: Ya desde 1600, fecha de *Perspectivae, libri sex* de Guidobaldo del Monte, maestro entre otros de N. Sabbattini, se resuelve la fórmula geométrica tan buscada por los escenógrafos del Renacimiento, que compagina la primacía del rey y el derecho de los demás asistentes[15], aunque sea preciso reconocer que carecemos de informaciones precisas sobre la datación primera de la escena con bastidores.

El ojo del espectador se hace así coincidir con el punto de vista escénico, poniendo de este modo en marcha una serie de relaciones entre la sala y el escenario, que a partir de entonces implanta una nueva unidad orgánica entre ambas realidades sobre las que se solapa el juego más filosófico, extensible a todo el Barroco, entre apariencia y realidad, como razona Amadei-Pulice.

La escuela italiana de escenógrafos de los Parigi (padre e hijo), Lotti, Del Bianco («un maestro en perspectiva»), Francesco Ricci, etc., irán perfilando el prototipo de escenario barroco como un conjunto ordenado de «escenas cóncavas y profundas con cuatro, o más, bastidores laterales movibles y uno del fondo», asimismo capaz en los telares y el subsuelo del escenario de albergar el conjunto de máquinas que permitan llevar a cabo las mutaciones lo más simple y rápidamente posible, en cuya habilidad de ejecución destacó un rival y contemporáneo de Del Bianco, Giacomo Torelli, colaborador en la puesta en escena de *Andrómeda* de Corneille,

---

[14] *Cfr.* A. A. Amadei-Pulice, «Realidad y apariencia: valor político de la perspectiva escénica en el teatro cortesano», *Actas del Congreso Internacional sobre Calderón y el Teatro Español del Siglo de Oro*, ed. L. García Lorenzo, Madrid, CSIC, 1981, pp. 1519-1531.

[15] «L'aritmetica poteva ben riguardare la città democratiche, poiché essa insegna i rapporti di eguaglianza; ma solo la geometria (della quale la prospetiva è figlia) dovrebbe essere insegnata nella città oligarchiche, poiché dimostra le proporzioni nelle ineguaglianza», afirma L. Zorzi en la «Introducción» a *Il luogo Teatrale a Firenze*, citado por Amadei-Pulice, «Realidad», nota 7, p. 1523.

pocos años antes de que Calderón escenifique las *Fortunas de Andrómeda y Perseo*[16].

De todos esos hallazgos hay puntual noticia y precisas instrucciones en el conocido libro de N. Sabbattini[17], quien nos proporciona el medio usualmente aplicado para localizar los dos ejes de la planta de un edificio teatral, los puntos de «distanza» (en el centro de la sala y a una altura determinada que garantice la igual visión de los laterales) y el de «concorso» (ubicado usualmente entre el segundo y el tercer bastidor, a una altura de pie y medio, aproximadamente, y en el centro de una línea paralela al proscenio aunque, según Sabbattini, fuese posible localizarlo en esa línea pero no centrado, si bien fuese «de mejor efecto» hacerlo partir del medio).

Con ello la transposición sobre el escenario de los principios de la pintura parecían garantizados[18] pero, al margen de esa dialéctica teatro/pintura por definición irresoluble, lo que queda establecido son unos puntos de referencia en el escenario desde los que cabe leer con provecho los textos dramáticos si bien, precisamente por tratarse de dos lenguajes artísticos diferentes, debe tenerse la cautela, no siempre observada por los investigadores, de leer los documentos gráficos de las escenificaciones no como si de obras pictóricas se tratase, sino como materiales de un trabajo escenográfico específico[19].

Todo ello era válido, digamos «en teoría». Pero ¿cómo ser coherentes con las ideas iniciales cuando el espectáculo empieza y deben ser cumplidos los derechos del auditorio? Nos referiremos aquí solamente, —y con la brevedad que se justifica por tratarse de una investigación actualmente en desarrollo—, a dos aspectos. El primero consiste en que una vez iniciada la representación los actores se desplazan en el escenario, trastornando con el volumen de sus cuerpos y sus gestos, etc., el efecto visual tan meticulosamente

---

[16] A Torelli se le atribuye la invención de un sistema de poleas y contrapesos que le permitían cambiar con un solo movimiento y casi instantáneamente toda la escena. Sobre esta velocidad y simplicidad de la mutación volveremos más tarde. *Cfr.* a propósito de Torelli, P. Bjurstrom, *Giacomo Torelli and Baroque Stage Design*, Estocolmo, Nationalmuseum, 1961.

[17] Véase Nicola Sabbattini, *Practica di Fabricar scene e machine ne'teatri*, Roma, Centro Di Ricerche Teatrali, 1955, un libro atractivo en su precisión, aún aceptando que los métodos prácticos que en 1638 recoge están ya algo envejecidos con respecto a lo que están haciendo sus contemporáneos. Su virtud es la concreción, sin las explicaciones y los afanes de los Buontalenti, Aleotti, Guitti; y en esa sabiduría de oficio reside aún hoy su interés.

[18] Una transposición reforzada por la introducción de abundantes términos de la pintura en los textos dramáticos. La presencia del universo pictórico en los dramaturgos españoles del XVII ha sido muy estudiada. Véase, entre lo más reciente, Emilio Orozco, «Sentido de continuidad espacial y desbordamiento expresivo en el teatro de Calderón. El soliloquio y el aparte», *Actas del Congreso Internacional sobre Calderón*, pp. 125-64, con abundante bibliografía. También Simón A. Vosters, «Lope de Vega y la pintura como imitación de la naturaleza», *Edad de Oro*, VI (1987), pp. 267-85.

[19] Una lectura escenotécnica de los bocetos exhumados por Angel Valbuena Prat y Ph. Deaborn Massar ha sido realizada eficazmente desde parámetros históricos y literarios por Rafael Maestre, en *Escenotecnia del Barroco: el error de Gomar y Bayuca*, Murcia, Universidad de Murcia 1989; y «Calderón de la Barca-Baccio del Bianco: un binomio escénico», *Cuadernos de Teatro Clásico*, respectivamente (en prensa).

dispuesto en el diseño escenográfico, de manera que el actor con su interpretación parece amenazar la perspectiva. El segundo problema lo constituyen los naturales derechos del público a una buena acústica.

El primer problema ya lo había enunciado Palomino en su *Teoría de la pintura* al plantearse que «aunque la vista esté inmóvil, si el objeto muda de sitio o actitud, por la misma razón se desencuadernará toda la obra», y los escenógrafos y los hombres de teatro al enfrentarse con una dificultad similar en el escenario debían resolverlo *técnicamente*, de manera que se atendiese tanto a los desplazamientos de los actores como a la diversa ubicación de los espectadores en la sala, y a la vez se salvase el hecho de que en una mirada cambiante permaneciese un solo punto de vista.

La solución como es lógico afectaría tanto al escenario como a la dramaturgia, y siendo técnica generaría *convenciones*. Ello vendría resuelto segmentando el escenario, de proscenio a foro, en una serie de planos sucesivos y en degradación convergente: a) Del proscenio a los primeros bastidores: ubicación, —por respetar al máximo, recordemos, la medida del hombre propuesta por Vitruvio—, del lugar de la acción por excelencia. b) De allí hasta el foro y aprovechando el plano inclinado del escenario apurar las posibilidades de la perspectiva. c) Articulación de todo el espacio escénico en torno a la matriz generadora que es el «punto de concorso». d) Subdivisión del escenario en calles y cajas con una utilidad tecnológica (mutaciones) y de interpretación (convenciones) que luego veremos. e) Los ejes así privilegiados (Puntos a y c) deciden las salidas, dirección y llegadas de los aparatos aéreos. f) Aplicación en el ámbito escenotécnico y dramatúrgico, de la economía de escenas, que se clasifican en *cortas* («la que no pasa de tres telares por cada lado») y *largas*, a las que más tarde se añadirá un tipo intermedio, las *medianas*: Orsini, aún en 1785, mantiene esa dosificación que nace de la experiencia cuando dice «esa división viene requerida por la comodidad de las operaciones y por la economía. Es muy raro el caso en el que se puedan cambiar en sucesión dos escenas largas, y que no sea necesaria la corta para preparar cómodamente la larga». g). Por supuesto ésta y otras operaciones deberían ir acompañadas del perfeccionamiento de la tecnología de la tramoya.

El resultado final, tras esa exploración de las infinitas posibilidades de un escenario, es un espacio al que corresponde un mapa preciso, con una nomenclatura inequívoca, necesaria para la labor de los tramoyistas; una cartografía repleta de sugerencias, también, para el autor, que tiene así a su disposición los elementos adecuados para la escritura de sus textos. Eso conlleva un conjunto de decisiones e intervenciones operativas sobre el escenario conocidas por las gentes del oficio, hasta tal punto que no dudo en llamarlas *acotaciones-no-escritas*, tan significativas como las que explícitamente encontramos descritas en el texto dramático o implícitamente en el diálogo de las obras del teatro.

Ese mapa, sin embargo, no es «natural», en el sentido de que se justifique exclusivamente por su funcionalidad, pues sobre las divisiones se sobreponen, a modo de hipóstasis, las convenciones interpretativas de la época.

Y en tanto convenciones pueden ser transgredidas por los actores, por las razones al principio descritas, o bien enfrentarse a otras convenciones o, como mínimo «costumbres». El pasaje inicialmente citado de Baccio Del Bianco testimonia ambas posibilidades. Como ejemplo de convención asumida claramente por el italiano se puede señalar la «puntualità delle strade». Cita Del Bianco el hecho frecuente en el teatro español de que saliendo un enemigo en búsqueda de su rival, y entrando éste por el lado contrario de la misma calle, hace como que no lo ve, —cuando la convención lo hacía inevitable—, y monta en cólera. Pero ¿cómo podía desaprovechar el actor esa ocasión de lucimiento corporal, de exhibición de su dominio de las técnicas adecuadas para simular la ira, esa secuencia de gesticulación y sonidos que a buen seguro atraería la atención del público sobre su persona y que tal vez contribuiría a «amenizar» la representación?

Esa y otras convenciones, como la de «pulitteza delle scene» eran transgredidas por los actores españoles a los ojos del ingeniero italiano de una manera tan reincidente que más bien, por otro lado, nos hace pensar en «costumbres» interpretativas diferentes que poseen la fuerza de convenciones autóctonas: así, en lugar de hacer coincidir el último verso con la salida de escena, nuestros actores, vuelven la espalda, pues con «un voltar di schiena si intende essere dentro».

No basta argüir la incultura de nuestros actores o la cólera del español sentado, ni es justo sumarse a los juicios de desprecio que los viajeros extranjeros emitían sobre el arte del actor español: la aparición en un aparato de gloria de cuatro pícaros no puede ser despachada taxativamente como una «suciedad» escénica, sino que tal vez responde a ese rasgo, tan reiteradamente aplicado en la literatura española, que gusta de mezclar lo sublime con lo grotesco y que con seguridad sería un estímulo justificatorio tanto para el público como para el actor.

Problemas y soluciones similares se hallan en el tema de la acústica antes enunciado. Ya en 1556 Leone di'Sommi establecía como regla general que «los actores deben tender a recitar lo más central y más cercano al proscenio que sea posible, tanto para acercarse al máximo a los oyentes como para situarse lo mas posible en la perspectiva de la escena», atendiendo así sin duda a los requisitos que el naciente melodrama italiano urgía.

Estas instrucciones actorales obviamente venían reforzadas por precisas intervenciones tecnológicas, sobre un supuesto comparativo del que no me resisto a transcribir, a pesar de lo avanzado de las fechas, dos testimonios. El primero se debe a Bibiena, que aconseja que «el escenario y la sala deben estar cubiertos de tablas delgadas y bien ensambladas, y por debajo, en la parte oculta, debe ser de tablas gruesas, de manera que todo el espacio fuese como *un instrumento bien afinado*». Parecido recurso es observado por Scipione Maffei, cuando en 1732 describe el Teatro de Verona: «La voz se proyecta óptimamente, ayudándose el buen efecto al haber ordenado el

Arquitecto poner dos telares, uno de maderas delgadas y agujereado, y otro dos brazos más alto (...) con lo que el escenario viene a corresponder a *la caja de un instrumento*». (Subrayo ambas expresiones aunque sólo sea para lamentar la falta de sensibilidad en este tema en muchos de los teatros actuales).

La sonoridad debía, pues, ser conjugada con la perspectiva, y éste era un problema nuevo con el que se enfrentaban los diseñadores italianos del teatro, ya que durante el tiempo en que el espectáculo se ofrecía en salas rectangulares, de paredes altas y un público reducido, no se les presentaban las mismas dificultades que surgen cuando el edificio teatral va tomando su silueta definitiva en forma de herradura y con una audiencia dispuesta en localidades de diverso nivel y precio, pero que reclamaba el derecho a oír en igualdad de condiciones para todos. Sólo la aplicación de unos materiales adecuados y el hallazgo de la forma feliz podía ser la solución que a la vez salvaguardase la ilusión teatral.

2.º Actores y aparatos escenográficos

«Con los aparatos se imita la acción verdadera», escribe Giraldi Cinthio en 1543. Sólo esta afirmación, en un momento en que la tecnología de los aparatos escenográficos está aún en estado balbuciente, sugiere hasta qué punto el tema requeriría un desarrollo monográfico. Sólo haremos aquí algunas observaciones.

La escenografía móvil, —pues por aparatos quisiéramos abarcar tanto los estrictamente aéreos como la maquinaria que permite las mutaciones—, crece de manera vertiginosa durante todo el Siglo de Oro, con una progresiva perfección (aunque desde el avance técnico actual nos parezca tosquedad) tanto en su diseño como en su uso, por lo que con justicia puede decir R. Maestre: «los elementos tipológicos de la escenotecnia italiana de finales del siglo XVI y principios del XVII, como herencia para Fontana, Lotti y Del Bianco, van a permitir que el personaje psicológico del espectáculo mitológico de Calderón sea la maquinaria —no el texto literario—, en su amplia significación aplicativa a la escena ya que este contenido no está en el texto, sino en aquélla»[20].

Esta afirmación, al margen de las sólidas argumentaciones de Maestre, se justificará plenamente en el siguiente epígrafe y conclusiones; por el momento conformémonos con subrayar algunas consecuencias que atañen al problema actoral, no sin antes insistir en que el uso adecuado de los aparatos, como

---

[20] *Cfr.* Rafael Maestre, «El actor calderoniano en el escenario palaciego», en este libro y «La gran maquinaria en comedias mitológicas de Calderón de la Barca», en *El mito en el teatro clásico español*, coord. F. Ruiz Ramón y C. Oliva, Madrid, Taurus 1988; pp. 55-81.

atestiguará Calderón en sus desavenencias con Cosme Lotti[21] y demuestra el mismo Maestre, hace viable el análisis dramatúrgico de una representación no tanto por las entradas y salidas de personajes, como por el ritmo argumental impuesto por las mutaciones y apariciones de aparatos.

Resta mucho por estudiar sobre la cuestión, como, por ejemplo, si fuera posible su reconstrucción, analizar la tecnología de los aparatos y así tener indicios del *tempo* de sus movimientos, contrastándolos con los parlamentos que los personajes deben pronunciar durante el tiempo de su aparición en escena y hasta la llegada a los puntos privilegiados del escenario que constituyen el destino final de su trayectoria.

En lo que respecta a los actores, lo primero que se deduce es que algunos de ellos debieron ser consumados acróbatas, como sin duda lo fue la actriz que encarnó a la Discordia al final de la Jornada I de las *Fortunas de Andrómeda y Perseo*, que en su lucha con Palas debía caer de una altura de 18 brazos toscanos, a gran velocidad, y deteniéndose cerca del suelo, «una caduta che Dio, escribe Del Bianco en 1653, ci ha posto le sue mani, a fare che quella povera muciacia bella come un angelo, non abbia rotto il collo»[22].

Pero lo más destacable, coherentemente con la citada «personalización» de las máquinas, es la diversidad de las mismas, «porque hay unas que convienen para un milagro, y otras, para otro diferente», instruye López Pinciano, (aunque limite su uso a las comedias de santos)[23]; una diferencia que se basa en su funcionalidad, o mejor dicho, en la cualidad de los personajes que debe transportar, lo que deriva en diferentes modos de «interpretarlos», tanto el público como el actor: éste último en su manera gestual de ir en ellas, «porque el ángel ha de parecer que vuela, y el santo que anda por el aire, los pies juntos». Exigencias de diversificación que, sin duda, constructores como Sabbattini atendían al dar las instrucciones pertinentes respecto a su fabricación, peso, estribos, etc.

Qué duda cabe con lo dicho que, ya en 1596, el actor poseía una profesionalidad, a la que el Pinciano llamaría «ornato», adquirida mediante un aprendizaje de todas las artes que se le suponían, por supuesto la dicción y las técnicas de imitación, pero también («en suma, vea el actor y estudie las especies que hay de máquinas y artificios») el uso y la «personalidad» de los aparatos, cuya función, apenas esbozada aquí, no puede entenderse sin complementarla con lo que se refiere al espectáculo en el siguiente apartado.

---

[21] *Cfr.* J. E. Varey, «Calderón, Cosme Lotti, Velázquez and the Madrid Festivities of 1636-1637», *Renaissance Drama*, New Series I (1968), pp. 253-82. El testimonio directo de Calderón fue editado por L. Rouanet, «Un autographe inèdit de Calderón», *Revue Hispanique*, VI (1899), pp. 196-200.
[22] *Cfr.* M. Bacci, «Lettere», p. 71.
[23] *Cfr.* Pinciano, *Philosophia*, p. 279.

3.º Texto dramático y concepción del espectáculo

Hemos empezado este trabajo describiendo cómo durante un largo Renacimiento la recuperación ideal de la arquitectura clásica, por un lado, y la tratadística dramatúrgica, de raíz aristotélica principalmente, por otro, crecieron de manera autónoma; un divorcio que se agravó con el febril desarrollo de la técnica escenográfica y la constante invención de tramoyas.

Ya Lope de Vega había «sufrido» ese conflicto a principios del XVII[24], pero a pesar de lo que Eugenio Asensio llama el triunfo de Lope, esa falta de armonía entre poesía dramática y tramoya continuará durante toda la centuria, hasta el desaforado triunfo de la maquinaria escénica durante toda la primera parte del siglo XVIII[25].

Podríamos suponer que los trabajos teatrales de Calderón de la Barca son una conjugación equilibrada de ambos aspectos, tal vez momentánea, si atendemos a su vida y a lo que ocurrió tras su desaparición, es decir, que quizás Calderón no logró siempre su propósito, en especial en los momentos en que no controlaba todos los poderes en la escenificación palaciega, pero es indudable, a nuestro juicio, que en él era plenamente consciente el modo como se debía obrar en este asunto.

Un episodio sintomático de esa consciencia se encuentra en el enfrentamiento de Calderón con Lotti al que ya nos hemos referido. Poco importan aquí los detalles filológico-históricos[26]; lo significativo es que Calderón se resiste a guardar el orden propuesto en la «invención de Cosme Lotti» y, con la mano segura de un director escénico que sabe lo que quiere, hace elección de algunas de las apariencias, rechaza otras, varía su orden y cambia transformaciones. Y todo ello porque «la traza de ella no es representable por mirar más a la invención de las tramoyas que al gusto de la representación».

Me parece que el concepto de *gusto de la representación* es mucho más que el simple atender a la complacencia del público de la Corte, y que, en su lugar, puede leerse, si se nos acepta el anacronismo, una concepción que hoy sin duda llamaríamos puesta en escena.

La feliz simbiosis de trabajo entre Calderón de la Barca y quien más tarde ha sustituido a Lotti, nuestro apreciado Baccio del Bianco, ilustra, adccuadamente, lo que Calderón entendía como un verdadero trabajo en equipo en la puesta en escena: proponer la comedia, adaptación por el

---

[24] *Cfr.*, por ejemplo, Eugenio Asensio, «Tramoya contra poesía. Lope atacado y triunfante», en AA.VV., *Teoría y realidad en el teatro español del siglo XVII. La influencia italiana*, ed. Francisco Ramos, Roma, Publicaciones del Instituto Español de Cultura y de Literatura de Roma, 1981, pp. 257-70.

[25] Véase, como ejemplo de análisis lúcido, René Andioc, *Teatro y sociedad en el Madrid del siglo XVIII*, Madrid, F. Juan March/Ed. Castalia, 1976.

[26] *Cfr.* Rafael Maestre, «Calderón de la Barca-Baccio del Bianco», especialmente notas 8 a 11 donde se da cabal razón de los testimonios de Calderón, obra a representar, etc.

dramaturgo toscano de la maquinaria escénica a aquélla, discusión en común de las soluciones alternativas, etc., todo lo cual era posible por la nueva mentalidad del italiano y por la insistencia de Calderón, de todo lo cual tenemos un suficiente ejemplo en la ocasión en que se representa *Fortunas de Andrómeda y Perseo*[27].

Esa intención organizadora, de «obra total», la desarrolla Calderón, especialmente, por la libertad que da el tema, en las comedias mitológicas. Hemos dicho, sin embargo, que Calderón actúa movido por una consciencia lúcida de director escénico, y ahora sería el momento de matizar el posible anacronismo, añadiendo algunas observaciones. Por ejemplo, que las motivaciones calderonianas son múltiples, ya que en su articulación escénica de los mitos está persiguiendo la creación de un mundo poético, y por eso autónomo[28], la cohesión entre la organización del espacio externo y el orden interno de las secuencias dramáticas, por ejemplo articulados en torno al tema del jardín[29], y todo ello, en última instancia, como plasmación de su ideario filosófico y cristiano del *Theatrum mundi* en relación con un microcosmos escénico armónico, pero constantemente desbordado[30].

Ese universo semántico ha sido estudiado frecuentemente por los especialistas y no es necesario insistir en ello. Sí que es útil, sin embargo, subrayar que la misma operación armonizadora que hemos observado en Calderón con respecto a la tramoya, se constata en el resto de los lenguajes escénicos, y a ello responde, volvamos al principio, tanto la estructura pictórica, que fascina a Calderón (más allá de su gusto por la terminología de ese arte) y a la que parece aspirar, como la utilización de la música[31], o bien en la simbiosis de recursos dramático-literarios, verbigratia la anticipación y la oportunidad de los aparatos.

Al margen de las diferentes matizaciones y del alcance último de sus motivos, lo que emerge en esa segunda mitad del XVII es un poderoso movimiento de organización del espectáculo, que colocando en el centro del

---

[27] Véanse, además de los trabajos de Rafael Maestre citados, que esperamos sean publicados pronto, Phyllis Dearborn Massar, «Scenes for a Calderon Play by Baccio del Bianco», *Master Drawings*, XV, 4 (1977), pp. 365-75. De los once diseños, diez son publicados por Jonathan Brown y J. H. Elliot en *Un palacio para el rey*, Madrid, Alianza, Revista de Occidente 1981; Sebastián Neumeister, «Calderón y el mito clásico (*Andrómeda y Perseo*, auto sacramental y Fiesta de Corte)», *Actas del Congreso Internacional sobre Calderón*, pp. 713-21.

[28] *Cfr.* Neumeister, «Calderón», pp. 715-16.

[29] *Cfr.* José Lara Garrido, «Texto y espacio escénico (el motivo del jardín en el teatro de Calderón», *Actas del Congreso Internacional sobre Calderón*, esp. pp. 943-45.

[30] *Cfr.* Emilio Orozco Díaz, «Sentido de continuidad espacial y desbordamiento expresivo en el teatro de Calderón. El soliloquio y el aparte», *Actas del Congreso Internacional sobre Calderón*, pp. 129 y 144 ss.

[31] Aún no estando de acuerdo plenamente con sus tesis, pues nos parece que en ocasiones la música tiene la función de ocultar el ruido de las maquinarias escénicas o, como mínimo, potenciar el efecto visual de las mismas, véase la intención aglutinadora que para Calderón tiene la música según Jack Sage, «Calderón y la música teatral», *Bulletin Hispanique*, 58 (1956), pp. 275-300.

mismo al actor como emblema del lugar central del hombre en la naturaleza y la realidad, tiende a la vez a construir el gusto de la representación, esto es, la conjunción de: las convenciones precedentes, las nuevas posibilidades tecnológicas, la lógica de la narración, y en medio de todo ello, como disfrutando de ese paréntesis provisional en la historia del espectáculo, el actor.

IV. Algunas preguntas para seguir avanzando

De ese *gusto* que Calderón reivindica para la representación no habría que excluir al natural destinatario de esta última, el público.

Lo que ocurre es que los españoles del XVII no parecen concordes a propósito del tema que nos ocupa, la escenografía cambiante y la aparición de aparatos. Si hemos de creer a Juan Calamus «Scenarum mutationes Hispani superfluas judicant: quas tamen Itali esse necessarias supponentes in theatri fabrica»[32], sin embargo, la abundancia de oferta y las peticiones del Rey a sus homólogos italianos denotan que la maquinaria escénica respondía a un gusto generalizado.

En efecto, no todos los espectadores comulgaban con la austeridad de aquel grupo de intelectuales sevillanos tan admiradores de Lope por sus obras de poesía dramática desnuda[33], pues ya es sabido cómo el público, especialmente el de Palacio, era amante de la ostentación escenográfica en el espectáculo, si exceptuamos a aquellos moralistas que, considerando lícita la maquinaria en las comedias de santos, veían una competencia peligrosa en el uso de los artilugios de lo maravilloso en obras de tema no religioso.

Por las indagaciones de la relación del público con esos aspectos fantásticos del escenario sabemos que producían «admiratio» y placer y que en la medida en que la transformación fuese más rápida y total el placer y la admiración eran mayores, de manera que creo que, entre otras cosas, el mismo proceso de la mutación era ya parte del goce.

No basta responderse que es la reacción lógica ante lo maravilloso en una cultura del espectáculo como parece que fue la del Barroco, ni tampoco es suficiente pensar en esa prioridad del ojo, según la cual, para Aubrun, por ejemplo, «la ostentación consiste más en lo que se ve que en lo que se oye», pues siendo esto cierto (sería ocioso aquí insistir en las tesis de J. A. Maravall) desdeñaríamos, injustamente, la presencia de la música en la cultura y en el teatro de la época, a la que el propio Calderón le atribuye

---

[32] *Cfr.* Juan Caramuel, *Primus Calamus*, Epístola XXI, Nota XIV, en F. Sánchez Escribano y Alberto Porqueras Mayo, *Preceptiva Dramática Española*, Madrid, Gredos, 1972, p. 307. Esa afirmación reaparece veinte años después en el P. José Alcázar, *Ortografía castellana*, en Sánchez Escribano y Porqueras Mayo, *Preceptiva*, p. 337.

[33] Me refiero a los firmantes en Mayo de 1626, de la carta de apoyo a Lope de Vega; *cfr.* Asensio «Tramoya» pp. 262 ss.

(«es Dios su Músico») un origen teológico en *El divino Orfeo*, y capaz de «effetti» tan eficaces como los visuales[34].

Siendo todo ello cierto me parece que las preguntas deben ir encaminadas a plantear el efecto que la movilidad del escenario tenía sobre los espectadores.

La primera respuesta procede de la pedagogía: esas secuencias volantes de escenografía o las transformaciones escénicas permiten llegar allá donde el concepto de las palabras no alcanza: «illarum enim varietate doctorum et indoctorum oculi delectantur»[35] y por ello mismo, incluso para los cultos, puede ser un utilísimo dispositivo para reforzar las ideas contenidas en los versos.

Habría que añadir el carácter de la comedia «de los sentidos banquete», por supuesto, pero la maravilla ante lo maravilloso requiere respuestas que, seguramente, desbordan la sociología del gusto.

Me parece que, además de otras explicaciones, una motivación subyacente reside en la circulación de *afectos* que esos elementos móviles del escenario podían desencadenar, poner en marcha y encauzar.

Me pregunto qué afectos profundos, por qué caminos del alma discurrirían y en qué medida el cuerpo de los espectadores, su imaginación y su sensibilidad serían arrebatados por las transformaciones y los viajes aéreos de la escenografía.

Estoy convencido de que en el espectáculo barroco se producía, con el protagonismo del actor, un circuito de apariencias y afectos.

Mientras trabajo en ello recuerdo la frase de Francisco Fernández Caso, uno de aquellos espectadores que nunca volveremos a ser: «Las descripciones y encantos que en los libros de caballerías fueron increíbles y disparatados, vimos aquí con los ojos».

---

[34] Recuérdese no sólo los aspectos medicinales de la música en el folklore o la importancia de la música en los intermedios teatrales, sino su potente presencia en el meollo de los espectáculos, como han demostrado los musicólogos del XVII.

[35] Y también, «summa delectatione videt, doctus, indoctus; simulque in unum dives, et pauper». *Cfr.* Caramuel, *primus*, pp. 307 y 308, respectivamente.

TERCERA SESIÓN

ACTORES Y TÉCNICAS DE REPRESENTACIÓN DEL TEATRO CLÁSICO HOY

SOBRE LA CONSTRUCCION DEL PERSONAJE TEATRAL CLASICO: DEL TEXTO A LA ESCENA.

Francisco Ruiz Ramón
(Universidad de Vanderbilt)

No hace mucho Luciano García Lorenzo en su «Balance del teatro clásico español en la escena actual»[1], enumeraba una treintena de títulos del XVII representados por compañías profesionales durante esta década última, del 76 al 87. De esa treintena de montajes, yo no he visto más que unos diez, es decir, apenas una tercera parte. Este hecho, que debo hacer constar desde el principio, debería descalificarme en buena medida para participar en esta sesión sobre teatro clásico y actor (actuación) hoy. Mi condición de forastero, que viene durante los veranos, y ve sólo unas pocas representaciones de clásicos, me inhabilita como testigo, tanto de cargo como de descargo, del fenómeno existencial, social, cultural y, naturalmente, ideológico tanto como estético, de la puesta en escena y la representación actual de los textos clásicos, problemáticamente vivida por los actores españoles —no hablemos de los hispanoamericanos— día a día y, en general, por el colectivo hombre de teatro (director, escenógrafo, refundidor— figura, al parecer, inevitable o inevitada en no pocos casos, cuya función no es siempre clara ni tampoco oscura: quizás sólo turbia).

Hasta hace tres años mi experiencia de espectador de teatro clásico se producía, regularmente, cada septiembre durante los Festivales de Almagro, a los que César Oliva dio categoría internacional, o en los otros Festivales de teatro clásico español en América, no la hispana, sino la anglosajona, en el Chamizal, junto al río Grande, en la raya entre Texas y México, cada mes de marzo, donde podía ver alguna compañía española y unas cuantas hispanoamericanas, aunque muy pocas técnicamente profesionales. Estos tres últimos años no he podido ni siquiera disfrutar de tal experiencia. Sólo de oídas o de leídas. Pero ni lo oído ni lo leído pueden constituirse en cédula que me autorice a hablar de lo que no he visto.

Sirva este preámbulo, no de *captatio benevolentiae* para disponer al perdón o al disimulo de mis fallas, faltas o ignorancias *de facto*, dada mi condición de ausente, sino de mostración de que nada de cuanto diga puede

---

[1] Luciano García Lorenzo, «Balance del teatro clásico español en la escena actual», *Insula*, 492 (Nov, 1987) pp. 21-22.

interpretarse como crítica o comentario, ataque o alabanza de montajes, actuaciones, espacializaciones o refundiciones (=versiones, adaptaciones) concretas y singulares. En realidad, y éste es el mayor defecto, o la mayor insuficiencia de mi ponencia, no tengo más remedio que hablar en términos generales, entre teóricos y abstractos, sin estar seguro ni saber de veras para qué puede servir mi intervención.

Con razón se queja el actor —aunque no siempre con razones—, y no sólo el español, sino también el inglés o el francés —el cual debe coger por los cuernos el tremendo toro del texto teatral clásico de Calderón o de Lope, de Shakespeare o de Racine y Corneille— de las lecciones, conferencias, ponencias, comunicaciones, cursos monográficos, seminarios, talleres, artículos o libros donde los profesores universitarios hacen lecturas universitarias de esos textos sin decir nunca al actor, al hombre de teatro, lo que vitalmente le interesa: ¿cómo funciona realmente el texto en la escena? ¿Cómo solucionar física, materialmente los problemas del texto? ¿Cómo conciliar el texto clásico y las convenciones actorales del siglo XVII, presentes en la génesis y el proceso de construcción dramática de aquel, con la tradición (o falta de tradición) actoral actual? ¿Cómo acordar el «énfasis» y el «simbolismo» que el lenguaje dramático en verso porta con el estilo llano? ¿Qué hacer o cómo hacer con el verso?

Estas preguntas, entre otras, son las que el actor parece plantear al texto y para las que espera respuestas, y no sólo teorías, aunque no puedan responderse sin un mínimo andamio teórico. Como ni García Lorenzo ni yo somos actores, tenemos que hacerle las preguntas al texto, partiendo de una hipótesis de trabajo que —esperamos— comparta el actor. Nuestra hipótesis de trabajo puede enunciarse en forma de pregunta —retórica, naturalmente—, ésta: ¿No estarán las soluciones a los problemas del texto clásico en el texto mismo?

Si se acepta esta hipótesis, el único procedimiento eficaz y la única precaución necesaria, más aún, la única condición *sine qua non* será, obviamente, —valga Pero Grullo— la de *leer el texto de teatro clásico*, el texto concreto y singular, no el general y abstracto del teatro clásico. Ahora bien, ¿cómo leerlo? Quiero decir: ¿cómo leer con nuestros ojos de lectores de finales del siglo XX un texto escrito en el siglo XVII?

Pienso que hay que tener en cuenta —en principio, por razones tácticas— ciertas premisas o presupuestos (sólo dos y de manera muy breve) que ayuden a leer de veras el texto de verdad, es decir ni el del XVII como texto absoluto, pues todo lectura arqueológica es una utopía o una abstracción, ni el del XX como texto igualmente absoluto, pues toda lectura exclusivamente contemporánea es anacrónica y no menos una abstracción; ni, desde luego, como sustituto o sucedáneo del texto, su refundición o versión o adaptación que, la mayoría de las veces, supone la renuncia o la incapacidad para, de veras, leer el texto.

Y también estimo que hay que cuestionar —por idénticas razones tácticas— otros ciertos presupuestos o premisas (dos también) que puedan ocultar, disfrazar, empobrecer o negar el texto e impedir o coartar su lectura, interponiendo entre la mirada lectora de ojos del siglo XX y la letra del XVII del texto estereotipos sacralizados —no *importa si la sacralización está hecha «a lo profano»* o «a lo laico» o «a lo divino» —producto de ideologías o contraideologías pasadas o de poéticas y contrapoéticas no menos pasadas, pero conservadas en perfecto estado de momificación activa o actuante, puesto que momifica el acto del leer el texto.

1. El primer presupuesto de toda lectura del texto teatral clásico tiene que ver, por una parte, con la índole específica de la lectura misma, y, por otra, con la polisemia del texto que se lee; polisemia que, además, funciona por relación a la letra del XVII y al ojo del XX. Como el texto que he elegido para mi «minitaller» de lectura es *La vida es sueño* (una sola escena corta) me voy a permitir —abusando de la paciencia de algunos de mis colegas presentes— utilizar como ejemplo un texto, ya citado y comentado por mí recientemente, del crítico catalán del siglo pasado, Ginard de la Rosa, quien en 1881 en el *Homenage a Calderón* escribía:

> *La vida es sueño* es un drama religioso, y entonces aborda los problemas de la caida y la expiación, o poema filosófico, y resuelve el destino del hombre y la fuente del conocer, o lección moral que nos desengaña acerca de las ilusiones y las vanidades del mundo, o poética enseñanza de lo que es el hombre sin el freno de la educación, o protesta revolucionaria, y combate la violencia social que sofoca la libertad so pretexto de evitar sus extravíos, o lección política, y enseña a los pueblos a lo que conduce el mal uso de la libertad, o la demostración de la locura de los presagios y juicios de la astrología, o animada pintura de los progresos que realiza el hombre y la humanidad, combatida por el desengaño y aguijoneada por el deseo, o prueba de que las pasiones comprimidas estallan con tanto más fuerza cuanto mayor es la presión, o inspiración de la filosofía, que ha negado realidad al mundo exterior, (...) todo eso y mucho más, si más la examináis, es *La vida es sueño*.

En este precioso texto, no hace mucho rescatado del olvido por el profesor Enrique Rull[2], no sólo proclamaba su autor la esencial polifonía semántica de *La vida es sueño*, sino que, implícitamente, planteaba el problema básico de toda lectura del texto calderoniano, y por extensión de todo texto clásico: ¿debemos elegir una lectura frente a las otras o debemos intentar una lectura que las englobe todas? La primera opción es, sin duda, la que más cultivadores ha tenido en la historia de la crítica entre 1881 y 1981, fechas respectivamente del segundo y tercer centenario de la muerte de Calderón. Cada una de las distintas interpretaciones, fundada en una lectura a la vez histórica y contemporánea del texto calderoniano, sin negar las otras

---

[2] Enrique Rull, «Estudio Preliminar» (pp. 43-44) a su edición de *La vida es sueño*, Madrid, Alhambra, 1980.

y sin renunciar del todo a la tentación, confesada o no, de aspirar a ser la lectura global, ha ido marcando y enriqueciendo el curso cambiante de la interpretación de *La vida es sueño*. La segunda opción, la de lectura efectivamente global, sería posible sólo si, tras establecer, a modo de plataforma o base, la historia de la recepción de *La vida es sueño*, pudieran coordinarse, simultáneamente, todas sus interpretaciones históricas, integrándolas dialécticamente en una única interpretación totalizadora. Pero tal lectura, para no ser, sucesivamente, invalidada por la Historia, tendría que situarse en un imposible punto omega, fuera de la Historia o, por encima de ella, en un no menos imposible punto alfa, es decir en una especie de punto cero absoluto.

Todas las posibles lecturas enumeradas por Ginard de la Rosa, más todas las otras que podrían añadirse a las anteriores, como nuestro crítico del XIX admite tras de los puntos suspensivos, más las nuevas lecturas —psicoanalítica (freudiana o lacaniana), estructuralista, arquetípica, semiológica, temática, lógico-simbólica, derridiana, etc. —que pertenecen a estas tres últimas décadas, suponen, obviamente, el reconocimiento de la riqueza y la complejidad del texto de *La vida es sueño*. No todas, sin embargo, reconocen un hecho básico no menos obvio —único que interesa primariamente al hombre del teatro—, a saber, la condición, naturaleza y estatuto de pieza teatral del texto donde tal multiplicidad de significados se da. El texto es portador de todos ellos, precisamente, como texto dramático, no como texto teológico o filosófico o político o ético. No es, en efecto, el Calderón teólogo o filósofo o político o moralista, sino el Calderón dramaturgo, constructor de piezas teatrales, quien escribió el texto de *La vida es sueño*. Todos sus significados, incluido el sentido último ideal que los integre dialécticamente, dimanan de su estructura dramática, por lo que toda posible interpretación debe partir y pasar por la lectura dramatúrgica del texto.

Ante ciertos montajes o actuaciones en escena que he podido ver —y no voy a dar títulos— no tengo más remedio que preguntarme si director y actores hicieron realmente esta lectura dramatúrgica del texto.

2. Más que a nadie, le importa al hombre de teatro en general y al actor en particular leer el texto dramático atento a todos sus lenguajes convergentes: palabra, luz, sonido, ritmo, colores, materias, corporalidad, movimientos y posiciones, espacio, silencios, gestos y *gestus*, como partes funcionales de un sistema, y más que nadie, pues es el mediador por excelencia entre el texto y el público, debe esforzarse, como lector privilegiado, en resaltar en el texto clásico legible a plena luz sin casi o apenas mediaciones, *ese otro texto* oculto, pero real, inscrito en él por el dramaturgo. Texto, que en ocasiones funciona como contratexto del visible o legible a plena luz e, incluso, a veces como antitexto. Ese otro texto sólo puede ser visto en la lectura dramatúrgica, pues está alojado en el sistema de construcción del drama, y no directamente en el discurso de los personajes (ni sólo ni siempre). Son esas otras lecturas del *otro texto* del texto las que no suelen hacer ni todos los críticos lectores ni todos los hombres de teatro, ni tampoco todos los refundidores. En realidad,

los grandes textos clásicos españoles están esperando esas varias y posibles lecturas de su *otro texto*. Todos ellos responden, como todo drama, a la doble función del teatro: de una parte, la función *celebrativa*, que le permite a una sociedad afirmar sus propias creencias y estimaciones, autoconfirmando su visión del mundo y su ideología, difusa o no; pero también, por otra parte, la función *catártico-conjuradora*, con sus fases de *expiatio* o *illuminatio*, que permite conjurar en escena los malos espíritus, las sombras y fantasmas agobiantes que la historia va acumulando en el baúl de los disfraces del inconsciente colectivo.

Desgraciadamente, para el pleno entendimiento de la riqueza y complejidad del texto clásico español, si se ha favorecido por parte de críticos lectores y hombres de teatro la primera función (la celebrativa o festiva), se ha tendido a negar o a silenciar la segunda (la crítica), tan importante y tan real como la otra.

Lo cual nos lleva de la mano a nuestro tercer presupuesto, uno de los más visibles y pertinaces en el proceso de aproximación a la lectura del texto teatral clásico.

3. Se afirma por parte de algunos críticos universitarios y de no pocos hombres de teatro hispanos, como si fuera un *sine qua non* de la lectura del teatro clásico español —frente a lo que ocurre en la lectura del teatro elizabethiano o clásico francés por los críticos universitarios y los hombres de teatro anglosajones o franceses— el carácter exclusivamente conservador del texto clásico, en el que se ve un texto propagandístico, ideológicamente al servicio de los dogmas emitidos desde el Poder.

Valgan como botón de muestra estas palabras recientes de un hombre de teatro español:

> Cuando Lope escribió *Fuenteovejuna*, su intención no era ni mucho menos defender el derecho a la rebelión popular, sino ensalzar el absolutismo monárquico frente a los que Montesquieu llamaría después «poderes intermedios», representados en este caso por la Orden de Calatrava. Se trata, pues, de un texto acomodaticio, conservador y servil. Pensamos también en *El burlador* de Tirso, quizá el único drama de honor desarrollado en torno a la figura del transgresor y no de la víctima. Don Juan es el paradigma de la negación de los valores sobre los que se funda la monarquía señorial de los Austrias. Don Juan es el primer maldito, y por eso Don Juan se condena, sanción definitiva e inapelable para un grupo social que cree en el más allá[3].

Afirmaciones que llevan a pensar que quien las emite es imposible que haya podido leer completo ni el texto de *Fuenteovejuna* ni el de *El burlador de Sevilla y Convidado de piedra*, sino alguna tendenciosa e incompleta refundición. Igualmente se predica, conectada con la afirmación anterior, la

---

[3] Angel Facio, «Debate sobre la representación de los clásicos» *Primer Acto*, Separata del num. 217, (I, 1987), p. 14.

intención y significación exclusiva y radicalmente didáctico-moral de la acción dramática, sea ésta la de *La vida es sueño* o la de *El Burlador de Sevilla*, por citar casos modelo, como si sus autores fueran dómines predicadores, y no dramaturgos de muy complejos textos.

4. El cuarto y último de los presupuestos que quería mencionar tiene una formulación muy escueta que consiste en subrayar la inexistencia de caracteres en el teatro clásico español. ¿Cómo puede hacerse tal afirmación, si no es desde un concepto psicológico-naturalista del «carácter» o desde la negación, el desinterés o la incapacidad para *construirlo* como carácter, por defecto de lectura?

Teniendo en mente estos cuatro presupuestos me voy a permitir pasar a *leer* una escena o minisecuencia de *La vida es sueño*. Adrede elijo una de las menos estudiadas o comentadas, una escena ni «fuerte» ni destacada dentro del sistema del drama calderoniano, en la que intervienen Astolfo y Estrella, personajes de los que la crítica universitaria se ocupa poco, por considerar —cito a Ciriaco Morón Arroyo como representativo de la mejor crítica universitaria— que:

> Astolfo y Estrella no tienen carácter propiamente dicho; son un príncipe y una princesa de comedia barroca: sin ignorar su función secundaria en el drama, su papel es más bien el papel de bellísimos versos de que traen lleno su pecho. Prescindiendo de su carácter de príncipes, son ante todo el galán y la dama exigidos por la estructura del género comedia, en que está escribiendo Calderón (...) Pero lo importante es que estos dos príncipes, él con ejército de soldados y ella con ejército de damas, se juntan en el escenario a caracterizar con versos apasionados al galán y con versos lentos y moderados a la hermosa doncella enamorada [4].

Es la primera escena en el Palacio, tratada, generalmente, como una escena de transición. Su lectura dramatúrgica exige tener en cuenta sus distintos niveles y su integración en el sistema del universo dramático, el cual, por virtud de la operación de la *mimesis* se nos presenta como proceso, y no simplemente como estructura.

1. Espacio

El primero de los niveles a considerar es el espacial, pues es el primero que percibimos. A él llegan los personajes y en él dicen y se dicen. Si tenemos muy en cuenta, como con razón propone la semiótica del drama, que el universo dramático espacializado es construido por el dramaturgo en el texto (y por el escenógrafo en la escena, posteriormente) para significar, y

---

[4] Ciriaco Morón Arroyo, «Introducción» a su edición de *La vida es sueño*, Madrid, Cátedra, 1977, p. 24. Citaré siempre por esta edición.

que la acción, en cierto modo, es un viaje significante de un espacio a otro, en la escena que nos ocupa tenemos que materializar el espacio en sí mismo por relación al otro espacio dramático, el de la Torre, cuya prioridad en la acción no es accidental y no significativa. La estructura espacial de *La vida es sueño* —como ya señaló José Alcalá-Zamora en un importante estudio[5]— está construida como una estructura bipolar en la que el espacio de la Torre y el espacio del Palacio guardan entre sí una relación de simetría y oposición.

Acto I: Torre/Palacio
Acto II: Palacio/Torre
Acto III: Torre/Palacio + un nuevo espacio: el campo de batalla. Este aparece para resolver por la violencia de la guerra lo que no ha podido resolverse por la palabra. El espacio de la torre y el espacio de palacio, irreconciliables entre sí, en permanente conflicto, serán sustituidos por el espacio de la lucha y el enfrentamiento abierto.

El espacio de la Torre es el espacio del prisionero, del despojado de su libertad y de su identidad, o para expresarlo en el lenguaje mítico del texto, del «monstruo», es decir, del ser al que se le reclama asumir dos seres contradictorios. Vestido de pieles —signo iconológico doble también (Deseo, Culpa, Demonio/Hombre, Penitencia, el Bautista, la Magdalena)[6]— y encadenado. En oposición al primer espacio, accedemos en nuestra escena al de Palacio, espacio del Poder, cuya primera significación la captamos, precisamente, en términos de oposición: frente a la luz del anochecer del espacio de la Torre / la luz de amanecer del espacio de Palacio; frente al discurso de la violencia (topográfica, verbal, de acción física) / la cortesanía del discurso (tono, ademán, movimiento); frente al vestido de pieles, el cual no sólo viste, *significa* / los vestidos de los dos príncipes y su acompañamiento.

Naturalmente, el espacio de Palacio sólo irá revelando todos sus significados a medida que la acción los vaya instaurando. Pero los significantes cuyos significados sólo procesualmente se irán revelando, están ya inscritos en él en cuanto estructura. Desde el principio los dos espacios portan como inscripción a descifrar sendos discursos irreconciliables que remiten a dos visiones del mundo y dos fuerzas en conflicto: libertad y destino.

2. Acotación

Tanto la acotación explícita como la implícita en la palabra de los personajes señala también una relación de oposición y de conflicto entre los

---

[5] José Alcalá-Zamora, «Despotismo, libertad política y rebelión popular en el pensamiento calderoniano de *La vida es sueño*», *Cuadernos de Investigación Histórica*, 2 (1978), pp. 39-113.
[6] Véase el artículo de Aurora Egido «El vestido de salvaje en los autos sacramentales de Calderón», *Serta Philologica F. Lázaro Carreter*, Madrid, Cátedra, 1983, vol. II, pp. 171-86.

dos personajes y su ocupación del espacio: *por una parte* entra Astolfo y, *por otra*, Estrella, distancia que intensifica el acompañamiento de soldados del príncipe y el de damas de la princesa, así como los arreos marciales y guerreros del extranjero ruso y los pacíficos y cortesanos de la princesa polaca. Dualidad que es marcada por la diferencia de sonidos asociados con cada uno de ellos: *cajas y trompetas / música*. Frente a las *aves de metal / clarines de pluma*. Es este un procedimiento dramatúrgico típicamente calderoniano: la división es significada por el sonido.

3. Diálogo

a) Las finezas, metáforas y florituras galantes y cortesanas de las palabras de Astolfo, en contradicción con su ocupación militar del espacio, son inmediatamente puestas en cuestión por Estrella, y no metafórica u oblicuamente, sino de modo muy directo:

> Si la voz se ha de medir
> con las acciones humanas,
> mal habéis hecho en decir
> finezas tan cortesanas
> donde os pueda desmentir
> todo ese marcial trofeo
> con quien ya atrevida lucho;
> pues no dicen, según creo,
> las lisonjas que os escucho
> con los rigores que veo.
>   Y advertid que es baja acción
> que sólo a una fiera toca,
> madre de engaño y traición,
> el halagar con la boca
> y matar con la intención.
> (vv. 495-509)

Estas palabras —ninguna de ellas ociosas ni de puro adorno— transmiten varios informes sobre el personaje que habla, sobre su percepción del otro personaje y actitud frente a él, y sobre las relaciones entre ambos, informes que dirigen la recepción del espectador tanto de los personajes como del conflicto.

Frente al modo frontal y directo del estilo de Estrella, el oblicuo y encubierto (político) de Astolfo. Entre ambos príncipes no es el amor, sino la desconfianza, la puesta en guardia, la captación de la diferencia entre palabra e intención, lo que domina en sus primeras réplicas, así como en las que siguen.

b) El largo discurso con el que Astolfo contesta nos suministra nueva y muy importante información sobre la acción y sobre ambos personajes, que nos permite empezar a ver quién es cada uno y a construirlos como caracteres en el interior del universo dramático. Ambos, por su relación con Basilio, tienen derechos al trono de Polonia y aspiran al Poder, estribados en una realidad que —muy poco después— se revelará falsa: la viudez sin hijos de Basilio. Esta información establece, sin dejar dudas, la rivalidad entre los presuntos herederos al trono, cuyo árbitro va a ser el rey, viejo ya.

Aquí es necesario tener en cuenta estos versos fundamentales:

> ASTOLFO: Vuestra intención y la mía
> a nuestro tío contamos;
> él respondió que quería
> componernos, y aplazamos
> este puesto y este día.
> Con esta intención salí
> de Moscovia y de su tierra;
> con ésta llegué hasta aquí
> en vez de haceros yo guerra
> a que me la hagáis a mí.
> (vv. 545-54)

Es necesario aquí notar lo siguiente: 1) Basilio, el Rey, se ofreció como árbitro de la disputa entre los pretendientes al trono, expresando su voluntad de componerlos. Para ello los citó en Palacio en una fecha determinada, fijada de antemano. Ambos príncipes, pues, esperan el arbitrio del Rey que los va a componer. Lo que ninguno de los espera es, ciertamente, el tipo de «composición» que Basilio va a proponer. Sería ingenuo, pues, pensar que las palabras que digan al final del largo y muy preparado discurso del Rey —el discurso de la Corona— respondan a lo que de verdad sienten. Es lógico —si pensamos en personajes y no en palabras sobre el papel— presumir en ellos gran capacidad de dominio, de control sobre sí mismos para ocultar su sorpresa, su decepción. Cuando, más tarde, hablen con Segismundo por primera vez, descubrirán, sin embargo, su animadversión o su falta de simpatía por él y, naturalmente, su conciencia de superioridad ante el que «sale de debajo de los montes» (v. 1347). Es una escena extraordinaria en la que hasta el orden de llegada de los personajes es altamente significativo.

2) Si Basilio es responsable de la venida a Polonia de Astolfo y, por lo tanto de su salida de Moscovia, esta salida provoca la venida a Polonia de Rosaura, con todas sus consecuencias no previstas.

Es importante también para poder construir al personaje tener muy en cuenta la ironía y la desconfianza radical que inscribe el dramaturgo tras la «apariencia» de las palabras de ambos príncipes. Dice Astolfo:

> Oh, quiera Amor, sabio dios,
> que el vulgo, astrólogo cierto
> hoy lo sea con los dos,

> y que pare este concierto
> en que seáis reina vos;
> pero reina de mi albedrío
> (vv. 555-60).

Entre ambos versos sólo el tono, el ademán, la mirada, quizás la sonrisa del actor, y una pausa intencionada, pueden marcar la ironía del príncipe, que sólo acepta que Estrella reine... en su albedrío. Astolfo nunca dejará de pensar en sus derechos al trono. Ni ahora ni después, según muestra el texto.

Naturalmente, Estrella capta la intención irónica de las palabras de Astolfo, y le paga en la misma moneda, diciéndole:

> A tan cortés bizarría
> menos mi pecho no muestra
> pues la imperial monarquía,
> para sólo hacerla vuestra
> me holgara que fuese mía.
> (vv. 565-69)

¿Dónde está, pues, el amor de galán y dama en esta escena? Lo que el texto muestra es la rivalidad, la ironía, la ausencia de auténtica relación personal, la importancia de la sustancia política del modo de relacionarse. Lo cual implica, corporalmente, la expresión de una actitud interior tensa, en guardia, con la correspondiente secuela de gesto, posición, tono, mirada...etc. Quienes hablan se dicen, no dicen sólo, y al decirse nos dicen quiénes son. Y, en función de ese quien, su palabra refleja la coherencia, pero también las contradicciones, de un yo. Sin posesionarse de él el actor no actúa, recita. Es decir, habla sin significar nada, porque no está significando a nadie.

Cuando, por fin, Basilio, el Rey, entra, Estrella y Astolfo hablan repartiéndose el verso, cortándose la palabra, procedimiento típico de Calderón, pero con función dramática, no retórica o estilística. El procedimiento es el de la «sticomitía», usada ya en el teatro griego y romano, procedimiento que permite un rápido intercambio verbal entre dos o más personajes. Pero aquí, por virtud de la situación y del quién es cada uno de ellos, es reflejo o expresión del «*duelo*» entre personajes, manifestación de su competencia para ocupar el espacio verbalmente.

E, inmediatamente, pero ya no vamos a entrar en él, se produce el discurso de Basilio como acto político, no moral o existencial sólo. Discurso nada improvisado en el que se revela al revelar sus obsesiones y sus miedos.

En la construcción de Estrella y Astolfo como caracteres puede encontrarse, como en todo personaje del teatro español clásico, un equilibrio dinámico entre el esquema abstracto o convencional (príncipe, galán-dama) y la multiplicidad de las particularidades individualizantes, las cuales están organizadas de tal manera que les den una estructura resistente. Ahora bien, el actor, como lector del texto, debe necesariamente hacer la exégesis de todos los signos suministrados por el discurso y por la acción, y *construir* el personaje, pues éste se presenta a nosotros en el texto como una suma de significantes cuyo significado no existe hasta que lo construimos. La pregunta, tantas veces repetida de cómo decir el verso, sin perder un ápice de su urgencia, pasa a segundo término, y sólo puede ser respondida una vez que nos preguntemos y respondamos a otra cuestión previa y capital: ¿quién es el personaje? ¿Quién es Estrella, quién Astolfo, quién Basilio? Sólo en función del «quién» se puede, no ya *decir* orgánicamente, sino *actuar* el verso.

No buscar por la lectura dramatúrgica del texto dramático quién es el personaje puede conducir a la desconexión del actor con su personaje, en el que no cree (por eso no lo construye en escena, sino que lo recita); a la desconexión del director escénico con el código dramatúrgico del texto que monta, obnubilada su imaginación creadora por su desconfianza en el texto (por eso lo vuelve del revés y lo desordena o, por el contrario, lo repite como quien repite una lección, cubriéndolo de efectos audiovisuales o de oro y púrpura, a lo montaje de nuevo rico); a la desconexión del espectador —¿cómo puede ser de otra manera?— con el espectáculo representado en escena, dividido como espectador entre el bostezo y la tolerancia del hombre civilizado, pero en absoluto removido por lo que ve u oye.

El resultado, social y culturalmente catastrófico, es el de la inconexión radical entre la colectividad y su teatro clásico, síntoma de una tremenda, aunque verdadera, indigestión ideológica de nuestro pasado, nunca, al parecer, bien asimilado[7].

---

[7] Para una ampliación de algunas de las ideas expresadas en este trabajo ver mi libro *Celebración y Catarsis (leer el teatro español)*, Murcia, Cuadernos de Teatro de la Universidad de Murcia, 1988, pp. 15-24.

EL ACTOR Y LA REPRESENTACIÓN ACTUAL DE LOS CLÁSICOS

Luciano García Lorenzo
(C.S.I.C.)

No es mi intención, al pretender desarrollar el tema propuesto, ofrecer una lección de carácter teórico. Y ello por dos razones fundamentales: la primera, porque el tiempo de que dispongo impediría cualquier acercamiento con las garantías suficientes de amplitud y las debidas aplicaciones del fenómeno; en segundo lugar, porque la razón de estar reunidos aquí tiene como fin el intercambio de experiencias en torno al actual montaje de obras del teatro clásico español, sin pretender dar lecciones, sino constatar hechos concretos. Las páginas que siguen deben, pues, considerarse como reflexiones de un espectador, de una persona interesada en el teatro clásico español y que opina sobre espectáculos que le han propuesto en escena, de un especialista en historia literaria, pero que considera al teatro como algo más que un texto literario y que, respetando al máximo las obras del pasado (las consideradas tradicionalmente como clásicos), estima que la recreación artística de esas obras está realizada por unos hombres y unas mujeres en un tiempo y en un espacio determinados. Mis observaciones serán de carácter muy concreto y centradas en las puestas en escena que en los últimos años se han visto en locales madrileños o de otros lugares, para con rigor, pero con humildad, señalar lo que estimo son limitaciones del trabajo actoral y, en consecuencia, del espectáculo mismo. La bibliografía sobre el tema en otros países es muy abundante y no haría más que repetir lo expuesto en numerosos trabajos si pretendiera teorizar sobre el tema. Creo que más agradecerán ustedes opiniones invitando a la discusión que una lección erudita sobre el particular.

La primera impresión que he podido constatar en los coloquios, congresos, debates, etc., a los que he asistido y en los que he expresado mi opinión, es la falta de tradición en nuestros escenarios en todo lo que concierne a nuestro teatro clásico. Y eso es cierto, pero verdad es también que nadie, al leer las transcripciones de esas reuniones, ha dicho claramente las causas de esa pérdida y tampoco se ha detenido en exponer soluciones. Se recuerda a personajes ilustres, algunos hace cien años desaparecidos, otros más recientes, pero los cuales son exclusivamente historia, y el recuerdo lleva aparejada admiración y nostalgia sin haberlos escuchado, sin haberlos visto moverse en las tablas. Muchas veces he pensado que si esos actores y actrices hoy llegaran a los escenarios seguramente los apologistas de su labor se llevarían las manos a la cabeza, como más de uno nos las hemos llevado, cuando ciertos actores o actrices han querido enseñarnos lo que era hacer —y decir, sobre todo— a Lope o Calderón a la manera pasada. Por suerte para todos, el teatro, como cualquier otra manifestación artística, hace camino, lo cual es sinónimo de avance, aunque las equivocaciones, los tropiezos y, en ocasiones, conscientes prácticas de modas efímeras conformen paréntesis dignos de olvido. Este avance, y no es mi intención justificar con excepciones, que existen, las afirmaciones realizadas o las que haga a continuación, se ha logrado en los últimos años con nombres que están en la mente de todos y que, sin embargo, con humildad digna de todo elogio, llegan a decir palabras como las siguientes de José Luis Gómez, en las Jornadas de Almagro del 79, y que corroboran, por otra parte, las carencias citadas: «He hablado de los clásicos, de la tradición, del concepto de estilo, y he rozado apenas el tema de la formación del actor frente a estos temas, soslayando por completo que yo no tengo la menor práctica —como la inmensa mayoría de mis compañeros de profesión del país— en el trabajo con los clásicos españoles.» Bien es verdad que esta aseveración de un actor que es también director podría enfrentarse a otra de Lluis Pasqual a raíz de su montaje de *La hija del aire* («Sin pretender hacer ningún tipo de terrorismo cultural tengo que partir de que Calderón soy yo»), lo cual nos conduciría a otro aspecto muy discutido en los últimos años, pero en el que no voy a entrar, aunque lo dejo sobre la mesa: la relación director-actor en el teatro más cercano y, sobre todo, en la puesta en escena de los clásicos.

Todo esto, por supuesto, no niega la afirmación básica, pues, efectivamente, hemos perdido no sólo la tradición de hacer teatro clásico, sino algo más grave: el interés y el amor por nuestros clásicos. Y que se lo digan a los estudiantes de nuestra enseñanza media; más aún, que se lo digan a nuestros estudiantes de enseñanza universitaria. Para la inmensa mayoría de los primeros y pocos menos de los segundos Calderón de la Barca, Guillén de Castro o Lope de Vega, son nombres en un manual, como Don Quijote para muchos también es un personaje que protagoniza la aventura de cuatro páginas antológicas en un libro de texto o en la fotocopia repartida por el profesor de turno que debe hacer un comentario de texto, como ordenan las normas ministeriales. Por eso, y a pesar de tantas discusiones sobre su conveniencia y su eficacia, bienvenidas sean esas representaciones de Moreto o Lope con trescientos estudiantes en el teatro, aunque, ya lo sabemos y no pocos actores lo han sufrido, algunas de esas representaciones hayan tenido que ser interrumpidas para solicitar respeto al trabajo de sus hacedores y otras han transcurrido entre sonrisas, cuando no adobadas de comentarios y estúpidas, insultantes y facilonas gracias.

Se ha perdido la tradición y se ha perdido, no podía faltar la denuncia, la manera de decir el verso clásico. Tópica constatación, pero muy cierta, como saben los directores, como lo saben también los mismos actores y como el público y la crítica repiten constantemente, al mismo tiempo que testimonian con ciertos nombres de prestigio la validez de sus afirmaciones. No voy, por supuesto, a dar soluciones para corregir esta carencia, ya que no es mi oficio ni mi responsabilidad pero la verdad es que, a pesar del evidente interés y del esfuerzo de algunos directores, el verso de nuestros autores clásicos es destrozado en no pocas ocasiones y en no pocas también se convierte en un mecanicista recitado o en un ensayo de convertirlo en prosa, para olvidar así la belleza de su ritmo sin conseguir hacer más comprensible el texto al espectador, pretensión engañosa y por la que se pagan las consecuencias. Sé que los hombres de teatro, aceptando lo cierto de esta limitación, demandan también soluciones para resolverla, pues los actores les llegan sin los conocimientos y la práctica necesaria, cuando no sin el mínimo interés por el teatro clásico y por algo tan lejano a sus apetencias como es el teatro en verso. Y sé también que, frente a las decenas de tratados existentes en nuestra historia teatral, prácticamente no existen hoy en España ni libros ni artículos a los que podamos acercarnos todos, con el fin de saber lo que es el trabajo del actor (y del director) frente al verso, frente a la estrofa, frente al poema y frente a tantas y tantas posibilidades que ofrecen las tres mil líneas que componen, más o menos, una comedia o una tragedia de nuestros siglos XVI y XVII. Ni teoría a la que acercarse ni experiencias recientes y continuadas en las que aprender. Y si queremos suplir la carencia, el consuelo de recordar a ingleses, franceses, italianos o alemanes, de la misma manera que intentamos trasladar la práctica de todos esos países y de otros cuantos más, uniendo el problema a la estructura de las enseñanzas teatrales españolas, al divorcio con la universidad, al desinterés de los alumnos por todo lo que no sea Chejov, Miller o Valle-Inclán, como si «decir» a estos y a otros autores más rentables para los profesionales del teatro fuera fácil tarea. En fin, que nos falta, claro que sí, tradición; como tantas otras cosas se han quebrado en nuestra historia cultural y hoy pretendemos recuperar cuando no poner en marcha desde cero...

Un tercer aspecto que es necesario recordar, aunque patente esté en el conocimiento de los interesados en estos problemas, es la complejidad manifiesta de nuestro teatro clásico. Una complejidad que proviene de la diversidad de géneros existentes, desde la tragedia hasta la comedia más burlesca, desde el lenguaje más sublime y de una intensidad lírica admirable hasta la vulgaridad más ínfima, desde el tono impuesto por la comedia cortesana hasta las escenas soeces protagonizadas por los criados (dejamos aparte los géneros breves, en los cuales se acentúa esto último), desde el ritmo que exigen las piezas de capa y espada hasta el gozo en la palabra de no pocas obras calderonianas... Más aún, cada pieza de Lope, Tirso o Vélez de Guevara, es un mundo único y, por tanto, diferente del resto de los textos que conforman la literatura dramática de su tiempo. En consecuencia, el actor debe conocer esa época, debe saber cuáles son las coordenadas fundamentales de la misma, debe tener conciencia de los supuestos políticos, sociales, culturales, etc., que la conforman y condicionan el nacimiento de las piezas. Y más aún, el actor está obligado a comprender el significado de las afirmaciones, de las preguntas, de las dudas, de las emociones, de las reflexiones, etc., que, a través de sus palabras, van a llegar a los espectadores. Porque, y esta es la conclusión a que queríamos llegar con nuestras disquisiciones, nunca el público asistente a la representación entenderá lo que escucha si antes no lo ha asimilado el actor; nunca el acto de comunicación llegará a realizarse si el emisor puesto en el escenario no sabe lo que está haciendo llegar al receptor colocado en el patio de butacas o en el último anfiteatro. Y, por desgracia, en más de una y cien ocasiones, incluso conociendo el texto, hemos perdido el interés del conflicto precisamente porque no hemos entendido lo que el actor ha querido hacernos llegar. Sin entrar en la exposición de opiniones que exigirían citar nombres, escuelas, estilos, etc., y, por supuesto, plantar problemas que están en la mente de todos, recordaré sólo esos conocidos versos del lúcido Lope cuando sencillamente afirma en *Lo fingido verdadero*:

> el imitar es ser representante;
> pero, como el poeta, no es posible
> que describa con afecto y con blandura
> sentimientos de amor si no le tiene,
> así el representante, si no siente
> las pasiones de amor, es imposible
> que pueda, gran señor, representarlas;
> una ausencia, unos celos, un agravio,
> un desdén riguroso y otras cosas
> que son de amor tiernísimos efectos,
> háralos, si los siente, tiernamente;
> más no los sabrá hacer si no los siente.

En la línea de estas últimas afirmaciones, un problema que podemos fácilmente constatar como espectadores de nuestro teatro clásico es la subordinación de la palabra, del texto literario, a los signos escénicos no verbales, al texto de la representación. El actor español (léase también el director) olvida con frecuencia que es la palabra y la protagonista de esas piezas teatrales, que la fuerza y la magia de este teatro se deben expresar a través de los labios del representante y, en consecuencia, que el movimiento escénico, la escenografía, los objetos, la música, etc. —todos ellos elementos importantísimos para la consecución del espectáculo—, no deben asfixiar nunca a la palabra. El entremés, la jácara, la mojiganga, pueden y hasta deben, hacer uso de esas posibilidades; la comedia, incluso las que más oportunidades ofrecen debido al conflicto desarrollado, exigen un equilibrio que no debe subordinarse a la expresión corporal, al lucimiento excesivo de unos cuerpos moviéndose sin demasiado motivo en el escenario, el abuso de una música y un baile que dejan de tener razón de ser cuando la repetición o su intensificación son manifiestas, a una «riqueza» escenográfica que llega a condicionar la atención de los espectadores... Sabemos que en los últimos años, y aún hoy, la preocupación por esos signos escénicos que no tienen como protagonista a la palabra se ha impuesto muy evidentemente, pero ni la influencia cinematográfica o televisiva, ni tampoco las muchas facilidades que ofrece cada vez más la tecnología, pueden relegar la expresión de unas emociones y unos conflictos que tienen el diálogo como protagonista primero del espectáculo. Y decimos muy conscientemente espectáculo, porque en él creemos, pero nuestro deseo es ejercitar algo más que la vista.

Capítulo aparte merece, dentro de esa preocupación excesiva por los signos no verbales, la importancia adquirida en los últimos tiempos por el cuerpo del actor, consecuencia, bien es verdad, de haber caído durante años muchos montajes en la exhibición de diálogos literarios y escenografías estáticas, y olvidando que la materia corporal, guiada por la razón y las emociones, trasmite, con expresividad y eficacia envidiables, las ideas, los sentimientos y todo tipo de sensaciones que la palabra hace llegar a los espectadores. Ahora bien, creo que una cosa es el equilibrio que debe buscarse en la relación signo verbal-signo corporal y otra la subordinación del texto literario a las carreras por el escenario, a la exhibición gimnástica, a gestos y posturas exageradamente ofrecidos, a la abundancia de marcas corporales, etc., quedándose la palabra en lo alto del telar o pronunciada como recurso secundario de expresión. Y es que el teatro ni es sólo voz humana —recitado, declamación— ni es sólo tampoco gesto —mimo—. El espectáculo teatral es la adecuada conjunción de esos y aún más elementos, pero teniendo siempre en cuenta que cada obra, cada situación, demanda especial atención hacia uno o varios de ellos. Sólo así se expresará lo que permanece oculto y se irá haciendo el personaje que, al levantarse el telón, es nada para quien no conozca el texto y puede desvelar todo un mundo incluso para quienes lo hayan leído cien veces.

Pero, volvamos a la palabra. Más de una vez hemos escuchado, y en ello estamos de acuerdo, una nueva limitación a la hora de interpretar a los clásicos, aunque la afirmación podría extenderse a cualquier puesta en escena. Nos referimos a esa tendencia a confundir la expresión en voz alta con el grito, a dialogar en un tono de voz excesivo, lo cual conduce a quemar las posibilidades de cadenciar las diferentes situaciones, convirtiéndose la representación en un intercambio de manifestaciones poco creibles muchas veces, pues parece que cada actor se dirige al público más que a sus interlocutores en el escenario. Más aún, si al actor que interpreta una obra de Lope o de Calderón ya le resulta difícil incorporar las palabras de estos autores a los gestos consiguientes, mucha más dificultad tendrá cuando el tono de su expresión verbal no responde a la cadencia que exige el contenido de su intervención.

Esta última reflexión nos lleva a detenernos en otro aspecto que sólo la práctica continuada de esa tradición perdida puede, paradójicamente, corregir. Nos estamos refiriendo a la búsqueda del lucimiento de no pocos actores por medio de *tics* repetidos con frecuencia y que, efectivamente, pueden conseguir la risa del espectador e incluso una identificación de ese actor con esos recursos. En las representaciones de teatro clásico, y quizá por buscar un distanciamiento de esos personajes del pasado y de un conflicto en el que puede incluso no creer, el actor intensifica uno o varios signos verbales o paraverbales de éxito inmediato, pero marcando inoportunamente a sus personajes. Un paso más adelante en esta práctica nos llevaría a otros aspecto de no menor interés —la sobreactuación— íntimamente ligada al tono verbal, el grito, a que antes hemos hecho referencia. Y es que no debemos olvidar nuinca que, aunque nuestro teatro clásico tiene el octosílabo como metro fundamental, y ya Lope también se refirió a la cólera del español sentado, hay muchas obras definidas por la reflexión y la problemática intelectual; de la misma manera que en la mayor parte de las piezas podemos pasar del diálogo irascible a la confesión amorosa entre susurros, del intercambio de afrentas verbales, mezcladas con ruidos de espadas, a la queja expresada por un soneto en angustiosa soledad.

Pero volvamos al principio, pues el tiempo no da para más. Nos encontramos hoy en una situación óptima para corregir las carencias existentes y que, repito, algunas de las cuales he intentado exponer como simple espectador. Hay preocupación en los centros de formación para poner la enseñanza del teatro clásico en el lugar que le corresponde; existe interés en el público por las obras de nuestros siglos pasados, como lo demuestra su asistencia a los espectáculos que llegan a escena; se ha establecido un diálogo fructífero entre los profesionales del teatro y los integrantes del mundo académico, especialistas en nuestra historia teatral; hay un acercamiento de distintas generaciones de directores a los textos clásicos, como hemos reseñado en otros trabajos; se ha creado, y los resultados ahí están, una Compañía nacional dedicada a montar obras de los siglos XVI y XVII con todo lo que esto lleva consigo en relación a esa tradición teatral citada; parece que se creará muy pronto una Escuela exclusivamente dedicada a formar actores que puedan subir a los escenarios con obras de Moreto o Rojas Zorrilla...

Sin que haya que derrochar optimismo, parece que se hace camino.

MESA REDONDA

REPRESENTACIÓN DEL TEATRO CLÁSICO HOY

EL TEATRO CLASICO, HOY

Ricardo Domenech
(Real Escuela Superior de Arte Dramático y Danza. Madrid)

Advertía el Príncipe Hamlet a la compañía de cómicos que el teatro, entre otras cosas, es un espejo que debe mostrar a cada edad y generación su fisonomía y sello característicos. Esas memorables palabras se pueden prolongar en lo concerniente a cómo el teatro de cada época se plantea el modo de interpretar a los clásicos. Cada época se refleja a sí misma en los clásicos: en la manera de intepretarlos, en la manera de leerlos.

Sobre esta base, creo que podemos distinguir tres modelos fundamentales: 1.º) los clásicos como museo; 2.º) los clásicos, reactualizados, y 3.º) los clásicos como aprendizaje. Veámoslo con algún detalle.

Primero: los clásicos como museo. Esta forma de trabajar con los textos clásicos parte de la idea de que hay que representar éstos como se representaban en su época, manteniendo así viva la llama de una rica tradición teatral, con todo el encanto y el misterio que tal cosa puede suponer. Obviamente, un objetivo así resulta imposible en su totalidad; además, lo frecuente en este tipo de teatro es que se represente a Shakespeare, a Molière, a Racine, etc., no como en sus días, sino de acuerdo con unos procedimientos y recursos estilísticos que vienen del siglo XIX. No obstante, este modelo me parece necesario para la salud teatral de un país, y un motivo de legítimo orgullo. La Comèdie Française es un ejemplo que suele aducirse a este propósito. Añadiré que echo de menos este modelo en España. Con frecuencia, entre nosotros se habla con desdén de toda clase de teatro museístico... Pero ojalá tuviéramos en el teatro español —donde casi todas las tradiciones han sido barridas— una sala que fuese análoga a lo que es el Museo del Prado para la pintura española.

Segundo: reactualización de los clásicos. A partir del supuesto de que es conveniente o preferible actualizar esas obras clásicas que vamos a poner en escena, cabe una diferencia de grados o de márgenes de libertad. En esa amplia gama, veo en los extremos dos posturas bien distintas. Primera: actualización libérrima, salvaje, que llega incluso a contradecir lo que el texto mismo dice (los pedantes la llamarían así: «el texto como pretexto»). Segunda: actualización parcial, que se mantiene más o menos respetuosa con el texto, y busca la modernización por caminos indirectos, por procedimientos más sutiles.

En el primer caso, da la sensación a primera vista de que una postura tal es difícil de sostener. ¿No parece un contrasentido defender con un espectáculo ideas opuestas a las que el texto elegido defiende? Sin embargo, en arte sabemos que es sólo un espejismo la afirmación de que dos y dos son cuatro; y sabemos, además, que ningún camino debe ser condenado *a priori*. Pondré un ejemplo. Miguel de Cervantes, en su tragedia *Numancia*, exaltó el Imperio español en términos inequívocos. Para demostrar el heroísmo de los españoles de su tiempo, acudió a ese tema a medias histórico, a medias legendario, del cerco y destrucción de aquella pequeña ciudad celtibérica por los romanos. En el valor de los numantinos nos hace ver Cervantes el de los españoles del Imperio, y recuerda —con jactancia— que en ese momento los españoles ya no son los sitiados, sino los sitiadores de ciudades extranjeras. No vamos a entretenernos ahora en las razones que tenía Cervantes para pensar así en 1580. Lo que nos importa es que su *Numancia* vino a representarse en épocas posteriores, respondiendo a otras circunstancias y otros propósitos. Citaré sólo la versión de Rafael Alberti en el Madrid cercado de 1937. En la resistencia de los numantinos pudieron reconocer los madrileños su propia resistencia frente al ejército del general Franco. Alberti se permitió introducir en su adaptación alguna escena nueva, como la inicial de Macus y Buco, y prolongó la profecía del Duero hasta la actualidad, aparte de suprimir las escenas del ritual mágico y otros pequeños cambios. En 1937, el montaje de *Numancia* no era la exaltación de ningún Imperio, sino, al contrario, la de la resistencia de una ciudad. Y estoy con Alberti cuando supone que Cervantes —poeta y militar— habría compartido ese nuevo propósito.

En el segundo caso —el de actualización parcial, apoyada a menudo en recursos indirectos—, nos encontramos ante un panorama muy amplio, en el que caben tantos y tantos Shakespeare, Racine, Molière o Calderón de los últimos, digamos, cincuenta años. Pondré, también aquí, ejemplos españoles; y además, recientes. Piénsese en la puesta en escena de *Antes que todo es mi dama*, de Calderón, por la Compañía de Teatro Clásico en 1987. Adolfo Marsillach, al elegir una comedia de capa y espada —una más de entre las innumerables que pueblan el Siglo de Oro—, eligió también una perspectiva original y distinta: en la representación, lo que íbamos a ver no era la representación de esa comedia, sino el rodaje de una película sobre la comedia. Sí: teatro en el teatro, o cine en el teatro. Un cine, por otra parte, primitivo todavía: el cine de los años treinta, que acaba de descubrir el sonoro y es aún muy torpe en sus medios técnicos. Las obligadas interrupciones para los cambios de decorado se convertían en interrupciones durante el rodaje. Una fina ironía impregnaba el espectáculo: la ingenuidad y el encanto de una comedia de capa y espada, incluso con sus componentes a veces burdos y altamente convencionales, se hacían así visibles a través de la ingenuidad y el encanto del cine primitivo. Este «distanciamiento», por lo demás, no era de cuño brechtiano, no respondía a un propósito ideológico: era un puro juego, un goce de los sentidos —justo lo que eran las comedias de cada y espada en su tiempo.

Otro ejemplo de actualización, menos libre en el tratamiento del texto, quiero poner: el de *El castigo sin venganza*, de Lope de Vega, bajo la dirección de Miguel Narros, en el Teatro Español, en 1985. En este espectáculo, se respetaba el texto completamente. ¿Dónde estaba, pues, la actualización? Hay que responder que en la interpretación, en el vestuario y en la escenografía, desde luego, pero subrayando en seguida que éstos no violentaban el texto, sino que lo proyectaban —a veces casi imperceptiblemente— en un ámbito sensorial, imaginativo, que no era de ninguna época en particular, pero sí común al espectador. Ciertas rupturas, ciertos efectos técnicos tendían a esa aproximación. Pero ésta —lo diré finalmente— descansaba sobre todo en dos actores a quienes yo admiro mucho: Ana Marzoa y José Luis Pellicena. Los dos supieron crear en escena unos personajes con cuya verdad trágica todos los espectadores nos sentíamos identificados. El director y los actores, sin alterar el texto, acercaron la obra a la sensibilidad de los espectadores de hoy, soslayando lo que en ésta puede haber de «drama de honra», e intensificando lo que en ella hay de más universal: una indagación acerca del destino trágico.

Tercero: los clásicos como aprendizaje. Sí, trabajando con los clásicos es como se forman los actores, los directores, los escenógrafos... Para el actor, sobre todo, un texto clásico es un desafío —por las dificultades que plantea— y, por la misma razón, una fuente de posibilidades expresivas. Ese valor formativo se aprecia en muchos teatros experimentales de los últimos veinticinco años —piénsese, por poner un ejemplo, en *El Príncipe constante*, de Calderón, por el Teatro Laboratorio de Grotowski— y, especialmente, en las Escuelas de Arte Dramático de todo el mundo. Acerca de éstas últimas, otra vez quiero poner un ejemplo español: dos talleres dirigidos por José Estruch en la Escuela de Arte Dramático de Madrid. El primero en 1978, con la *Medora*, de Lope de Rueda; el segundo, en 1986, con *El rey Juan*, de Shakespeare, en espléndida versión del propio Estruch. Con *El rey Juan*, además, la Escuela obtuvo un brillante Segundo Premio en el Festival Internacional de Escuelas, celebrado aquel año en Lyon. Tanto en *Medora* como en *El rey Juan*, se advertía en seguida lo que es un trabajo de Escuela: se advertía que aquello no era sólo un hermoso espectáculo, sino el tramo final de una investigación estilística a partir del texto elegido, una investigación totalizadora que afectaba por igual a la interpretación, la escenografía, etc.; una investigación que, verdaderamente, importaba aún más por sí misma que por sus magníficos resultados.

Tres modelos, tres propósitos: el museo, la actualización, el aprendizaje. Los tres tienen su propio territorio, y los tres son necesarios y complementarios.

TEATRO CLÁSICO HOY:
LA EXPERIENCIA DE UN DIRECTOR

Adolfo Marsillach
(Director de la Compañía Nacional de Teatro Clásico)

Creo que mi presencia en esta mesa es totalmente absurda, porque todo lo que yo pueda decir sobre la representación actual de los clásicos es facilísimo de averiguar: se sube por la Carrera de San Jerónimo, se llega a la Plaza de Canalejas, se gira a la izquierda por la calle Príncipe y se compran una o más entradas para ver «La Celestina», en el Teatro de la Comedia. Quiero decir, que desde la creación de la Compañía Nacional de Teatro Clásico, yo y todos los que a mi lado trabajan, estamos intentando explicar diariamente la representación actual de los clásicos. Los creadores —en el supuesto de que yo lo sea— se explican mejor por lo que hacen que por lo que dicen. Cuando esta Compañía se formó, había dos posibilidades: una, la de construir un museo y otra, la de plantearse —respetuosamente, desde luego— qué podían decir los clásicos al espectador de hoy, más allá de la admiración cultural.

Comprendo que algunos echen en falta la construcción de dicho museo, y lo entiendo porque debo aceptar la opinión de que el trayecto que estamos haciendo de los clásicos, através de nuestra Compañía Nacional, podría hacerse de una forma más sosegada y menos investigadora. Lo que ocurre es que, ¿cómo se inventa un museo?, ¿cómo se levanta?, ¿cómo se crea un museo cuando sus piezas —teatrales, no literarias— están desintegradas en el tiempo y en el espacio? Porque, claro, a veces se habla de la Comédie Française, pero, ¿qué sentido tendría hacer aquí la Comédie con trescientos años de retraso? ¿Dónde fue a parar la escuela de decir —teatralmente hablando, ojo— los versos, si es que alguna vez la hubo? ¿Dónde están los actores que tengan experiencia para interpretar a nuestros clásicos? ¿Cómo se inventa una tradición? Yo no tengo nada en contra de las tradiciones, pero confieso mi incapacidad para inventarlas; aparte de que no tengo tampoco excesiva vocación de cuidador de museos, en el caso de que por plebiscito nacional se hubiese resuelto la elevación de un museo a los clásicos. Lo que hicimos, simplemente, fue intentar aproximar las obras clásicas a la mentalidad del público de hoy para que las sintiera vivas y apasionantes. Yo creo que ese camino —evidentemente discutible— está dando ya sus primeros resultados. Nuestros espectáculos consiguen llenar los locales en donde actuamos en Madrid y fuera de Madrid. No quisiera que esta afirmación —comprobable— se tomara como una vanidad altanera. Tampoco espero —ni deseo— que algo se me agradezca. Lo único que digo es que hemos conseguido despertar en los espectadores un evidente interés por los clásicos; tal vez no tanto porque los hagamos bien, sino tan solo porque los hacemos. Alguien tenía que encargarse de esta labor, y nosotros la hemos afrontado con entusiasmo, aun a sabiendas de que, en ocasiones, íbamos a ser víctimas de la ira de los que están en su perfecto derecho de enfadarse cuando les plazca.

Después de estas improvisadísimas palabras y antes de entrar en un posible coloquio, me gustaría hacer una breve defensa (aunque no han sido aquí directamente atacados, sí fueron de alguna forma disminuidos) de los actores. Estamos interviniendo en este local, once personas entre las cuales hay nueve profesores, un actor y un ex-actor, que soy yo[1]. (Entre estas once personas, diez han pronunciado prácticamente una conferencia). Se preguntaba Luciano García Lorenzo por qué los actores no hablan casi nunca ni en actos como este ni en las jornadas del Festival de Almagro. Bueno, yo opino que los actores no hablan porque están asustados. Ya sé que el profesor Oehrlein ha dicho en un libro que no es verdad que la situación de los actores en el siglo XVII fuera tan terrible como se ha explicado. Es posible, pero en cualquier caso, por lo menos desde que yo me inicié como actor (que fue, si mal no recuerdo, un poquito despúes del XVII), siempre he observado que la profesión de los intérpretes ha sido despreciada. A los actores no se les ha dado, habitualmente, la menor categoría intelectual (también es posible que no hayan hecho mucho para merecerla), por lo que han tendido a considerarse fuera de la sociedad, gentes marginales, mal vistas y peor escuchadas. Pondré un ejemplo: cuando yo empezé a ser actor, no tenía preparación alguna técnica ni artística como futuro intérprete, pero pronto empezó a circular el rumor de que tenía talento porque había estudiado la carrera de Derecho. ¡Qué bobada! ¿Qué tenía que ver mi posible talento como intérprete con la circunstancia de que hubiese estudiado en una Universidad? Todos conocemos excelentes abogados que son tontísimos, y además, absolutamente incapaces de interpretar «La vida es sueño» ni siquiera en los plenos de las Cortes. No es cierto que los actores más preparados sean los mejores, lo cual no significa la inexistencia de intérpretes inteligentes y cultos capaces de hablar en Almagro, aquí y donde sea. Sería deseable que los actores fueran perdiendo el miedo y los profesores les ayudaran a perderlo. Es necesaria una urgente aproximación entre los que estudian teatro y los que nos limitamos a hacerlo. El único problema es que estudiar teatro no resuelve las

---

[1] *N. del D.*: Como queda dicho en el «Preliminar» más fueron los «hombres de teatro» convocados, pero escasa su respuesta. Por otra parte, en algunos profesores —como allí se explica— coinciden investigación y práctica teatrales.

dificultades de saber cómo interpretarlo escénicamente. Aquí se ha afirmado que un actor tiene que comprender y asimilar el texto que está representando y que tiene además que saber cómo la obra se escribió, por qué se escribió y lo que significó entonces. Naturalmente ese es un trabajo que los actores de nuestra Compañía —como las de otras varias— hacen de un modo habitual. Lo que ocurre es que todo esto no sirve para nada; es decir, sí sirve, sirve para tener una información —importantísima, sin duda, aunque sólo información—, pero el hecho teatral es otra cosa y ahí reside el gran obstáculo. Porque, ¿cómo se debe plantear un actor su trabajo con el personaje? Si bastara con saberlo todo sobre el personaje, los que saldrían a escena serían los personajes en vez de los actores. Además sucede una catástrofe: resulta que hay actores buenos y actores malos y ante esa realidad todas las teorías se vienen abajo. Un director puede pensar: «los actores deben hacer esto, esto y esto y deben recitar así, así y así», pero ocurre que unos lo hacen bien y otros lo hacen mal, por mucho que el director se lo explique igual a todos. Hasta tal punto esto es cierto que un buen actor puede darle la vuelta a una obra, y da lo mismo el trabajo de mesa que se haya hecho y el planteamiento que haya desarrollado el director, y, por supuesto, todo lo que los profesores hayan leído. En el momento en que sale a escena un actor bueno ése es el que interesa, y en el instante en que un actor malo actúa la obra deja de interesar, aunque él sea el protagonista y lo que le pase sea, en principio, apasionante.

Saber por qué escribió Calderón una obra es relativamente sencillo, pero interpretar a Calderón convincentemente es bastante más complicado. (Para los actores me refiero, claro.) Es como esa obsesión por las sinalefas. Por supuesto que hay que respetarlas, pero si hay que romper una sinalefa, porque desde que se termina una vocal, hasta que empieza la siguiente el actor se desplaza desde el proscenio hasta el foro, pues se rompe antes de exponer al actor a que muera ahogado.

Estos son problemas vivos, orgánicos. Debemos partir de la molesta realidad de que en este país nunca existió una escuela de teatro clásico. Hubo, eso sí, espléndidas individualidades, pero nada más. Como nada tenía que ver la forma como decía el verso Manolo Dicenta a como lo decía Ricardo Calvo o como lo decía Enrique Borras o como lo decía Margarita Xirgu. Escuela como la han tenido los franceses o los ingleses nunca —repito— la tuvimos nosotros. Entonces, ¿cómo se inventa una escuela? Pues yo creo que sólo con la práctica y la paciencia. Pero la paciencia de todos, no sólo la nuestra. Creo que ha habido hasta ahora una excesiva distancia entre el mundo teórico que pueden representar los profesores y el mundo práctico que representamos las gentes del teatro.

Tenemos la obligación de hacer un esfuerzo para comprendernos mutuamente. De esta forma conseguiremos que los actores pierdan sus miedos y se decidan a hablar como lo estoy haciendo yo. Ahora.

TEATRO CLÁSICO HOY:
LA EXPERIENCIA DE UN ACTOR

José Luis Pellicena
(Actor)

Tengo que empezar mi ponencia diciendo algo bastante obvio, y es que mi experiencia y mi conocimiento más fuerte y directo sobre nuestro teatro clásico lo he vivido como actor y sobre un escenario. Esto me ha hecho enfrentarme con sus problemas desde distintos niveles y diferentes puntos de vista. Intentaré reflejar algunas de estas experiencias sin pretender competir con la erudición y la sabiduría de mis compañeros de mesa.

La verdad es que nuestros autores del Siglo de Oro no pudieron adivinar nunca hasta qué punto nos iban a complicar la vida a algunos de nosotros tres siglos después. En su teatro hay enigmas que intentamos descifrar con mayor o menor fortuna desde hace muchos años. ¿De qué forma se hacía ese teatro? ¿Cómo eran interpretadas sus claves por los actores y como eran recibidas por los espectadores? ¿Entendía el público todo lo que se decía en la obra? ¿Con qué disfrutaban más: con la intriga del texto o con la manera de hacer de los comediantes y con sus peripecias? Sabemos algunas cosas y deducimos otras. Creo que es tarea de los estudiosos seguir buceando en crónicas y documentos para sacar a la luz conclusiones que nos aporten nuevos conocimientos, y creo que es labor de las gentes de teatro —me refiero a actores, directores y gestores— utilizar lo que sabemos, sacar conclusiones positivas, y ponerlas en práctica para hacer que el teatro clásico sea en nuestros días algo vivo para el público y no una reliquia a la que hay que acceder en el mejor de los casos para tranquilizar la conciencia de unos pocos que todavía sienten escrúpulos de quedar en paz con esa parcela de la cultura.

En primer lugar el tan debatido tema de cómo decir el verso. Decimos: No tenemos escuela; la tradición, si alguna vez la hubo, está más que rota; la declamación está fuera de lugar y está reñida con el propio sentido dramático de la obra y con la sinceridad de una interpretación. Nadie tiene una regla de oro. ¿Cómo hacer entonces? Pues yo creo que el buen sentido, el criterio, la intuición, la inteligencia, o sirven para todo o no sirven para nada. Por lo tanto creo que también sirven para afrontar esta situación y que nos pueden ser de gran utilidad. De otro modo es como empezar a sentirse naúfragos antes de embarcar. No es posible que sea tan difícil sentir el ritmo que pueden tener unos versos. ¿Y de verdad resultaría tan complicado estructurar unas sesiones de trabajo, unos ensayos en los que el actor se familiarice con una técnica en la que se asocie ese ritmo con la manera de decir una idea, con el sentido y la coherencia que utilizaríamos si esa idea estuviese expresada en prosa? Bueno, ya sé que sí, que es difícil. Pero lo que quiero decir es que afrontamos esa idea como si fuera no difícil sino imposible, y esto es lo que no puede ser y lo que nos llevará siempre al punto cero. También sé que nuestros textos clásicos están llenos de trampas sintácticas y de formas dialécticas llenas de barroquismo, lo cual hace que al no estar colocadas las palabras en el orden en el que estarían en un nivel conversacional dificultan extraordinariamente la comprensión del discurso. Igualmente es cierto que a menudo nos encontramos con palabras cuyo significado no comprendemos porque ya no se usan, y que también abundan las metáforas que, evidentemente, son muy difíciles de «colocar» en un modo de hablar que queremos que sea lo más coloquial posible. Pero creo que ninguno de estos obstáculos son invencibles y que bastaría trabajar con un método para empezar a obtener resultados en un plazo no demasiado largo.

Debo aclarar que no creo tener la verdad en mi mano, y que como intérprete me siento con enormes lagunas y grandes carencias, pero sí creo que he llegado a tener la experiencia suficiente como para saber o creer saber donde están los fallos e intentar remediarlos. Sólo que el teatro es siempre labor de equipo y no trabajo en solitario. Hablo del teatro como resultado final. Crear unos planes de trabajo en este sentido es algo que deben hacer, si creen en ello, aquellos en cuyas manos está el hacerlo.

Y no le demos más vueltas a lo de la tradición, porque yo personalmente creo que nunca la hubo. Hubo unos divos que recitaban cada uno a su manera, según nos han contado, y que a través de la proyección de su personalidad fascinaban al público. Y poca cosa más. Y voy más lejos todavía. Si no se hubiera perdido esa hipotética tradición, ¿estaríamos muy contentos representando a nuestros clásicos en la línea que lo hacían Enrique Borras y Ricardo Calvo? Yo me inclino a pensar que ni a los directores ni a los actores nos gustaría hoy ni poco ni mucho. Y es lógico. De otro modo sería una contradicción. ¿Cómo se explicaría poner patas arriba una obra del Siglo de Oro con un montaje moderno y anticonvencional, y mantener una recitación en la más pura línea tradicional? Es lógico que ésta se adapte también a una nueva época. Yo conocí y trabajé bastante con un actor que para mí era un maestro en la técnica de decir el verso de una manera moderna. Murió hace veinte años, y se llamaba Manuel Dicenta. Desgraciadamente para mí, no supe aprovecharlo entonces, yo era un mal principiante, pero todavía me suenan sus versos dichos de una manera impecable en cuanto al ritmo, y dotándolos al mismo tiempo de una naturalidad y de una falta de enfatización admirables, por lo que todo ello resultaba enormemente creíble y bello. Ese es el camino en mi opinión.

Otro de los problemas es el de la comprensión del teatro clásico por parte del público. Nos preguntamos si éste está capacitado para comprenderlo con sus arcaísmos, su peculiar sintáxis y su forma versal. Sabemos, o deducimos, pues para algo iban al teatro las gentes del siglo XVII, que entendían y se divertían. Quizás no entendían todo lo que los comediantes decían, pero entendían el juego de éstos, conectaban con la problemática de la obra, con determinadas claves gestuales, etc... En cambio ahora lamentamos que el público en general le vuelve la espalda al teatro clásico. ¿Qué ha pasado? Pues supongo que varias cosas: por un lado la gente asocia el teatro clásico con la cultura, ¡horror!, palabra fatídica que la gran mayoría rechaza porque se supone que la cultura es aburrida. Esto es matizable. Primero: en efecto, la cultura a veces puede ser aburrida; segundo: asociar el teatro clásico o el moderno con la cultura es un criterio que nos puede llevar a equivocarnos, porque tal cosa es bastante dudosa. Pienso que habría que inventar cualquier tipo de slogans que alejaran de todas las mentes esa fatal asociación. Habría que inventar cualquier tipo de campaña persuadiendo a la gente de que el teatro clásico como el fútbol, como los toros, como ir de tapas con los amigos, o como irse de vacaciones, es algo agradable, divertido, apetecible y casi, casi necesario. Supongo que esto no es fácil de conseguir, pero entre otras cosas creo que debemos empezar a quitarle trascendencia nosotros mismos. Estamos sacralizando el teatro clásico a fuerza de hacerlo trascendente y no es así. Debo de hacer, y lo hago muy a gusto, un paréntesis en estas consideraciones para poner de manifiesto que a pesar de todo lo que estoy diciendo, en estos momentos y desde hace ya bastante tiempo, la Compañía Nacional de Teatro Clásico es un foco de atención muy grande para el público que acude al Teatro de la Comedia.

A propósito de público preparado o no para este teatro, yo tengo una experiencia muy notable. Hace doce años tuve la oportunidad de hacer una gira de quince días por algunos pueblos de Galicia con una obra de Lope de Vega: *El despertar a quien duerme*, cuya refundición había hecho Rafael Alberti. En algunos de esos pueblos jamás había estado antes una Compañía de teatro y el público era realmente popular. Aseguro, absolutamente convencido de lo que digo, que jamás he hecho teatro clásico delante de un regocijo tan general. Esto hace pensar algunas cosas: que el público era realmente popular, en el sentido de que no estaba condicionado por la costumbre de ver la sofisticación técnica de los montajes de los últimos veinte años. Tengo que aclarar que el montaje que José Luis Alonso inventó para *El despertar a quien duerme* tenía un enorme sentido de acuerdo al público y a los lugares a los que estaba destinado, y estaba desnudo de cualquier alarde técnico en cuanto a iluminación o escenografía. Entonces hay que pensar que lo que les resultaba divertido era la peripecia contada con una mayor o menor fortuna a través del verso de Lope. No sé si de esto se podrán sacar conclusiones. Dejo la cuestión para que luego podamos volver sobre ella si os resulta suficientemente interesante.

Para que el teatro clásico interese pienso que no hay más problemas en el fondo que con el teatro moderno: tiene que ser divertido, y con esto no quiero decir cómico, sino interesante. La trama de la obra y la forma de contarla tienen que interesar; entonces el público se divierte. Dá lo mismo que sea un entremés que *El alcalde de Zalamea*. Es más, el teatro clásico tiene sobre el moderno un valor añadido: el verso. Lo único que hay que conseguir es que el público aprenda a disfrutarlo. Yo pediría a los que tienen en sus manos la programación y la dirección del teatro clásico que tuvieran en cuenta estas premisas, pensando en el posible público. Es la primera batalla que habría que dar: el interés de las obras y el gusto por el verso, tanto por parte de los actores como del público. En principio creo que hay que poner en pie un texto vivo. Básicamente entiendo por vivo un texto que sea capaz de crear una relación de entendimiento y de interés con el público que lo contempla en una época distinta a la que fue creado. Esto es lo fundamental, y necesariamente hay que partir de ahí. En caso contrario sucederá que se podrá montar un espectáculo lleno de ingenio y brillantez, pero en el que habrá habido que desfigurar la obra y distorsionarla, casi reinventar un texto, con lo cual la sustancia del texto original habrá desaparecido y a poco que lo pensemos llegaremos a la conclusión de que era mejor dejar ese texto inútil donde estaba.

Me gustaría, para terminar llamar la atención sobre un punto que cada día es más preocupante y que a mí personalmente me llega a alarmar muchísimo: la degradación del idioma. En una época en que las frases se han convertido en signos verbales y casi en onomatopeyas, el teatro clásico podría ser un medio, no sé si eficaz o no, pero nunca contraproducente, para encontrarse con el idioma castellano. Nos hemos acostumbrado a inventar una jerga en la que utilizamos palabras como «vale», o «eso es muy fuerte» o «eso está muy crudo» en lugar de utilizar las palabras que serían lógicas para expresar esas ideas. O sea, un total empobrecimiento del idioma. En el teatro clásico me he quedado a menudo fascinado por la manera tan bella que se puede utilizar para expresar algo. ¿Cómo sonaría por ejemplo, que el galán en una comedia de Lope dijera al ver salir a su amada que se quedó «Flash»? Todo esto también hay que tenerlo en cuenta a la hora de poner en pie una obra clásica. Ya sé que en ninguna adaptación se llega tan lejos, pero debemos saber que en el teatro clásico lo «coloquial» tiene siempre un color específico y el hablar «como andar por casa» debe tener unos límites y unos niveles muy especiales. Creo que el teatro clásico no sólo debe serlo, sino también parecerlo.

APÉNDICE

EL ACTOR CALDERONIANO
EN EL ESCENARIO PALACIEGO[1]

Rafael MAESTRE
(Universidad de Alicante, I.C.E.)

En Calderón el espectáculo mitológico no es solamente una comedia palaciega que se inscribe en el marco de la fiesta, sino que es en sí mismo una fiesta, puesto que, aun generalmente en el ámbito de ella, su escenificación posee, estructuralmente, los diversos elementos que configuran y caracterizan un regocijo lúdico o celebrativo; y es desde esta facultad independiente y autónoma, que tiene su obra, desde donde se afana para trazar un espectáculo que acabado en sí mismo se presente abierto.

Dos elementos paradigmáticos son los que establecen la línea de unidad: «el gusto de la representación»[2] y la «emulación de la Naturaleza»[3], en torno a la cual gira su presentación visual del mito, para lo que extrae aquellos elementos que mejor le permiten crear un convencionalismo escénico, aunque muchos aspectos característicos estén condicionados por el propio mito o por el conocimiento supuesto que el espectador pueda tener de él. El terno poético con que la forma alegorizada se viste para homogeneizar todos los elementos propios del espectáculo, al tiempo que su asunción mítica (potencialmente implícita) encierra la complacencia al poder, hace que no vaya dirigido únicamente a éste, sino que atienda, por su singular teatralidad, a otro sector, al cual atrapa mediante su efecto visual. Es el signi-

---

[1] Para aquellos aspectos del presente artículo que son susceptibles de referencias que no señalo remito a mi libro *Escenotecnia del Barroco: el error de Gomar y Bayuca*, Murcia, Universidad, 1989.
[2] Calderón, en polémica con Lotti, quien pretende un trabajo escénico acerca de *La Circe*, caracterizado por el abuso de la maquinaria, se enfrenta a éste con su sentido armónico del equilibrio del espectáculo. *Carta de Calderón (30 Abril 1935)*, publicada por Leo Rouanet, «Un autógrafo inédito de Calderón» en *Revue Hispanique* (1899), pp. 196-200. La transcribe Charles V. Aubrun: «Les débuts du drame lyrique en Espagne», *Le lieu théâtral a la Renaissance*, Appendice III, ed. Jean Jacquot, Paris, 1968, p. 444.
[3] Pedro Calderón de la Barca, *Memorial dado a los profesores de pintura* en Francisco Calvo Serraller: *La teoría de la pintura en el Siglo de Oro*, Madrid, Cátedra, 1981, p. 541. Criterio calderoniano que, aunque aplicado a esta rama de las artes, es extensible al teatro, en tanto en cuanto trata por igual a la representación.

ficante de la metáfora, tanto oral como óptica, el que apelará al primero, y será el juego de la escenotecnia el que alcanzará al segundo; de este modo, alegoría y maquinaria, en transparente ósmosis, persiguen satisfacer en lo sensorial y lo inteligible a los dos espectadores: nobleza y ciudadanía.

El equilibro y la compensación de los dos paradigmas, en su trayectoria de conjunción, hallan, en la cooperación de todas las artes figurativas: pintura, escultura, etc., los instrumentos posibilitadores del lenguaje icónico con que adquiere visualidad la fábula en su entorno mítico y móvil parabólico por mor de la escenotecnia; y, más concretamente, por la cualidad diletante manierista de la perspectiva o la escenografía perspectivista. Proceso este de conjugación de las diferentes artes que, apoyado en el eclecticismo teatral de ésta y cimentado en la técnica del actor, hace que los dos (espacio y cómico) tiendan a la armonización.

Los tipos de comedia palaciega calderoniana que tratamos no incluyen las «particulares» ni las «de repente» (porque, singularmente, las primeras procedían del repertorio del corral[4] y, generalmente, se hacían de modo alternativo o junto a las segundas, en el Salón Dorado), sino las mitológicas, siguiendo el argot teatral de la época, la «de tramoyas» y la «grande», aunque a veces ambas se confundan en una sola terminología; es decir, aquéllas que se alojan en el Coliseo o en el estanque del Buen Retiro, con razón de onomásticas, bodas, celebración del restablecimiento regio u otras efemérides, conectadas, o no, a San Blas (por Carnaval), San Juan, etc; aunque sufran desplazamientos cronológicos o sincretismos en la advocación, fecha o motivo. Y dentro de éstas trataré, preferentemente, de las ubicadas en el primer habitáculo teatral: El Coliseo.

La construcción de un teatro permanente era un viejo proyecto de los monarcas españoles, y la casa de Austria[5] lo culmina cuando encarga a Cosme Lotti la realización del Coliseo, cuya construcción se inicia tres años después del estreno de *El mayor encanto amor*, 1638, para quedar inaugurado dos años más tarde. El Coliseo conseguirá su máximo esplendor durante los trabajos de Baccio del Bianco, quien, tras la restauración de 1650, aún lo mejorará al reformar la tecnología de la instalación escénica; convertido así en el marco especializado para puestas en escena de gran maquinaria.

Estos dos ingenieros o escenotécnicos florentinos traen un bagaje que recoge el legado de Bastiano de Sangallo, Vasari, Buontalenti y los Parigi (la influencia de ambos, Guilio y Alfonso, incide, respectivamente en

---

[4] John E. Varey, «Debates», *II Jornadas de Teatro Clásico Español*, Coord. por Francisco Ruiz Ramón, Madrid, M. de Cultura, 1980, p. 120.

[5] Su antecedente más inmediato se localiza en la reposición italiana de *El Pastor Fido*, según expresa Armando F. Ivaldi, *Le nozze Pio-Farnesse e gli apparati teatrali di Sassuolo del 1587*, Genova, ERGA, 1974, p. 81.

Lotti y Baccio), dando lugar a un teatro que guarda muy estrecho paralelismo, especialmente el escenario, con la segunda versión que hiciera «el de la Girandole» de la sala de los Quinientos del palacio de los Médicis[6].

Como esquema básico, el escenario estaba encuadrado con una moldura en forma de arco, compuesto de un arquitrabe y dos soportes laterales, que constituye una cuadratura arquitectónica adornada con figuras emblemáticas, próximas al arco de proscenio, y tenía una disposición escenográfica distribuida en un tablado con tres niveles. Tales soportes separaban mediante un tabique el lugar de la acción del de donde estaba el público, provisto de gradas para los espectadores y estatuas que sostenían lámparas, con apariencia de galería arquitectónica. Se crea así un espacio ilusionístico, cubierto por un entretejido de «lacunaris» azules y decorado con bollones de oro, tachonado de estrellas, que evocaba el movimiento del firmamento; de tal manera que los espectadores, colocados en el hemiciclo en forma de U alargada (en su centro se hallaba la logia o palco real —luego será portátil— y debajo de él se extendía la cazuela) tenían la impresión de encontrarse en un patio descubierto, de forma rectangular, con aspecto ovoidal (gracias a las tres filas de palcos a cada lado con cuatro palcos por fila), que tenía a los dos lados y de esquina el porticado y enfrente el vacío o espacio cubierto sobre el decorado de una vista imaginaria.

Escenario éste con un equipo bien elaborado de aparatos e ingenios: el telar, en el cielo raso, y el foro, parte trasera del escenario (con ventana en el «respaldo» para realizar efectos de perspectiva real o a dos visos de los jardines del Retiro), con galerías de máquinas; elementos que permiten la maniobra de los instrumentos que ponen en movimiento las apariciones en lo alto de personajes olímpicos, mientras que el escotillón y la trampa, abiertos sobre el piso del escenario, empujan a escena, por medio de cabestrantes en el foso, los elementos de esta cavidad inferior y hacen surgir de abajo una serie de articuladas construcciones escénicas. A éstas les acompañan un conjunto de bastidores laterales [el bastidor plano (el bastidor de guías)] a lo largo de cada uno de los lados del tablado, los cuales, retrocediendo la parte posterior de cada grupo o par, para cubrir el frente del segundo grupo trasero, y así, contiguamente cada grupo, daban paso a la mutación, ya que al retirarse cada par lo hacía su decorado correspondiente de fondo, consiguiendo de este modo el cambio rápido en la decoración. Cambios que se hacían a la vista.

Si este panorama teatral lo corroboran, entre otros testimonios, las propias acotaciones facilitadas por don Pedro en *Andrómeda y Perseo* y

---

[6] Rafael Maestre, «Humanismo, historia y teatro en el Renacimiento: el fenómeno italiano» *Revista de Historia Moderna,* 5 (1985), pp. 207-229.

Hado y divina de Leónido y Marfisa[7], los diseños de Baccio[8] y los datos de Palomino[9] ofrecen una serie de elementos precisos que pormenorizan las trazas de este horizonte. Así, el Coliseo se muestra con una altura de muro de proscenio de 1,40 m.; una embocadura que tiene de ancho 10,92 m. por 8,30 m. de alto; una profundidad, a partir del muro de proscenio hasta el último respaldo o foro-pared del edificio del escenario, de 17,36 m. Todo ello supone un espacio de bocaescena de 90,59 m.² y una superficie de tablado de 189,56 m.² Como el primer par de bastidores se coloca a una distancia entre sí de 8,40 m., con una altura cada uno de 7 m. por 1,12 m. de anchura, y el primer foro se cierra a una distancia, con respecto a la embocadura, de 8,42 m., y el segundo foro (generalmente, el que viene formado e impostado por la escena fija o base) lo hace a 11,20 m., todo ello confiere a la escena unos espacios activos escénicos de 68,72 m. y 93,48 m. de superficie, respectivamente, según juegue el cierre de la escena con el primero o el segundo foro. Hay un proscenio que comprende 0,28 m. (desde el muro del proscenio o frente del tablado hasta la embocadura) de profundidad por 10,29 m. de anchura, de los cuales son espacio activo los comprendidos entre esos 0,28 m. y 8,40 m. de ancho, siendo el resto espacio escénico pasivo.

Este polígono se estructura en tres niveles, de los cuales solamente uno (el comprendido entre el segundo foro y el respaldo del escenario) se mantiene a la altura del plano, ya que el resto del tablado posee una inclinación o desnivel de 0,44 m., que abarca desde el muro del proscenio hasta el segundo foro; cumpliendo el diafragma de la embocadura la función de dividir imaginariamente este espacio (los restantes niveles) en dos: uno para la escena y otro para el proscenio; por lo que para la primera se extenderá desde dicha línea hasta el segundo foro y para el segundo desde tal diafragma hasta el muro delantero. Todo ello, a su vez, aparece subdividido en términos determinados por los bastidores y la implantación de sus guías, dando lugar a las consiguientes cajas y calles, que en este escenario aparecen en número de doce, con su correspondiente paridad de seis y su delimitación en igual número de términos.

Es la rampa o pendiente del escenario, después de trazar los límites del mismo, la que permite situar la cota del ojo, a fin de trazar la perspectiva, en función de la necesidad escénica; pero de manera que los bastidores laterales converjan a una distancia conveniente, con el propósito de colocar el eje horizontal del escenario hasta la cota en correspondencia, gracias a la cual los lados del mismo, del escenario, acompañando al ojo, coincidirán con

---

[7] Rafael Maestre, «La gran maquinaria en comedias mitológicas de Calderón de la Barca», en *El mito en el teatro clásico español*, Coord. por Francisco Ruiz Ramón y César Oliva, Madrid, Taurus, 1988, pp. 55-81.

[8] Phyllis D. Massar, «Scenes from Calderón play by Baccio del Bianco» en *Masters Drawings*, XV, 4 (1977) pp. 365-75 y láms. 21-31.

[9] A. Antonio Palomino, *El museo pictórico y escala óptica*, Madrid, Aguilar, 1948, p. 627.

el eje. Con Lotti y Del Bianco, y especialmente con el segundo, el sistema de colocación de los bastidores laterales de la escena a lo largo de las diagonales se efectúa haciendo repetición idéntica y simétrica de los mismos, fingiéndose el punto central de fuga de la perspectiva, en profundidad, en el fondo, a donde van a converger las diagonales axiales; lo que lo convierte en un vértice de la misma, dando lugar a una planta escénica trapezoidal. De este modo, el eje o punto principal de la acción espacial viene determinado por el punto de «concorso» y se erige como la «zona fuerte» de la escena, por el resultado de dos líneas imaginarias que van, una, desde el «ojo del Rey» o eje central de la cávea o patio de butacas hasta el escenario, y otra a través de la escena; es decir, una línea central perpendicular al escenario, que remata en el foro, y otra paralela al proscenio que recorre de izquierda a derecha el tablado. El punto de intersección de estas líneas imaginarias forma la «zona fuerte» y está más alejado del foro que del proscenio, siendo los laterales (izquierdo y derecho) de esta transversal, paralela al proscenio, colindante con los bastidores y sus puntos traseros, las «zonas débiles». Así, la «zona fuerte» acoge los cuadrantes imaginarios centrales del primer término (desde la línea de embocadura hasta la imaginaria paralela a éste y al proscenio, de remate de fondo del primer par de bastidores), del segundo y, en este caso del Coliseo (dada la cota de 0,44 m.), del tercero. También en este espacio, el practicable de foro (instrumento activo en la acción), cuando la necesidad escenotécnica lo requiera, implanta su impostación escenográfica en la zona central, dotándola, por tanto, de naturaleza «fuerte»: tanto si se levanta entre el quinto y sexto términos, rematando en primer foro, como si lo hace entre el primer y segundo foros, con el consecuente desplazamiento del segundo hasta aproximarlo al respaldo del escenario.

Proporcionalmente a una escena de las dimensiones apuntadas, en justa correspondencia, obedece una sala o hemiciclo que cifre sus dimensiones en, aproximadamente, 37 mtrs. de largo por 23 mtrs. de ancho. Hay una adecuación proporcional de escenario-sala que señala una pendiente en el pavimento de esa, hasta la parte inferior del muro del proscenio, al tiempo que implica la existencia de una incipiente «caja armónica».

En esta topografía escénica penetra un actor, que paralelamente al nacimiento y configuración de la nueva comedia (en el periodo de 1520-1580) se hizo profesional, con una técnica «pantomimada» y estilizada de la representación en los tablados de plazas o corrales al aire libre; áreas de desnudez escénica y espacial, donde, por razones escenotécnicas, desarrolla su quinesia y conduce la acción junto al público. La ausencia de aparato escénico, así como de *atrezzo*, y la escasa utilería le obligan, mediante el fingimiento y manipulación, a un remedar intensificado de los elementos corpóreos ausentes de la escenificación. El comediante, en estas coordenadas de mayor visualización de sus acciones, extroversión del contenido implícito en las didascalias y escasez instrumental, y ante la pobreza psicológica y morfológica que le presentan los textos de las farsas, églogas o comedias nuevas, se ve abocado a la modelación de un personaje nuevo; aquél que las líneas coordinantes le marcan para concebir: el tipo. Por eso, con su psicología, sus atributos físicos y sus facultades histriónicas y mímicas resaltadas, complementa la evidencia entre personaje y tipo, dando relieve a los efectos encerrados en el texto, con toda la «favorabilidad» que ello presupone para acercarlo a los espectadores y hacerlos cómplices.

Los huecos laterales del tablado, o puntos traseros que utiliza, alternativamente, para entradas y salidas, dentro de una convención estable, que pugna por la correlación de los distintos lugares de la acción con el juego escénico, hacen que la dinámica del movimiento del actor tienda a una constante pendular muy cerrada, cuyos puntos de nacimiento afloran de los huecos laterales, y su eje central se fija en una línea imaginaria que saliendo del vestuario, en el corral, o de la cortina de foro, en el tablado-plaza, divide la escena en dos partes. Geometrizado así el movimiento, el punto de curvatura de la *senoide o eclíptica* determina el proscenio hacia el que inclina al actor, por lo que este modo de hacer aporta una convexidad óptica al plano del tablado y a los volúmenes físicos de los intérpretes.

Si la representación se lleva a cabo en cortiles o salas cortesanas, y requiere una escena de la tipificación vitruvio —serliana, por ejemplo, de ciudad (escena cómica)—, el actor continúa actuando igualmente que en el tablado de la plaza o del corral: en la parte delantera de dicho escenario y en los laterales próximos al espectador; o sea, no lo hace dentro del decorado o sus áreas, sino delante de él o de ellas, ya que los practicables que representan casas con ventana y puerta, con foro, construidas y pintado, se implantan en las zonas del escenario que rematan en los laterales del mismo. Sin embargo, la existencia de calles o plaza los une, por lo que ese nexo o eje se convierte en determinante de la dinámica del movimiento y del juego escénico; de ahí que el actor acceda por ellos o por los lados de esos decorados corpóreos [10].

A partir del año 1620, este actor, forjado, entre otras corrientes, en la influencia de la commedia all'improvisso [11] y la oratoria sagrada [12], en las manos de Lope de Vega, de otros dramaturgos del momento y en las tablas de los espacios abiertos tiende a exagerar, deformando con ello la semejanza de lo que se finge o trata de imitar. Exageración que, sin embargo, acontece

---

[10] Rafael Maestre, «Escenotecnia del tablado popular renacentista» en *Actas del II Simposio Internacional de Historia del Teatro*, Barcelona (en prensa).

[11] Véase César Oliva, «Tipología de los lazzi en los Pasos de Lope de Rueda», *Criticón*, 42 (1988), pp. 65-79.

[12] Véase Emilio Orozco Díaz, *El Teatro y la teatralidad del Barroco*, Barcelona, Planeta, 1969, pp. 119-169.

hasta la truculencia en el paso[13], para el que apenas «el Fénix de los ingenios» concede función de eslabón en la obra[14]; al tiempo que solicita subrayar y enfatizar la interpretación en los soliloquios[15], los cuales, quizá, sugiere que vayan colocados al declinar del paso o al remate de las escenas[16]; de ahí, esa facultad que pide para su interpretación, pero que no deja de ser un recurso de concesión para con el espectador. Desde esta perspectiva, Lope, conscientemente, solapa la dimensión del paso y disminuye el significante de las entradas y salidas, las escenas, en pro de un efecto de eficaz teatralidad, basada, paradójicamente, en la antiteatralidad, como es en la convención escénica del soliloquio.

La instrumentación tecnológica con que Calderón pone en escena los distintos textos o lenguajes escénicos que constituyen cualquiera de sus espectáculos mitológicos tiene siempre amplia coherencia entre estos medios y la naturaleza dramática que los conduce. Las imprecisiones que, a veces, puedan presentar consigo mismos sus textos dramático-literarios, obedecen en la casi totalidad de sus producciones a dos aspectos: uno, al inadecuado traslado de algunas acotaciones, y otro, a la liberalidad que otorga a sus propias tareas de director de escena. Don Pedro no sólo no imprimió nunca sus comedias, sino que las ediciones, en vida, por él consentidas, las que realizaron su hermano José y su amigo Vergara Salcedo, ni siquiera las enmendó, a excepción de los autos sacramentales, y tuvieron que ser éstos quienes lo hiciesen.

Problema éste, el de la fiabilidad de las comedias[17], que afecta tanto al texto dramático como a sus acotaciones, y que se acentúa, salvo en algunos títulos, con las ediciones de Vera Tassis y las efectuadas durante el Romanticismo. Las del mercader de libros no sólo introducen acotaciones impropias de la técnica de Calderón, amén de que éstas no siempre están en correspondencia sincrónica entre la palabra y la acción, sino que, además, cambian términos gramaticales, algunos en detrimento de la estética del espectáculo, y añaden otros. Con ello no solamente se confunde el original, sino que se acrecienta su frágil fiabilidad. Las del Romanticismo, que en buena medida siguen a Vera Tassis, no clarifican esta situacion, porque al

---

[13] «Si es menester despeñarse, se arrojan por aquellas montañas (...) con el mismo despecho que si estuvieran desesperados; (...) Si hay en la comedia un paso de agonizar, el representante (...) se revuelca por aquellas tablas llenas (...) de clavos mal embebidos y de astillas erizadas (...) Si importa al paso de la comedia que la representa se entre huyendo, se entra (...) con tanta celeridad que se deja un pedazo de la valona», en Juan de Zabaleta, *El día de fiesta por la mañana y por la tarde*, ed. de Cristóbal Cuevas García, Madrid, Castalia, 1983, p. 313.

[14] «Dividido en dos partes el asunto,/ponga la conexión desde el principio/hasta que vaya declinando el paso,/pero la solución no la permita», en Emilio Orozco Díaz, *¿Qué es el «Arte Nuevo» de Lope de Vega?*, Salamanca, Universidad, 1978, p. 69.

[15] «Los soliloquios pinte de manera/que se transforme todo el recitante/y, con mudarse a sí, mude al oyente», *Ibídem*, p. 70.

[16] *Ibídem*, pp. 69-71.

[17] Esta cuestión se trata en la introducción de mi edición crítica y escenotécnica de Pedro Calderón de la Barca, *El Faetonte*, Universidad de Murcia, (en prensa).

interpretar la escena barroca desde sus propias convenciones (las románticas) la oscurecerán más, ya que la mayoría de los apartes y el «canta» marcan citas dramáticas que en el Barroco no se ejecutan o se ejecutan de otro modo; singularmente el «canta», que ocasionalmente no aparece acotado, cuando en realidad así se instrumenta, con las variantes interpretativas que conlleva. Calderón apenas marca acotaciones referentes a la quinesia actoral y a los apartes, pues los fía al contenido de su propio verbo dramático, que generalmente confirma; de ahí que ante la ausencia de éstos sea lo expresado por el verbo del actor, mediante sus didascalias explícitas e implícitas, su mejor acotación. La no confirmación por deficiencia verbal encuentra en el valor extralingüístico de la palabra, junto con antecedentes que ha facilitado de su código de dirección, la función equivalente a la del conjunto acotador.

Si el actor lopesco, precalderoniano y coetáneo de Calderón, actúa bajo esas premisas, en este momento con las orientaciones, enseñanzas y directrices de don Pedro, sin perder aspectos esenciales de ellas, sufre transformaciones en el marco del Coliseo, especialmente en la etapa que Lotti (años 1640-1643) y Del Bianco (1651-1657) trabajan con él y en ese ámbito, sobre todo la concerniente a Baccio, quien, además, como director de escena que también es[18], le auxiliará en la escenificación. Gracias a este binomio: dramaturgo-director y escenotécnico-director, ese actor profesional, que alterna los espacios cerrados (salas nobles, cortesanas o sacras) con los abiertos (corrales, plazas o cortiles), y se mantiene en una convención escénica invariable, alcanza una más amplia dimensión de su oficio; así como una nueva convención, donde priman la mesura y la precisión en la propiedad[19] del arte de la representación para con la acción; segundo punto éste que ya enunciara el Pinciano, pero que halla cumplida cuenta en la praxis calderoniana.

Las unidades dramáticas y los recursos escénicos (loas, soliloquios, pasos, entradas y salidas, etc.), a través de esas trazas y desarrollados topográficamente en el polígono del Coliseo, se muestran con unas peculiaridades perfiladas por el quehacer del actor o de la actriz.

La loa presenta dos partes claramente diferenciadas: el prólogo y la loa propiamente dicha, aunque constituyendo un elemento único, el cual se erige en portavoz del dramaturgo con una polivalencia de función textual que le permite, entre otros, atender a diferentes cometidos. Es desde esta múltiple facultad desde donde el prólogo glosa el concepto de la empresa, al tiempo que advierte, además del modo y características que la representación va a tener, del asunto ejemplarizado de que trata la fábula, a fin de que, siendo

---

[18] Anna Mattioli, «Un contributo a Baccio del Bianco», *Paradigma*, 5 (1983), pp. 75-6.

[19] «El actor mire la persona que va a imitar y de tal manera se transforme en ella, que a todos parezca no imitación, sino propiedad», en Alonso López Pinciano, *Philosophia antigua poética*, ed. de Alfredo Carballo Picazo, vol. III, reimp. Madrid, CSIC, 1973, pp. 282. Sobre el actor en Lope de Vega y su teoría, José María Díez Borque, *Sociedad y teatro en la España de Lope de Vega*, Barcelona, Bosch, 1978, pp. 208-30.

conocido de antemano por el espectador, el dramaturgo (en concordancia con axiomas de tratados teóricos de la época, por ejemplo: Cascales)[20], por medio del suspense en la acción, pueda conducirlo más eficazmente. La loa propiamente dicha retoma el concepto de la empresa, a la vez que, solicitando silencio gracias a la música, mostrará emblemáticos personajes, alusivos al motivo del festejo y realeza de los Austrias[21]. De semejante manera, este elemento único se emparenta con las técnicas de la anticipación y de la repetición; puesto que trabaja como una ratificación de lo expresado figurativamente en el telón de escena, al igual que es una asimilación parcial del *intermedi* italiano. El papel que desempeña éste sufre en manos de Calderón un traslado: la acción mitológica de él era en su caso la transposición, sobre un plano poético, de los acontecimientos sucedidos a los personajes en el acto precedente. Traslado que ahora se localiza en el telón a manera de síntesis anunciadora de dichos acontecimientos[22]. También guarda relación con el monólogo y el aparte, en cuanto a que poseen un idéntico denominador común: el de informar, para que el espectador conozca y comprenda, pero no para producirle emoción, ni impactarle en sus sentimientos. La zona delantera del telón de escena es su espacio, pues allí, frecuentemente, los dos protagonistas, actriz y actor, conjugando la vertical imaginaria del espacio activo (en una «gloria» descendente del arco de proscenio) y la zona central del tablado en el diafragma de la bocaescena, dicen los versos con voces acordes a las naturalezas que representan: suave para la primera y sonora, profunda, grave para el segundo, acompañados y alternados con cantos corales y música[23].

Los soliloquios, el monólogo y el aparte se mantienen en la tónica general que Calderón pide a la representación, que extrovierta y exteriorice el contenido poético: el alma de la acción[24]; labor para la que señala una interpretación que hará «(...)variando los extremos,/que hay de hablar a suspender,/que (...)suene/siempre el acento más bien»[25]. Directrices, no obstante, que no anulan la idiosincrasia de estas dos convenciones dramáticas, aunque las matizan.

El monólogo no es ahora ese recurso escénico, intercalado en un punto determinado de la acción, donde la teoría lopesca propugnaba una transformación del actor y una conmoción para con el espectador[26]; es una convención dramática y una convención escénica que pretende cumplir su propio papel:

---

[20] «Por tanto, es conveniente que el poema tenga un cuerpo grande, cuyas partes sean conocidas y distintas...», en Francisco Cascales, *Tablas Poéticas*, ed. de Benito Brancaforte, Madrid, CSIC, 1975, p. 80.
[21] En el estudio preliminar de mi edición crítica y escenotécnica de Pedro Calderón de la Barca, *Andrómeda y Perseo*, Universidad de Murcia, (en preparación).
[22] Rafael Maestre, «La gran maquinaria...», en *El mito en el ...*, *cit.* pp. 69-70.
[23] En mi edición de *Andrómeda y Perseo...*, *cit.*
[24] «Pues, yo (...)daré/a tus coros y a tus líneas/el alma que han de tener», *ibídem*.
[25] *Ibídem*.
[26] «y, con mudarse a sí, mude al oyente», en Emilio Orozco Díaz, *¿Qué es ...*, *cit.* p. 70.

anunciar justificando o justificar con posterioridad la decisión del conflicto dramático, pues, sólo excepcionalmente, esta decisión coincide con el momento del monólogo. Por esta razón no representa el momento de la máxima tensión dramática, ya que únicamente existe conflicto interior en el personaje en la medida en que hay decisión, pues ésta es la resultante de ese conflicto interior, y es, precisamente, en la decisión donde se localiza el momento cumbre de la tensión dramática, además de que la decisión del conflicto es la que hace avanzar a la acción. Por consiguiente, a este respecto, el monólogo es un gradiente más o menos paulatino del ritmo de la acción. La decisión del conflicto es de mayor eficacia dramática cuando se produce en forma dialogada, coloquial o entre dos o varios interlocutores, puesto que la decisión se ejecuta, y no se explica, se enuncia o nomina, que es la tarea del monólogo al describir, narrar, informar, glosar, etc. También, en su función de contribuir a la gradación de la acción, e instalado en la pre-tensión máxima o en la máxima post-tensión, trabaja como un elemento de distensión, de ahí que no se produzca distanciamiento y, por tanto, no dé lugar al desdoblamiento del personaje para actuar como el actor-persona que es, ni tampoco a la ironía. Esta distensión, además de facultar al actor para exhibir otras gracias dentro de la compostura de su personaje, hace que la acción discurra ralentizada, pero no que quede detenida. Amén de que el monólogo no sólo comenta para el espectador, sino también, a veces, para el desde-dentro, desde donde los personajes ausentes vuelven al -a-vista con información obtenida por medio de él, del monólogo. Prueba de ello la ofrecen los directores de compañías o primeros actores de la época, quienes, usualmente, atienden las tareas de dirección, al trasladar, ocasionalmente, el monólogo del lugar originario en el que fue colocado por el dramaturgo[27].

En presencia de los datos que nos facilita el Coliseo, hay que desechar el adentrarse del actor en el público, a la hora de interpretar el monólogo, ya que no existe un escenario de delantal[28] (pequeña plataforma en la parte delantera central del escenario) y, consecuentemente, no hay un refuerzo para el desbordamiento expresivo; como tampoco existe otro pequeño escenario al fondo[29] y, por la misma causa, no hay un refuerzo del efecto de profundidad, pues son otros medios y otras causas las que consiguen ese

---

[27] Como, por ejemplo, sucede con el monólogo de La Discordia que empieza así: «Ya en Trinacria ninguno/hay que esta vara trágica de Juno...» y figura contiguamente inmediato, en el acto tercero, al vuelo de Perseo sobre Pegaso, llevando a su grupa a Bato con la cabeza cercenada de Medusa; así aparece en el manuscrito, copia del original que estudio en mi edición de *Andrómeda y Perseo...*, cit. La edición de Vera Tassis, Pedro Calderón de la Barca, *Comedias*, ed. facsímil por D. W. Cruickshank y J. E. Varey, vol. XV, *Sexta parte de comedias*, (Madrid, 1683), *Fortunas de Andrómeda y Perseo*, London, Gregg I. P. L. y Tamesis, 1973, pp. 1-51, traslada dicho monólogo, y en su lugar hace entrar a la comitiva ritual que conduce a Andrómeda para ser encadenada a la roca; véase p. 42.

[28] Para el ámbito escénico del Barroco propone su existencia Emilio Orozco Díaz (*El teatro y la teatralidad...*, cit. 51.)

[29] La misma propuesta por parte de Emilio Orozco Díaz (*Ibídem*, p. 51.)

efecto. Lo que sí existe es ese estrecho proscenio, emparentado con la «strada lunga» del Vasari, que presumiblemente adquiere forma de esa figura (delantal) en el acantonado de sus vértices laterales, pero que no posee en su parte central ninguna ampliación.

El Coliseo, como tal escenario «a la italiana», actúa en paralelo al cuadro pictórico que es, donde la bocaescena se constituye en marco del mismo; por eso, y por sus características buontalentianas evolucionadas, esta escena, enclavada en la convención de que el ser humano tiene equivalentes dimensiones para la naturaleza y el arte, autoriza a que el actor se mueva en los distintos términos, dado que las perspectivas son acordes al tamaño del actor. No obligado por motivos espaciales a abocarse al proscenio (como por ejemplo sucedía en el escenario palladiano y en algunos citados), el actor, según la clase social del personaje que interprete o la naturaleza del contenido a expresar, se ubicará en una zona u otra. Preferentemente, se desplazará al proscenio para interpretar aquellos monólogos intrínsecamente informativos, pues otros los interpretará en el tablado o en «gloria», ya recitados ya cantados (en el tercer término)[30], ya dichos en el practicable de foro (quinto término)[31].

Además de su brevedad, son otros los aspectos que distinguen el aparte del monólogo; dentro de ellos, y en la variedad de sus funciones, presenta un denominador común: la presencia de un plano de visualización que amplia o precisa la acción, e incluso, la escenotecnia. Así, este corto soliloquio, emanado en la mayoría de los casos de las didascalias implícitas, recorre las distintas escalas del sentimiento del personaje, a fin de que el espectador entienda y comprenda, confirmada y ratificadamente, lo que la intepretación solamente afirma en la decisión del conflicto: tanto si habla para sí, como si lo hace para otro interlocutor, permaneciendo los demás sordos, o si lo hace únicamente para el público o para otro u otros personajes y para el espectador a la vez.

Este uso del recurso escénico y la convención, ya se ejecute de forma oculta, semioculta, a vista con gesto, ademán directo con el público o sin él, ya separado gestualmente de su interlocutor o separado físicamente de él, ya con voz velada, altisonante, etc., no rompe, ni entrecorta la acción; sino que, al ser un plano de ella, la dota de relieve o palidez, según requieran los afectos y pasiones. Superpuesto a la acción y reflejo de sí misma, este plano discurre paralelo y correlativo a ella; donde, a veces, actúa, con referencia a otros personajes a fin de que no se percaten, con talante enmascarador del

---

[30] En el acto segundo, la entrada de Júpiter en un águila con el recitado que empieza: «El que adora imposibles/llueva oro...» en mi edición *Andrómeda...*, cit.

[31] Tal acontece a Lebrón, cuando es introducido por Isabela en el cenador y desde allí comenta las acciones de Pigmaleón, en *La fiera, el rayo y la piedra*. Véase Pedro Calderón de la Barca: *Comedias*, por D. W. Cruickshank y J. E. Varey, vol. X,..., *cit.* p. 235, y mi artículo sobre el juego del practicable-cenador: «El espejo cóncavo en Calderón de la Barca y Valle-Inclán», *Crítica Hispánica*, 8, 1, (Spring, 1986) pp. 37-51.

sentimiento en decisión de esos afectos y pasiones; otras, en la circunstancia del uso deliberado del equívoco, presupone un doble plano al reflejo, ya que omite de la audición a algún personaje, al tiempo que traslada al público un doble sentido. Por ello, el aparte no detiene la acción, sino que la ralentiza, a la par que congela la dinámica del movimiento de los restantes personajes en una composición estática, sea en cuadro o no, que es secuela de la escena «estatuesca» medieval. Aquí, tampoco el personaje se desdobla, lo que hace es descomponerse, es decir, entresaca de su composición morfológica, psicológica, etc., el plano reflejo correspondiente a la acción. También, como en el monólogo, sin embargo con menos excepcionalidad que en él, es el punto donde se ubica la decisión del conflicto cuando la acción lo necesita. Ahora bien, cuando el uso de esta convención tiene lugar en el juego burlesco de dos estadios sociales antagónicos, amos y criados (graciosos y galanes) en pugna, los elementos tragicómicos del mismo posibilitan el distanciamiento y, por ende, la detención de la acción y la ironía, para lo que el personaje se desdobla y se expresa como la persona que es.

Ocupa los mismos espacios del área escénica que el monólogo: cualquier punto de la escena, según su naturaleza en zonas fuertes o débiles; aunque, preferentemente, se coloca junto a bastidores, junto al proscenio y, para la ironía sobre todo, indistintamente, en uno de los dos reducidos lugares del espacio escénico pasivo.

La postura de Lope con su solicitud de colocar los soliloquios, con la máxima tensión interpretativa, al declinar del paso, al que concede la arcaica función de eslabón en la obra, o al remate de las escenas y la actividad del comediante, con su oficio de sobrecargar en él, en el paso, su transformación interpretativa hasta la exageración, provocan un encuentro de contradicción inversa, pues el «Monstruo de la Naturaleza» pide excesivo énfasis en un recurso escénico que no lo resiste y el actor llega a la truculencia en una unidad dramática donde la tal exageración es innecesaria. Que el oficio del actor, y no la preceptiva lopesca, instale en el paso el énfasis y subrayado de la interpretación es un indicador de la cualidad que tiene el paso como núcleo de la acción, y así se aprecia en Calderón. Con él, entre otros aspectos, no cumple función de eslabón, aunque, residualmente y como forma primigenia, aparezca entrelazando algunas escenas, sino que en el continente de la fábula se alberga como tal, como un núcleo de la acción. Ahí se erige en portador y vehículo de los acontecimientos, vicisitudes, sucesos, etc., o sea, actos que acecen en el personaje en cuanto a la decisión del conflicto. De este modo, integrados indisolublemente en el tejido de los hechos, o yuxtapuestos en su contexto, hacen progresar la situación. Es desde esta firmeza nuclear, desde donde don Pedro, con su templado criterio, en el marco de la fábula, hace que sean motivo y causa del alma de la acción a transmutar con gestos y ademanes en el momento, secuencia, etc. de la decisión del conflicto.

Calderón no divide las comedias mitológicas en escenas y, sin embargo, a la divisoria estructural de aquéllas, en una aproximación más precisa a cómo las configura, tampoco las llama jornadas, sino actos[32]. Esta concepción coloca el significante de la acción escénica en su contexto dramático, por medio de entradas y salidas, partidas y llegadas o apariciones y desapariciones que, al relacionar el verbo con la acción y ésta con el significado dramático, resaltan de manera enfatizada el principio y fin de la vicisitud o acontecimiento. Tal modo de disponer el significante hace que la máquina con sus mutaciones, apariciones y desapariciones determine la estructura escénica; por tanto, no son las entradas y salidas o partidas y llegadas de los personajes las que crean las escenas, sino las tramoyas.

La unión de la técnica de la anticipación o preparación, que crea la expectación y coloca el acontecimiento en su contexto dramático, a los elementos tipológicos de la escenotecnia italiana de finales del siglo XVI y principios del XVII (instalados en el Coliseo) va a permitir que el personaje psicológico del espectáculo mitológico calderoniano sea la maquinaria (no el texto literario), en su amplia significación aplicativa a la escena, ya que este contenido no está en el texto, sino en aquélla. Por eso, los elementos escenotécnicos se convierten en sujetos del funcionamiento fluctuante del ritmo de la comedia, además de que suponen un nuevo sentido del «tempo» escénico, ya que el momento y el movimiento de aparecer en una máquina no es el mismo que el de unirse al actor o actores en el escenario; incluso determinan que, a veces, la máquina ejerza una función más significativa que la del propio personaje o personajes que aparecen en ellas mismas. Quizá ello justifique en buena medida la no total preocupación de Calderón por la psicología de los personajes en el texto literario y la coloque en la máquina, preferentemente en su acción catárquica[33].

Si Baccio, como director, ha auxiliado a Calderón en la puesta en escena, y con esto y con los avances escenotécnicos del Coliseo el comediante ha alcanzado una nueva dimensión de su oficio («puntualità delle strade», «pulitezza delle scene»[34], etc,), con su otra faceta (la de actor[35], y su conocimiento de las artes de la representación) va a contribuir a un mayor adecuamiento de la interpretación al espacio del Coliseo.

Del Bianco facilita a don Pedro una herencia que, reglada sobre la praxis de la dirección y la interpretación, muestra sus más significativos hitos en Ingegneri[36] y el anónimo autor de *Il Corago*[37]. Las aportaciones de estos dos directores de escena, que trabajan en espacios cerrados, el primero especializado en la tragedia y el segundo en la tragicomedia, no oscurecen otras

---

[32] En mi edición de *Andrómeda...*, cit.
[33] Rafael Maestre, «La gran maquinaria...», en «El mito en el teatro..., cit, p. 55.
[34] Rafael Maestre, «Calderón de la Barca-Baccio del Bianco: un binomio escénico», *Cuadernos de Teatro Clásico* (en prensa).
[35] Filippo Baldinucci, *Notizie de'profesori del Disegno*, Firenze, 1974, v.p. 34.
[36] Angelo Ingegneri, *Della poesia rappresentativa & del modo di rappresentare le favole sceniche*, Ferrara, 1598, p. 84.
[37] *Il Corago*, ed. a cura di Paolo Fabri e Angelo Pompilio, Firenze, 1983, p. 128.

influencias, en el conocimiento de Baccio, de teoréticas procedentes de la poética dramática, pero que también rozan puntos prácticos, como son, por ejemplo, la de Scala, en lo arquitectónico, y la de De'Sommi, en que el hebreo refiere datos desde el espectador.

Ingegneri, a pesar de su especialización, ofrece varias indicaciones, comunes a todos los géneros dramáticos, para la técnica del actor. Así, por ejemplo, habla de la voz y el gesto como partes donde está contenida la total expresión y eficacia de la fábula, pues gracias a ellos se produce la conmoción en el espectador. La cantidad (grave, aguda, grande, pequeña) y calidad (clara, ronca, flexible, dura) de la voz se hace variar conforme a los sujetos que se expresan; de este modo, para los estados de felicidad la voz deberá ser plena, sencilla y alegre; para los de lucha, alzada; para los de ira, atroz, entrecortada y áspera; para los de complacencia, placentera y sumisa; para los de consuelo, suave; para los de conmiseración, plegada y flexible; y para los de extremo afecto, amplia y magnífica.

No deja de insistir ni de advertir la importancia de los ojos y del sostener la mirada, pues entiende que es la parte más importante del rostro, por lo que es base del gesto, al que se adecuan los movimientos del cuerpo, especialmente de las manos[38]. Si el director escénico de la casa d'Este, Ingegneri, enseña el modo de llevar a cabo la representación, bajo el prisma de interpretar correctamente el texto dramático-literario, el anónimo florentino (posiblemente P. Rinuccini[39]), a través de la técnica teatral más moderna, sistematiza todos los elementos operativos en cuanto al actor, a partir de la necesidad de colaboración entre dramaturgo, director y actor; de ahí que su escenificación no sea un servir al texto, sino a la puesta en escena de un espectáculo donde concurren todas las artes; y, por consiguiente, el del director se convierte en un trabajo de arte en sí mismo (selección de actores, dicción, presencia escénica, gestualidad, modos de vestir, etc.).

Por lo que atañe al campo de la quinesia, recomienda, entre otras cuestiones, y tras referir la necesidad de concordancia de gesto y voz y el adecuamiento del verbo al personaje representado, que el cuerpo refleje los estados de la persona que en la escena se representa. Ejemplificando, de este modo, se aprecia que los gestos deben acompañar a las palabras: si uno habla con otro en escena, no debe gesticular hacia la parte donde éste no está; si aquél con quien habla estuviese a mano derecha, no debe hacer ademanes con la izquierda, porque hace feo efecto a la vista. Como los afectos que se demuestran con las palabras son diferentes, también son distintos los gestos y ademanes con los cuales se acompañan. En estos casos, para el ruego se acompañará con ambas manos, que inicialmente un poco dirigidas hacia dentro, vuelvan luego suavemente extendidas hacia fuera, al tiempo que se inclina de lado ligeramente la frente; para la oración o ruego,

---

[38] A. Ingegneri, *Della poesía rappresentativa*, cit. pp. 75-77.
[39] En la introducción a *Il Corago...*, cit. p. 6.

con gesto sumiso y reverente, doblará el pecho, a la vez que tenderá una o las dos manos hacia la deidad, o también lo hará puesto de rodillas, aunque con una sola, colocada en el suelo del lado de los espectadores, lo que es mejor para que pueda tener vuelta la cara hacia ellos; para la ira, con gesto fiero y agitado, moviendo la mano con más o menos furia, según las palabras, hacia el interlocutor hasta lanzarlo luego con ímpetu fuera; para el dolor, o bien con una mano o bien con las dos alzándolas y bajándolas lentamente, casi con la palabra abandonada, hasta golpearse. cuando se trate de algún relato (duelo, batalla, muerte de un héroe, etc.) será necesario representar los gestos y ademanes de quien se narra el tal suceso. En los soliloquios y discursos se debe gesticular moderadamente, mientras no se hayan de representar afectos de muerte, desesperación y alegría, aproximando la mano hasta el pecho cuando se habla de sí mismo, volviéndola luego ligeramente hacia fuera. En todo momento el gesto debe acompañar a la palabra y no han de venir los gestos antes que las palabras o las palabras antes que los gestos[40]. Solamente un punto de todo el tratado de Rinuccini encuentra eco en López Pinciano, y aun de forma confusa: el concerniente al ademán de brazos y manos, desde su visión de la representación de la tragedia *Ifigenia*[41]. Así, Calderón, con todo ello y con la destreza y propiedad que pide para la interpretación y correspondencia de los personajes: «...que en las deidades/que introduzgas, ha de haber otra armonía en la voz,/que en los humanos; que es bien/que no hablen los dioses, como/los mortales(...)»[42], vuelve a reafirmar su figura de autor-director.

Ahora, en esta fase bianco-calderoniana, la representación basa y desarrolla su esencia teatral no solamente en la corporeización del texto dramático, que antes era un simple contrapunto de la misma, sino también en todos los lenguajes escénicos: escenotecnia, música, etc., y completados por aquellos otros que la propia representación aporta al texto, como son la convención escénica «a la italiana» y el oficio renovado del actor, se constituye en espectáculo.

El comediante, renovada su técnica por esos nuevos medios y orientaciones, apoyado en ella, visualiza sus acciones e intensifica los contenidos, gracias al pleno uso de una voz «versatilizada», de un *atrezzo* de mano, de un *atrezzo* fijo, de un decorado, de un practicable, de una tramoya, etc. Encuentra en el escenario-sala el diapasón pertinente a la impostación, «fiato» y registros de esa voz poderosa (habla, como punto más lejano, desde el respaldo o entreforos: 17 mtrs. hasta el muro del proscenio), que se acrisola en el aire libre de los corrales. Encuentra en la apoyatura de objetos o útiles su acción directa. Encuentra en la conexión con la decoración y máquinas su familiaridad con el ambiente escénico.

---

[40] *Ibídem*, pp. 94-6.
[41] López Pinciano, *Philosophia antigua...*, *cit*, pags. 286-87.
[42] En mi edición de *Andrómeda...*, *cit.*

Es un actor que, dados estos soportes, no necesita recurrir a la conversión del personaje en tipo, por escasez psicológica del texto dramático, ni a la estereotipación, sino a la composición del personaje, que halla en los ojos, con su ictus y sus rictus (restantes componentes del rostro) su mejor definidor e identificador. Para la capacidad extralingüística de la palabra, se vale del mimetismo naturalista, como facilitador de sentido a la acción, así como donador de realidad o vida al lenguaje. Al auxiliarse del valor extralingüístico de la palabra, o del mimetismo naturalista, a veces, incluye un esquematismo que complemente el figurativismo de la interpretación.

Según la naturaleza temática del decorado tendrán lugar los accesos de los actores a él, y también según se trate de un decorado simétrico o asimétrico, pues con Baccio por primera vez se emplea en España la escena asimétrica[43]; lo que no es óbice para que el dramaturgo-director proyecte la dinámica del movimiento, tanto aérea o subterránea, como horizontal, del espacio escénico dentro de un equilibrio en la pendularidad. Ahora, esta pendularidad se presenta abierta con sus seis senoides concéntricas que no abocan al proscenio, ya que las líneas imaginarias no salen de los lados del fondo, sino de los bastidores laterales. Además, en ocasiones, cuando el fortalecimiento del eje central lo requiere, coloca movimientos en su largo[44]. Esto hace que el actor actúe en el decorado y dentro de él a la vez que por su utilización lo convierta en mudo testigo de la acción, en un elemento activo de la misma.

Bajo este prisma, el talante calderoniano por la novedad, expresado por el propio don Pedro: «que siempre tan varia estés;/que lo que una vez se ha visto,/no vuelva a verse otra vez»[45], se amplía hasta el extremo de valerse de dos tipologías diferentes fundidas y bien armonizadas: íntegras mutaciones de bosque en la marina, buscando de este modo la escena «naturalística». Una escena que alcanza su objetivo final en su visión de conjunto, ya que en esta tentativa-explicitada por Calderón: «...que te vengo a ofrecer,/ en vistosas perspectivas,/hoy, cuantos primores sé»[46] es realista e ilusionista, porque la realidad que reconstruye, como la temática mítico-pastoril-piscatoria de la fábula, en su más extensa expresión, es de naturaleza histórica e, incluso, intelectual o cultista. Es ilusionista, porque crea un espacio útil a la acción física del actor, al tiempo que autocontemplativa del poder, y no es exigible que tal espacio se corresponda con un ambiente o paisaje detalladamente identificable o exactamente reconocible.

Se encierran en el espacio de la escena el microcosmos de la vida (triángulos amorosos, promiscuidad o conatos de incesto, exilios, etc.) y el macrocosmos de la Naturaleza desatada (terremotos, tempestades, abrasiones,

---

[43] Véase P. D. Massar, «Scenes from a Calderón play...», *cit.*; lám. 29.

[44] La proyección de Cibele en la pirámide funeraria, después de la muerte de Anteo, en *Fieras afemina Amor*. Se precisa en mi artículo «La gran maquinaria en comedias...», *cit.* pp. 70-81.

[45] En mi edición de *Andrómeda...*, *cit.*

[46] *Ibídem*.

etc.), en una conjugación de lo inverosímil con lo verosímil, como precisa Guerra y Ribera[47], lo que propende al objetivo principal de la idea barroca del espacio: la proyección de éste al infinito.

Este trasunto de la realidad, que ya aparece ensoñada y se recrea por medio de la Naturaleza, con visos nuevos, procura satisfacer el cumplimiento de la celebración a la par que ese encierro cósmico y cotidiano apela a la complicidad y enajenación de «la vida misma», porque la nobleza identifica sus ansias reflejadas en los personajes heroicos u olímpicos y en sus acciones, y el vulgo identifica las suyas en los lances que acompañan el aspecto doméstico del microcosmos de la vida. Y, tanto la una como el otro, se subyugan y deslumbran ante el macrocosmos desatado, reducido al escenario.

Teatro de ilusión realista que, en manos de Calderón por medio de la praxis, consigue armonizar lo que los tratados trópicos de la época tratan de aunar: la verosimilitud aristotélica y el decoro horaciano. Conjunción que efectúa desde el criterio de:

«al parecer de los ojos,
desmentido el parecer»[48].

---

[47] «...lo muy sutil es la inverosimilitud (...) Casó con dulcísimo artificio la verosimilitud con el engaño, lo posible con lo fabuloso», en M. Guerra y Ribera: «Aprobación de la verdadera Quinta parte de Comedias de Don Pedro Calderón de la Barca, que publica D. Juan de Vera Tassis, Madrid, 1682» en P. Calderón de la Barca *Comedias*, vol. XIV..., *cit*, s/p.

[48] En mi edición de *Andrómeda...*, *cit.*